교육철학 및 교육사

구경선

창지사

머리말

사람들이 일기를 쓸 때 하루에 일어난 모든 것을 쓰지 않는다. 본인이 중요하다고 생각하는 내용만 선별하여 기록한다. 만약 후대 사람들이 그가 언제, 어디서, 무엇을, 어떻게, 왜 그 일을 했는가를 알려고 한다면 그가 기록한 일기장이나 자서전뿐 아니라 다른 사람들이 쓴 기록이나 자료들을 바탕으로 연구하게 된다. 교육철학과 교육사를 쓰는 관점도 이와 같다. 인류의 역사를 교육이라는 관점으로 기술한다.

교육은 인류의 시작과 더불어 시작되었고 인류는 교육을 통해 성장하고 발달해 왔다. 한 개인의 일생도 어떤 관점으로 보느냐에 따라 달리 해석되듯, 교육 또한 어떠한 관점으로 이해하느냐에 따라 교육의 실천도 달라진다.

교육철학과 교육사를 살펴보면 교육을 바라보고 이해하는 다양한 관점들이 존재하며, 하나의 관점은 다른 사유에 영향을 주고 받으며 발전해 왔다는 것을 확인할 수 있다. 교육학에서 교육철학과 교육사 공부는 교육을 이해하는 가장 기본적 개념과 사유하는 능력을 기르고 교육 문제의 기저에 흐르고 있는 근본 원인을 파악하며 교육 실천의 흐름과 변천과정을 이해하는 데 도움을 준다. 오늘날 교육의 실천 현장에서는 가장 기초적인 것은 중시하지 않고 교육을 잘할 수 있는 교육방법을 배우는 데 몰두하여 표면적으로 드러난 교육문제나 현상을 단기간에 해결하려는 성향이 두드러지게 나타나고 있다. 효율적인 교육방법을 익히는 것은 매우 중요하다. 그러나 이보다 먼저 배워야 할 것은 가르치는 사람의 교육철학 정립이라고 생각한다. 또한, 교육의 역사를 알아 그 시대에 드러났던 교육의 문제가 우리가 사는 시대에 다시 반복되지 않도록 반성적 사고를 하는 것이 중요하다고 본다.

이 책은 크게 세 부분으로 구성되어 있다. 제1부는 교육철학으로 교육철학의 성격, 교육과 교육철학이란 무엇인지 살펴보았다. 관념론, 실재론, 자연주의 철학, 실용주의 철학과 같은 전통적 교육철학과 우리나라 교육에 지대한 영향을 미친 현대 미국의 교육사조 그리고 현대 유럽의 교육사조에 대해 소개하였다.

제2부와 제3부는 교육의 역사에 대해 살펴보았다. 이 부분은 각 시대별로 시대적 배경과 교육 그리고 대표적인 교육사상가의 교육사상을 소개하였다. 제2부에서는 한국교육사를 다루었는데 고조선 시대부터 현대교육까지 우리나라의 교육 전반의 흐름에 대해 소개하였다. 한국교육사의 경우 원전은 직접 참고하지 못했고 재인용하였음을 밝힌다. 제3부는 서양교육사에 대한 부분이다. 고대 그리스와 로마시대부터 현대교육의 특징 그리고 교육사상가들을 중심으로 어떻게 교육적 관점의 변화가 진행되어 왔는지 살펴보았다. 이 책을 통해 교육철학과 교육의 역사를 공부하는 학생들에게 도움이 되기를 바란다.

이 책은 연구년을 맞이하여 서울신학대학교 연구기금에 의해 집필된 것이다. 마지막으로 책이 출간될 수 있게 도와주신 창지사 관계자 여러분과 꼼꼼하게 교정과 편집을 도와주신 이초롱 선생님께 감사드린다.

2017년 여름

저자 씀

차례

I

교육철학

1장 교육철학의 성격

1. 교육의 철학적 기초

1) 철학의 개념

철학(영어: philosophy, 독일어: Philosophie)은 그리스어의 'Philia'와 'Sophia'의 합성어로 '지혜를 사랑하다.'라는 뜻이다. 고대 그리스의 헤라클레이토스(Heracleitos)가 철인(哲人; philo-sophos; 지혜의 벗)을 '사물의 본질을 탐구하는 사람'이라는 의미로 사용한 이후 철학은 진리에 대한 물음으로 이해해 왔다.

플라톤(Platon)은 철학을 '존재자 또는 불변의 실재를 인식하는 것'이라고 보았다. 아리스토텔레스(Aristoteles)에게 있어서 철학은 사물의 원리와 원인에 대한 근본적인 탐구이다. 스토아학파는 철학을 이론적이고 실천적인 능력의 추구라고 보았으며, 에피쿠로스학파는 철학을 이성을 통하여 행복하게 되는 능력으로 보았다. 기독교가 지배적이었던 중세시대에는 하느님의 지혜를 다루는 신학에 비하여 철학은 세상의 지혜를 다루는 학문이었다. 베이컨(F. Bacon)이나 데카르트(R. Descartes)는 철학을 개념적인 형태로 접근된 과학들의 전체라고 보았다. 칸트(I. Kant)는 모든 철학적 인식들을 체계적으로 조직하고 정리하여 가르치는 강단 철학과 모든 인식을 인간 이성의 본질적인 목적에 대한 관계로 다루는 학문으로서의 세계를 파악하는 철학으로 구분하였다.

이렇듯 철학적 논리에는 철학자 개인이나 학파에 따라 견해가 다르고 탐색하는 방법도 차이가 있다. 이러한 견해와 방법의 차이에도 불구하고 철학적 논리에서 몇 가지 공통점을 찾아볼 수 있다.

첫째, 철학은 인간의 모든 경험의 의의를 밝히고 해석할 수 있는 근본 개념이나 원리를 탐구한다. 철학은 겉으로 드러난 어떤 현상에 관심을 갖지 않는다. 철학자는 우리가 당연한 것처럼 보는 삶의 배후를 파고들어가 피상적인 현상 밑에 깔려 있는 근본 원리를 발견하고자 한다.

둘째, 철학은 부분이 아닌 전체적으로 볼 수 있는 일관된 통일성을 추구한다. 일상적 삶에서 부딪히는 문제들을 단편적 또는 부분적으로 파악하는 것이 아니라 모든 영역을 전체적이고 포괄적으로 파악하여 다양한 문제 속에 들어 있는 일관된 통일성을 찾으려고 한다.

셋째, 철학의 성격은 비판적이고 분석적이다. 철학은 인간의 본질과 삶에 대한 호기심과 회의에서 출발하여 우리가 살고 있는 세계와 인생의 근본 원리를 탐색하는 것이기 때문에 그 방법은 사색과 비판과 분석이라 할 수 있다. 칸트는 철학을 가르칠 것이 아니라 '철학함'을 가르쳐야 한다고 하였다. '철학(philosophie)'이란 명사로서의 가르침이 아니라 '철학한다(philosophieren)'라는 동사로서의 가르침이 철학에 훨씬 더 본질적이라는 의미이다. 따라서 철학을 배운다는 것은 기존의 철학적 내용, 즉 '어느 철학자가 뭐라고 하더라'라는 철학적 진술과 체계를 배우는 이유는 나 자신이 철학하기 위해서이다.

우리가 철학한다는 것은 우리의 삶 속에서 사소해 보이는 문제 자체를 나 자신의 존재 및 삶과 연관하여 사유하며 의미를 찾는 것이다. 일상에서 드러나는 문제들을 일상적이고 습관적으로 판단하는 것이 아니라 어떤 문제를 자신의 본질적 문제로 보고 깊이 인식하려는 자세를 갖는 것이 필요하다. 또한, 모든 문제에 대해 비판적 시각으로 보는 것은 중요하다. 그러나 단순한 비판보다는 다시 한번

'왜 그럴까?'라는 질문을 던지며 사태의 본질을 분석하는 태도가 필요하다. 철학은 사물과 사건을 그 전체의 관점에서 고찰하는 것이며, 주변에서 발생하는 사건이나 일상적인 사건도 새롭게 보는 지혜를 말한다.

2) 교육철학의 철학적 기초

철학은 인간존재 자체와 관련된 내용을 다루는 학문이기 때문에 철학의 영역은 거의 무한하다. 그러나 철학의 내용을 조직화하기 위해 철학자들은 다음과 같은 세 가지 관심사를 다룬다. 우주를 형성하는 궁극적 실재(real)의 성격을 규명하는 '형이상학 또는 존재론', 지식의 원천과 지식의 획득 과정을 다루는 '인식론', 그리고 가치의 성격과 기원을 밝히는 '가치론'으로 나눠 볼 수 있다.

(1) 형이상학(metaphysic) 또는 존재론(ontology)

형이상학 또는 존재론은 우주의 궁극적이고 본질적인 특징을 포괄적으로 파악하려는 철학이다. 우리가 볼 수 있는 세계의 현상 뒤에 또는 밑에 따로 실재(reality)하는 것이 있는지, 있다면 그 본질은 무엇인지에 관한 연구를 하는 것이다. 인간이나 자연의 본질 그리고 우주의 궁극적 본질을 규명하고 탐구하려는 분야이다.

실재를 보는 기준에 따라 그 존재하는 것이 물질이라고 보는 실재론자와 정신 또는 영혼이라고 보는 관념론자로 나눌 수 있으며[1] 이에 따라 교육의 관점도 달라진다. 실재의 '수'에 따라 그 근본이 하나라는 일원론과 물질과 정신 두 가지로 구성되었다고 하는 이원론, 그리고 그 이상의 몇 요소로 되었다고 하는 다원론도 있다. 참으로 실재하는 것이 시공간을 초월하여 영속적이며 절대적인 것으로 고

1) 관념론에서는 궁극적 존재의 실체를 정신 또는 마음이라고 한다. 관념은 모든 사물의 근원적 요소로 존재하며 물질적 세계는 관념의 그림자에 불과하다고 본다. 실재론에는 우주의 본질인 궁극적 실재가 물질(material)이라고 주장하면서 실재는 인간의 의식이나 관념으로부터 독립하여 객관적으로 존재한다고 주장한다. 외적 세계와 물질만이 유일한 실재이다. 정신은 물질이 만들어 낸 것에 불과하다고 본다.

정불변하다는 철학자가 있는가 하면 실재는 변하는 것이며 상대적이라고 주장하는 철학자도 있다.

(2) 인식론(epistemology)

인식론은 고대 그리스어의 episteme(지식 또는 인식)와 logos(이론)를 합성한 용어이다. 인식론은 진리나 지식의 성질과 기원 그리고 범위, 인간이 지식을 획득하는 과정 등을 고찰한다(위키피디아). 교육에서는 지식을 탐구하는 것과 관련된 원리와 방법에 관한 이론을 의미한다.

① 지식의 원천

지식의 원천에 관한 주장으로는 합리론과 경험론 그리고 이 두 주장을 절충한 비판론적 입장이 있다.

합리론적 입장에서는 인간은 이성적 작용, 예를 들어 추론, 사고, 논리 등을 통하여 보편적 지식이 생성된다고 본다. 왜냐하면 인간의 감각은 오류를 범할 수 있기 때문에 감각적으로 얻은 지식은 불확실하다고 보는 입장이다. 이성을 통한 지식 습득 방법에는 여러 가지가 있다. 그것들 중에 연역법이 있다. 연역법은 이미 알려져 있는 지식에서 출발하여 새로운 지식에 도달하는 하나의 방법이다. 예를 들어 '모든 사람은 죽는다. 소크라테스는 사람이다. 그러므로 소크라테스는 죽는다.'는 것이다. 연역법에서 중요한 것은 이미 알려진 지식이 정확한 근거를 토대로 한 것이어야 한다. 왜냐하면 만약 전제가 보편타당성이 결여된 것이라면, 거기로부터 나오는 결론은 옳은 것이 될 수 없기 때문이다. 이성을 통한 지식 획득 방법이라 하더라도 감각에 의한 인상이나 감각을 통해 얻은 사실들을 무시해서는 안 된다. 왜냐하면 인간의 경험도 관념과 더불어 추리하는 이성의 자원이 되기 때문이다.

경험론적 입장은 사람의 감각기관 또는 그를 보조하는 기기를 사용하여 그를 둘러싸고 있는 자연을 직접 관찰하는 것이야말로 확실한 지식(1차적 지식)을 얻는 것이라고 본다. 우리의 감각을 통해 얻은 정보가 종합됨으로써 관념이 형성된다(2차적 지식)고 보는 입장이다.

비판론적 입장은 합리론과 경험론의 절충적 입장으로, 지식이란 경험을 통해 얻게 되는 직관 내용으로 감각적 소재(경험론)와 그에 대한 이성적 작용(합리론)이 통합되어 성립된다고 보는 입장이다.

② 명제적 지식과 방법적 지식

지식에는 명제적 지식과 방법적 지식이 있다. 첫째, 명제적 지식은 옳고 그름이 구분되는 지식으로 '~이다.'로 표현되는 지식(know that)을 말한다. 명제적 지식은 사실적 지식, 논리적 지식, 규범적 지식으로 나눌 수 있다. 사실적 지식은 사실 또는 현상을 기술하거나 설명하는 지식으로 주로 과학적 지식에서 찾아볼 수 있다. 논리적 지식은 문장을 구성하는 요소들의 '의미상의 관계'를 나타내는 지식으로 논리적으로 모순되는 것이 없어야 한다. 규범적 지식은 평가적 언어나 부분 평가적 언어로 진술되는 지식이다. 규범적 지식이 성립되기 위해서는 가치 판단이나 평가의 합리적 준거가 있어야 한다. '민주주의는 가장 바람직한 정치제도이다.'에서 '가장 바람직한'이 평가적 언어이다.

명제적 지식이 성립되려면 다음 네 가지의 조건이 성립되어야 한다. 즉 그것의 내용을 믿어야 하고(신념), 그 내용이 진실이어야 하며(진리), 그 내용을 믿는 데 납득할 만한 증거가 있어야 하고(증거), 그 증거는 타당한 방법에 의해 획득된 것(방법)이어야 한다.

둘째, 방법적 지식이다. 방법적 지식은 어떤 과제를 해결하는 데 있어서 절차와 방법을 아는 것으로 '~을 할 줄 안다.'로 표현하는 지식이다(know how). 이 방법이 성립되기 위해서는 과제를 수행하는 데 지켜야 할 '규칙이나 원리'에 익숙해야 하고, 수행의 정확성 정도에 따라 지식의 습득 여부가 결정된다. 또한, 새로운 정보와 문제해결 방안을 고안해 내는 능력도 필요하다.

(3) 가치론(axiology)

가치론은 '무엇이 가치 있는 것인가?'를 탐구하는 것으로 좋은 것(善)과 나쁜 것(惡), 옳은 것(正)과 그릇된 것(邪), 아름다운 것(美)과 추한 것(醜), 목적과 수단 등에 관한 연구이며 그 근거와 판단 기준과 대상 등을 탐구하는 학문이다. 이러한 가치에 대한 탐구가 인간의 도덕적 행위에 관한 것일 때 윤리학(ethics)이라고 한다. 인간의 행위에 있어서 무엇이 선이고 무엇이 악인지, 무엇이 옳은 것이고 무엇이 그른 것인지를 탐구한다. 그 연구 영역이 인간의 삶과 경험에서 미의 본질과 기준을 탐구할 때 미학(esthetics)이라고 한다. 미학은 예술적 분야에서 주로 다루어지는데 아름다운 것과 추한 것과 같은 미의 가치를 탐구한다.

가치론에서는 가치가 객관적인지 주관적인지, 변하는 것인지 변하지 않는 것인지, 위계가 있는지 없는지에 대한 문제를 제기한다.

가치에는 사물 그 자체에 내재된 것으로 사람의 감정이나 욕망, 다른 사물과 관계없이 평가되는 본질적 가치 즉, 객관적 가치와 개인에 따라 가치의 유무를 판단하는 주관적 가치가 있다.

또한, 학자에 따라 가치를 절대적인 것으로 보고 '어느 시대나 누구에게나 가치는 똑같다.'는 영구적 가치를 주장하는 한편, 어떤 학자는 '가치가 역사적 상황이나 시대, 사회에 따라 변하고 환경과 사정과 개인의 욕구에 따라 변한다.'고 보는 가변적 가치를 주장한다.

그러나 이러한 가치에도 위계가 있다. 즉 어떤 가치는 다른 가치보다 더 중요한 가치가 있으며 덜 중요한 가치가 있다는 것이다.[2] 예를 들어 전통적 철학을 따르는 학자들은 최상위의 가치는 정신적, 지성적인 것이고, 최하위에 속하는 가치

2) 에버레트(Everrett)가 주장하는 가치의 우선순위는 다음과 같다.
① 방편적 가치(재산, 건강 등)보다 본질적 가치(도덕, 진리 등)가 더 가치가 있다.
② 외면적 생활보다 내면적 가치가 더 가치가 있다.
③ 감각적 만족에서 오는 일시적 가치보다 이상적이며 영속적인 가치가 더 가치가 있다.
④ 비생산적인 소비보다 생산적인 창조가 더 가치가 있다.

는 물질적, 육체적인 것이라고 본다. 위의 내용을 요약하면 다음과 같다.

형이상학은 실재론 또는 존재론이라고도 한다. 존재나 실재를 다루는 것으로 존재하는 것 특히 절대 불변하는 것을 찾는다. 우주와 인생의 본질적인 특성, 즉 절대 불변의 것, 진리일 수도 있고 관념일 수도 있는 것을 찾는다.

인식론은 절대불변의 것이 있다고 할 때, '인간이 그것을 어떻게 알게 되고 인간이 진리를 어떻게 획득하느냐?'를 탐구한다. 즉 '지식'의 구조와 성격, 형성과정, 근거와 방법을 탐구한다. 이것이 이성에서 나온다면 합리론, 경험에서 나온다면 경험론, 경험론과 합리론의 절충적 입장은 비판론적 입장이다.

가치론은 '왜 가치가 있는가? 어떤 기준에서 가치가 있는가? 무엇이 가치가 있는가?'를 탐구하는 것이다.

2. 교육과 교육철학

1) 교육에 대한 다양한 관점

교육에 관심 있는 사람이라면 교육이란 무엇이며, 왜, 무엇을, 어떻게 교육해야 할 것인가에 관한 생각을 할 것이다. 이러한 교육적 관심을 교육관이라고 할 수 있는데 교육관은 경험에 의해서, 일상의 신념에 의해서 또는 학문적 이론에 의해서 수립될 수 있다. 고대 그리스의 플라톤과 아리스토텔레스는 각각 『국가론』과 『공화국』에서 그들의 인생관과 세계관에 근거한 교육관을 제시하였고, 그 후 각 시대마다 수많은 이론적 사상가를 비롯한 교육 실천가들이 교육문제에 관심을 가지고 자신들의 교육적 소신을 표명해 오고 있다.

사실 교육관은 인간과 교육을 바라보는 관점에 따라 달라질 수 있다. 몇 가지 교육관을 소개하면 다음과 같다(고경화, 2004).

(1) 교육을 이상주의적 인격에 근거를 둔 견해

교육은 하나의 인격을 완성시키는 교육자의 정신적 작용으로 역사를 초월하여 불변하는 이상적인 인간의 모습을 찾아 인간답게 살 수 있도록 돕는다는 입장이다.

(2) 교육은 인간의 자연성을 계발하는 것이라고 보는 입장

자연주의에 근거를 두고 있으며 미성숙한 자연인으로 태어난 인간을 교육을 통해 타인의 도움 없이도 살 수 있는 독립적 인간으로 성장할 수 있도록 돕는다는 주장이다. 루소(J. J. Rousseau), 페스탈로치(J. H. Pestalozzi), 프뢰벨(F. W. A. Fröbel), 케이(E. Key) 등이 대표적인 인물이다.

(3) 문화와 삶에 중점을 두는 입장

교육은 문화유산을 다음 세대에 전달하고 계승하여 다음 세대의 내적 각성을 통해 발전시킴으로 문화 창조를 기하는 작용으로 보는 입장이다. 교육은 자연의 상태에서 이상적 상태로 끌어올리기 위하여 문화를 통한 작용으로 보고 있는데 딜타이(W. Dilthey)와 슈프랑거(E. Spranger) 등이 대표적인 인물이다.

(4) 교육의 사회성에 중점을 두는 입장

교육은 사회를 존속시키고 발전시키는 중요한 핵심 개념으로 자연적 인간을 유능한 사회적 인간으로 형성해 가는 의도적, 무의도적 기능 또는 행위이다. 듀이(J. Dewey), 나토르프(P. Natorp) 등이 이에 속하는 학자들이다.

이 외에도 다양한 입장들이 있다. 교육관은 학자들만 가지고 있는 것이 아니라 누구나 가질 수 있다. 그러나 한 사회의 교육관은 그 사회의 구성원들이 합의를 이룰 때 정립될 수 있다. 그런데 이러한 교육관을 '교육철학'이라고 주장하는 이유는 교육관이 교육의 목적과 목표의 궁극적 기준과 이에 따르는 방법의 원리를 포괄적으로 제시하기 때문이다.

2) 교육철학

(1) 교육철학의 개념

교육철학의 개념에 대해 다양한 의견이 존재한다.

첫째, 교육철학을 교육관과 동일시하는 입장이다. 교육관은 세계관으로부터 시작하여 사회관 또는 국가관 그리고 인간을 어떻게 보느냐와 관련이 있다. 위에서 언급한 것처럼 '교육은 인간을 변화시키는 것이다.'라든가 '자아실현을 하게 한다.'는 교육목적이 설정되고 그 목적에서 교육내용과 교육방법이 자연스럽게 연결된다.

둘째, 교육철학을 교육목적론으로 보는 입장이다. 즉 교육을 통해 이루고자 하는 것이 무엇인가와 관련되지만 위의 일반적 내용과의 차이는 그 가치나 규범과 관련된다.

셋째, 교육철학은 철학적 지식을 응용하는 것으로 보는 것이다.

넷째, 학문적 의미로서의 교육철학이다. 교육철학이 학문이 되려면 용어나 교육개념 그리고 교육이론들을 연구대상으로 삼아 분석하여 교육목적과 교육내용을 분석하자는 것이다.

이러한 몇몇 학자들이 제안한 교육철학의 의미를 살펴보면 다음과 같다(팽영일, 2004, 재인용).

- 종합학문으로서의 지식의 논리를 다듬고, 평가하고 조직하는 학문, 교육 이념과 목적을 탐구하는 학문(E. Nagel)
- 2차적인 질서 활동으로서의 언어분석(교육, 교수, 학습, 훈련 등), 교육학의 여러 언어의 뜻을 명확하게 하고 원리들을 검증하는 일(Brown)
- 교육철학은 교육문제를 철학적 수준에서 조직적으로 논의하는 것(Broudy)
- 교육현상을 체계적으로 분석 연구하는 학문(김정환)
  - 교육현상을 체계적으로 고찰, 교육학의 언어 및 전제를 체계적으로 탐구

- 교육작용의 본질을 탐구하는 학문임 – 상식의 학으로 얇아지거나 짬뽕의 학으로 어지러워지는 것을 막아 주는 기초가 되는 시각을 설정하는 데 도움을 줄 것임

• 목적에 관해 사고할 수 있도록 함(무엇을 왜 하고 있는가)

- 이유, 목적, 목표를 탐구하는 학문, 교육의 전 과정에 대해 의미 있게 생각할 수 있게 도와줌, 교육의 의미와 목적에 숨어 있는 큰 문제에 접근 가능하게 해 줌(Knight)

종합하여 보면 교육철학은 교육학의 한 분야로 교육에 관한 이념과 목적, 교육의 본질 등의 전제에 대한 검증, 교육에 관한 언어분석, 교육현상이나 사상 연구 등을 중심으로 하는 학문으로서 교육의 실천을 이끌고 교육평가의 기초를 이루는 일련의 가치체계로 이루어져 있다.

이러한 교육철학의 이론적 배경에는 철학이 있다.[3] 진리와 본질적 가치, 세계와 인간과 사회 현상에 대한 설명과 인식 등은 철학에서 다루는 주요한 논제들이다. 교육에서도 인간과 사회, 자연, 문화, 경험 등 각각의 개념에 대한 고찰과 비판이론들의 기초 위에 교육의 현상과 문제를 인식하고 교육원리를 세워 나간다.

(2) 교육철학의 기능

교육철학은 어떠한 기능을 할까? 교육철학은 분석적 기능, 평가적 기능, 사변적 기능, 통합적 기능의 네 가지 기능을 한다.

---

3) 철학의 관계에 따라 교육철학의 성격은 달라질 수 있다. 첫째, 일반철학의 이론이나 방법을 교육현상에 적용하는 입장이다. 교육철학은 이러한 입장에서 볼 때 일반철학의 응용철학이며 실천철학으로 보는 입장이다. 둘째, 교육철학과 일반철학은 서로 독립적인 학문 영역이다. 교육철학은 철학을 포함한 다른 학문을 참조한 독자적 영역을 가지고 있고 그 나름의 고유한 탐구 형식을 갖고 있는 학문이라는 것이다. 즉 철학이 '가치란 무엇인가'를 탐구한다면 교육철학은 '가치교육의 목적과 내용을 무엇이어야 하는가'를 탐구한다. 따라서 교육철학은 그 내용이나 방법에서 독립 과학으로 보는 입장이다. 셋째, 교육철학은 일반철학을 수정한다는 관점이다. 듀이는 교육철학이 일반철학에 비해 오히려 상위 영역으로, 일반철학 연구는 교육철학을 통해서만 성공적으로 이루어질 수 있다고 하였다.

① 분석적 기능

분석(分析)은 언어의 의미와 개념, 논리, 원리를 명료하게 해 주는 것이다. 교육철학에서의 분석적 기능은 교육이론이나 실제에서 사용되는 개념과 용어, 이론을 분석하고 논리를 명료하게 해 주는 것이다. 즉 일련의 교육이론이나 현상은 어떤 인간관, 가치관과 세계관에 근거하고 있는지, 그 세계관이나 인간관, 교사관과 관련된 교육내용은 무엇인지를 분석한다.

② 평가적 기능

평가(評價)란 가치를 판단하는 것이다. 교육철학은 교육에 관련된 가치를 판단하는 기능을 한다. 즉 교육의 이론이나 주장, 원리, 교육활동의 타당성에 대해 가치를 판단하는 기능을 한다. 예를 들어 '~은 바람직하다.', '~는 바람직하지 못하다.'와 같이 어떤 기준에 맞추어 평가하는 것이다. 평가의 기준은 분석을 전제로 하며 분석에 따라 제시된 원리대로 교육을 이루고자 하는 노력을 말한다.

③ 사변적 기능

사변(思辨)이란 분석과 평가를 통해 자료들을 일정한 방식으로 종합하고 정리하여 새로운 대안을 모색하는 것이다. 따라서 교육철학의 사변적 기능은 교육의 이론적, 실천적 문제를 해결하기 위해 교육에 대한 새로운 이론이나 원리, 제언, 설명체계를 창출하여 새로운 의견이나 대안을 만들어내는 것으로, 이를 위해 교육이 추구할 새로운 목표를 세운다.

④ 통합적 기능

통합(統合)이란 분석하고 평가하여 여러 부분을 서로 연결되도록 하나로 묶어 전체로 파악하는 것이다. 교육철학에서의 통합적 기능은 종합적으로 이해하는 것으로 교육의 과정(process)이나 교육현상을 전체적이고 종합적인 맥락에서 파악하는 것을 말한다. 교육은 복잡한 활동이기 때문에 교육을 통합적으로 이해하기 위해서는 사변적 기능이 반드시 필요하다.

정리하면, 교육철학의 분석적 기능은 가치판단의 기준을 밝히는 행위이며, 평가적 기능은 가치 판단을 하는 행위이고, 사변적 기능은 대안을 제시하는 기능이다. 마지막으로 통합적 기능은 위의 세 가지 기능을 서로 연결하여 전체로 파악하는 기능이다.

(3) 교육철학의 과제 영역

교육철학의 과제 영역은 학자에 따라 달리 분류한다. 오인탁(1990)의 경우 교육철학의 과제 영역을 교육조직론, 교육사상론, 교육철학의 연구 방법론으로 분류하였다.

① 교육조직론

교육조직론은 교육의 기본 개념 정의, 교육학의 이론적 틀을 조직하고 교육의 이론과 실천의 관계를 밝히는 과제를 갖는다. 기본 개념 정의는 교육학에서 사용하는 기본 개념의 확인, 개념의 어원, 말의 시대적 변천, 사회 문화적 차이, 학자들 간의 개념 이해의 차이 등을 알아보고 오늘날 사용하는 개념들을 분석하여 보편타당한 개념으로 정의하는 일이다. 독립과학으로서의 교육학의 이론적 틀의 조직이란 교육 심리학, 교육 사회학 등 세분화된 교육학을 전체적으로 조직하는 것이다. 교육학은 철학, 심리학, 사회학, 정치학, 역사학과 같은 인접 학문들과 상호 교류하면서 성장해 왔다. 교육철학은 교육학의 인접 과학과의 관계에 대한 서술도 놓쳐서는 안 된다. 교육철학은 교육의 이론과 실천의 관계를 밝히는 과제를 가지고 있다. 교육학은 인간의 형성과 변화를 다루고 사회와 문화의 보존과 발전과 관련이 있기 때문에 이론과 실천의 관계를 규명하는 중요한 작업을 수행해야 한다.

② 교육사상론

교육철학은 교육사상과 같은 뜻으로 이해될 수 있다. 교육은 역사적이고 사회문화적인 현상이다. 사상가들이나 교육하는 사람들은 그 시대가 요구하는 교육 또는 이상적인 교육을 이론적으로 제시하였고 실천해 왔기 때문에 그들의 교육사상은 역사적 한계와 사회 문화적 제약을 받게 되었다. 즉 교육은 시대와 문화에 따라 달리 이해되고 실천되어 왔기 때문에 교육사상들이 다양하게 전개되어 왔다. 그러나 다양한 교육사상들을 그 특징에 따라 학문적으로 분류함으로써 교육의 사상적 체계가 세워졌다. 교육의 역사를 살펴보면 서양 교육사상의 시작으로 보는 그리스 시대의 교육으로부터 현대에 이르기까지 다양한 교육 사조가 있으며, 우리 교육의 역사 또한 서양의 여러 교육사상들과 동양과 한국의 전통적 교육사상들이 뒤섞여 복잡한 사상적 체계가 정립되었다. 교육철학은 이러한 교육사상들을 체계적으로 정립할 과제가 있다.

우리가 교육사상을 배우고 연구하는 이유는 자기만의 교육적 신념과 사상을 만들어 나가기 위해서다. 다양한 교육사상들을 배우다 보면 자신에게 와 닿는 교육사상을 발견하게 될 것이고 자신의 교육적 신념으로 다가올 것이다. 이는 교육을 실천하는 기준이 될 수 있다. 그러나 하나의 교육사상에 묶이다 보면 편협한 사고의 틀을 갖게 될 위험이 따른다. 그러므로 다양한 교육사상들을 하나하나 연구하여 각각의 보편성과 특수성, 유사성과 차이점을 비교하고 교육사상의 시대적 제약성과 조건을 파악하여 교육사상을 폭넓게 이해하는 것이 필요하다.

③ 교육철학의 연구 방법론

교육철학은 교육의 철학적 연구 방법론으로 이해하기도 한다. 이는 교육현상을 이해하고 처리하는 능력과 방법에 관한 모든 이론으로 교육방법, 교육연구법, 교육연구 방법론으로 나눌 수 있다. 교육방법은 교수 학습 이론, 생활 지도, 학습 지도, 교육과정, 학급 경영 등을 의미한다. 교육연구법은 교육 현장 연구의 기술과 방법을 말하며, 교육연구 방법론은 측정, 평가, 통계, 분석의 이론 등 교육연구의 도구를 말한다.

교육학 연구 방법 논리들은 다양하다. 해석학, 인간학, 실존철학 방법론; 현상학, 변증법, 비판 이론; 실증주의, 조작주의, 도구주의, 행동주의를 바탕으로 한 경험적 연구 방법론과 비판적 합리주의; 구조주의; 언어분석과 분석철학; 비교 방법론과 역사 서술 방법론 등이 있다. 이러한 연구 방법론들은 각각의 일정한 이론적 입장을 기초로 교육학의 이론을 정립하여 왔다. 유의해야 할 점은 각 방법의 특수한 논리와 관점을 바르게 이해하고 비판적으로 분석하여 사용함으로써 방법들 간의 한계와 보완의 가능성을 열어 주어야 한다.

2장 전통적 교육철학

전통적 교육철학은 20세기 이전의 철학적 입장으로 학자에 따라 분류하는 형태가 다르다. 커티스(S. J. Curtis)는 관념론(idealism), 실재론(realism), 자연주의(naturalism), 실용주의(pragmatism)로 분류하였고, 롯지(R. C. Lodge)는 관념론, 실재론, 프래그머티즘으로 분류하였다. 본 장에서는 커티스의 분류에 따라 네 가지의 철학적 사유 형식과 이론적 근거를 살펴보고 각 사조의 교육론 또는 교육원리를 살펴보고자 한다.

1. 관념론과 교육

1) 관념론(idealism)

관념론[4]에서는 우주의 본질인 궁극적 실재를 정신(spirit)이나 관념(idea), 마음(mind)이라고 본다. 철학에는 세계관과 인식론이라는 두 측면이 있으며 이 두 측면에서 마음·정신·의식과 자연·물질과의 관계가 논의되고 있다. 이 경우 관념

4) 관념론자라는 말은 17세기 라이프니츠(G. W. Leibniz)가 처음 사용하였다.

론은 마음, 정신 또는 의식에 의해 또는 이들을 바탕으로 물질세계, 즉 자연과 물질이 전개되고 형성되고 구성된다고 설명한다. 인식론 또는 지식론 측면에서는, 세계에 관한 인간의 지식은, 반드시 인간의 의식이 관계하여 성립되는 것으로, 의식에서 독립하여 존재하는 사물(事物)의 세계에 관한 지식은 아니라고 한다(위키피디아).

관념론에서의 이상(理想)은 현실을 초월한 완전한 것을 의미한다. 현실세계는 그 이상에 가까워질수록 보다 선해지고 완전해진다. 이상을 실현한다는 것은 현실세계를 이상세계의 기준과 일치하도록 만든다는 것이다. 관념론에서 말하는 이상세계는 본질적으로 눈에 보이지 않는 영적, 정신적 그리고 비물질적인 궁극적 실체로 이루어져 있다. 즉 관념은 모든 사물의 근원적 요소로 물질적 세계는 관념의 그림자에 지나지 않는다. 불완전한 물질세계가 지향해야 할 가치는 이상세계의 완전성이다. 인간은 이러한 불완전하고 왜곡된 현실세계를 인식할 줄 아는 정신적 존재로 정신을 통해 눈에 보이는 물질적 세계를 설명해야 한다. 인간의 정신은 감각이나 물질에 앞서 존재하는 기초적이고 근원적인 것으로 진정 실재하는 것은 정신이고 물질은 정신의 부산물(정영근 외, 2009)인 것이다.

인간은 본질적으로 영적인 존재이며 불멸의 성격을 지닌다. 인간은 육체와 본능을 가지고 현실 세계에 살아가고 있다. 그러나 다른 동물들과는 달리 정신과 영혼을 가지고 태어난 존재로서 현실 세계를 초월하는 영원불변의 완전성, 절대 선의 세계를 생각할 줄 아는 정신적 · 영적 존재이다. 따라서 영적이고 정신적인 인간은 이상적인 완전한 인간상을 실현할 수 있고 불완전하고 변하는 현실 세계를 극복하고 개선하여 이상을 현실 속에서 실현시켜 나갈 수 있다. 그러나 절대 선이나 완전성은 현실세계에 존재하지 않기 때문에 현실 세계에서는 경험할 수도 찾아볼 수도 없다. 완전하고 불변하는 이상 세계는 오직 정신으로만 경험할 수 있는 관념적인 실재일 뿐이다. 이러한 관념의 실재에 의해서 현실세계가 만들어진 것이다. 따라서 관념론에서는 정신적 가치를 항구불변(恒久不變)하고 절대적인 가치로 본다.

역사적으로 볼 때 관념론의 기원은 그리스의 철학자 소크라테스(Socrates)와 플라톤(Platon)에게서 찾을 수 있다. 그러나 그 이후에도 아우구스티누스(Augustinus), 데카르트(R. Descartes), 칸트(I. Kant), 피히테(J. G. Fichte), 쉘링(F. Schelling), 헤겔(G. W. F. Hegel), 프뢰벨(F. W. A. Fröbel) 등이 있으며 동양에서는 공자나 맹자의 교육관이 관념론적 교육철학이 이에 속한다.

2) 관념론과 교육

관념론 교육철학의 대표적 인물은 플라톤이다. 플라톤은 그의 스승 소크라테스의 영향을 받아 『국가론(*Republic*)』에서 그의 교육적 사상을 전개하였다. 플라톤의 철학은 영원불변하고 완전한 보편적 개념인 진, 선, 미를 믿고 있었는데 완전한 이데아(Idea)의 세계에 기초하고 있다. 이 세상의 모든 구체적인 사물들은 각각의 이데아에 대응되며, 진, 선, 미, 용기 등과 같은 추상적 개념들도 이데아에 대응된다. 이데아는 개념적 보편성의 원형으로 감각적 성질도 없고 비공간적이며 비물질적이다.

우리가 속해 있는 현실의 감각세계는 이데아의 모방물이다. 이데아의 세계는 영원불변하고 참된 존재의 세계이며 감각이 아닌 정신으로만 인식되는 완전한 세계인 반면, 감각세계는 변화하는 가상의 세계이고 착각과 편견을 일으키는 동굴과 같은 세계이다. 플라톤에 의하면, 개인들은 이데아계의 완전한 이상적 형태가 투영된 불완전한 존재이지만 동시에 보편적 완전한 이상에 도달할 수 있는 고귀한 존재이기도 하다.

플라톤은 교육을 현실적인 감각세계의 허상을 인식하는 데서 벗어나 점차 영원하고 보편적인 이상세계의 참된 실재의 세계를 인식할 수 있도록 마음에 눈을 뜨게 하는 것으로 보았다. 그리하여 참된 실재를 인식할 뿐 아니라 최고선에 따라 실천적 삶을 영위하고 아름다움을 추구할 수 있도록 배우는 사람의 정신 능력을 계발하는 것이다. 이상 국가는 이러한 교육을 통하여 시민들에게 잠재되어 있는 진리와 가치를 계발함으로써 실현 가능하다. 플라톤은 교육을 통하여 진리를 인식할 수 있는 철인이 덕과 지성과 통솔력으로 통치하는 이상 국가를 꿈꾸었다.[5] 플라톤은 『국가론(*Republic*)』 7장에서 동굴의 비유를 통해 철인의 교육과정을 다루고 있다(오인탁, 1994, 해석 참조). 동굴의 비유는 인간이 이상적인 형태에 도달하기까지 다섯 가지 단계를 묘사하고 있다. 이는 인간이 잘못된 생각을 버리고 배움을 통하여 진리를 획득하는 과정이다. 첫째, 망상의 단계로 동굴 벽 쪽에 묶여 있는 상태(벽의 그림자를 진리로 믿음), 둘째, 믿음의 단계로 동굴 안에서 자유로운 죄수(동굴 입구와 밖에 다른 것이 있을 것이라고 확신하고 움직이는 상태), 셋째, 생각의 단계로 동굴 밖에서 그림자를 보는 것, 넷째, 지식의 단계로 동굴 밖에서 실재를 보는 것, 마지막으로 형상의 단계로 태양을 보는 것(사물을 볼 수 있게 만들어 주는 태양을 찾은 상태)으로 비유하고 있다.

3) 관념론의 교육원리

관념론 또는 이상주의에서 교육은 정신적 작용으로 인간이 참된 실재를 인식하고 최고선에 따라 실천하며 살고 아름다움을 추구할 수 있도록 그들의 정신 능력을 계발하는 것이다. 관념론은 인간 안에 들어 있는 가장 선한 것, 사회가 지니고 있는 가장 귀한 것, 그리고 교육이 지향해야 할 가장 아름다운 것을 계발하고 이끌어 내는 것을 교육목적으로 삼는다. 또한, 이것을 적극적으로 교육과정에 반영하려고 한다. 이를 위해 일반 교양교육과 도덕교육, 정신교육, 인성교육을 강조한다. 관념론의 교육원리를 몇 가지로 정리하면 다음과 같다.

첫째, 학생은 그의 본성과 인격이 고귀한 가치가 있는 존재이다. 따라서 교사는 학생을 존중하고 그들의 내재된 잠재능력을 개발하여 진리를 습득하게 도와

---

5) 이상 국가에는 철인 계급, 수호자 계급, 생산자 계급이 존재한다. 지성적으로 국가를 다스리는 통치자 계급(철인 계급), 국가를 무력으로 수호하는 수호자 계급, 국가가 필요로 하는 물자를 생산해 내고 봉사하는 계급인 생산자 계급이 그것이다. 이들은 각각 자신의 신분에 맞게 교육을 받는데 이는 인간의 본성인 욕망, 의지, 이성 중 무엇에 더 지배를 받느냐에 따라 교육의 수준이 결정된다. 통치자 계급(이성)은 지혜의 덕, 수호자 계급(의지)은 용기의 덕, 생산자 계급(욕망)은 절제의 덕을 실천할 수 있도록 교육받아야 한다.

줌으로써 학생이 좀 더 의미 있는 삶을 영위할 수 있도록 독려해야 한다.

둘째, 교육의 목적은 학습자가 절대 정신과 대우주를 완전히 인식하는 데 있다. 따라서 학습 과정은 포괄적인 안목과 통찰을 통하여 점차 학습자의 정신적 인식 수준을 높여 학습자의 자아가 우주나 최고선으로 향할 수 있게 하는 것이다.

셋째, 교육과정은 지식 위주의 교과목과 그에 대한 학습내용으로 구성하여 여러 과목이 체계적으로 상호 연관성을 지닐 수 있도록 조직된 교과 중심 교육과정을 주장한다. 개념적 체계와 상호관계성을 중요하게 본다.

넷째, 교육방법으로는 소크라테스의 대화법이나 질문법을 사용한다. 이는 학습자의 정신에 이미 내재되어 있는 이데아를 상기시키는 것으로 대화를 통해 그들의 정신을 각성시켜야 하기 때문이다. 교사는 학습자의 개성과 전체성이 조화를 이루도록 한다. 또한, 학습자를 윤리적 존재로 인식하여 학습자 스스로 자아를 인식하고 자율적인 학습을 하도록 하며 교사는 삶을 통하여 학생들에게 모범을 보이는 것도 중요한 방법으로 본다.

2. 실재론과 교육

1) 실재론(realism)

실재론은 라틴어 'realis'에서 나온 것으로, 개인의 의식이나 관념을 떠나 객관적으로 존재하는 사물을 말한다. 관념론과 반대되는 입장으로 우주의 궁극적 본질은 보편자의 정신 속에 있는 것이 아니라, 물질(material)이라고 보는 것이다. 즉, 실재론의 기본 원리는 물질이 궁극적인 실재(reality)라는 것이다(윤완, 2011). 정신은 이러한 물질이 만들어 낸 것에 지나지 않는다.

실재론에서 주장하는 본질적인 이론을 정리하면 다음과 같다.

① 우리는 여러 대상, 사물, 사람들이 존재하는 실재적 존재의 세계에 살고 있다.

② 실재의 사물들은 그 사물의 존재에 대하여 우리가 희망하거나 선호하는 것

과는 관계없이 존재한다.

③ 우리의 이성을 사용함으로써, 사물들에 대한 지식을 알아낼 수 있다.

④ 이러한 사물들에 대한 지식이나 이들을 지배하는 법칙, 그리고 상호관련성은 인간 행위의 방향을 결정하는 요소이다(Wild, 1948; 박의수 외, 2003, 재인용).

실재론에서는 모든 실재가 우리와는 관계없이 객관적으로 존재하며 인간이 그 실재에 대한 지식을 감각적 경험을 통해 얻을 수 있다고 본다. 인간은 이러한 지식에 일치하도록 행동해야 한다(박준영, 1999).

실재론은 아리스토텔레스를 시작으로 다양한 갈래로 나뉘게 된다. 중세에는 아퀴나스(T. Aquinas)와 같은 스콜라 철학자들이 아리스토텔레스의 사상을 발전적으로 계승하였고, 근대와 현대에는 코메니우스(J. A. Comenius), 로크(J. Locke), 헤르바르트(J. F. Herbart), 러셀(B. A. W. Russell) 등이 실재론에 기초하여 교육론을 전개하였다. 현대에는 허친스(R. M. Hutchins), 아들러(M. J. Adler), 브로우디(H. S. Broudy) 등 인본주의 교육가들이 아리스토텔레스의 실재론을 교육철학적 토대로 삼았다(김정환·강선보·신창호, 2014).

실재론은 크게 합리적 실재론(rational realism)과 자연적·과학적 실재론으로 나뉜다. 합리적 실재론은 다시 고전적 실재론(classical realism)과 종교적 실재론(religious realism)으로 구분할 수 있다. 고전적 실재론은 아리스토텔레스의 철학을 직접적으로 받아들여 발전시킨 것이며, 종교적 실재론은 아퀴나스의 토미즘 철학에 기초를 두고 아리스토텔레스 철학을 간접적으로 받아들인 것이다. 합리적 실재론은 물질적 세계가 인간정신과 독립적으로 존재하는 실재라고 주장한다. 그러나 고전적 실재론은 우주가 수학적인 아름다운 법칙에 의해 아름답게 조화를 이룬다고 주장하는 반면, 종교적 실재론에서는 신이 물질과 정신을 창조하여 신의 전능한 힘으로 질서 있고 합리적인 우주가 존재하고 있다고 본다(박준영, 1999).

자연적·과학적 실재론은 회의적이고 경험적이며 철학은 과학의 객관성과 엄밀성을 지녀야 한다고 주장하고 있다. 자연 세계의 속성들을 밝혀내는 것은 과학의 임무라고 보면서, 철학의 기능은 여러 과학이 밝혀낸 사실들과 개념들을 종합하는 데 있다고 본다. 여기서는 우주의 근본적 특성이 영원하고 영속적인 것이므로 변화가 존재한다 하더라도 그 변화는 자연의 영속적 법칙에 따라서 일어나는 것으로 보고 있다. 우주의 영속성에 기초하여 변화가 일어나므로, 이를 측정할 수 있다는 것이다(위의 책). 자연적·과학적 실재론은 신실재론(neo-realism)과 비판적 실재론(critical realism)으로 구분되는데, 신실재론의 대표적 인물은 러셀로, 형이상학이나 종교적 관점을 배제하고 과학의 엄정성을 유지하면서도 사물을 직접적으로 지각할 수 있다고 주장한다. 반면 비판적 실재론은 산타야나(Santayana)로 대표되며 사물은 비물질적인 어떤 매개체를 통하여 간접적으로 지각될 수밖에 없다고 주장한다(김정환·강선보·신창호, 2014).

2) 실재론과 교육

실재론 교육철학의 대표적 인물은 아리스토텔레스이다. 아리스토텔레스에게 있어서 세계는 플라톤이 주장한 두 개의 세계가 아니라 오직 하나뿐이다. 즉 이데아가 사물 외부에 존재하는 것이 아니라 사물 내부에 있다고 본다. 이데아는 사물 속에서 사물을 나타나게 하고 사물에게 사물의 본질을 부여하는 것이다. 아리스토텔레스는 형상(form)과 질료(material)라는 용어로 이러한 생각을 설명하고 있는데 이 세계의 모든 사물은 형상과 질료로 이루어져 있다. 형상은 한 사물의 '본질' 또는 '본성'으로 그 사물의 기능과 관계가 있다. 한 사물의 질료는 그 사물에만 고유한 것으로 그 사물의 '이것임'을 의미한다. 이러한 형상과 질료를 동시에 가진 사물을 아리스토텔레스는 실체라고 하였다(신득렬·이병승·우영효·김회용, 2005).

이러한 실체를 규명하는 데 질료와 형상이라는 개념을 사용하여 목적론적 사유를 한 아리스토텔레스는 인간 이해에 있어서도 육체와 영혼을 지닌 존재로 보고 있다. 살아 있는 모든 것은 영혼을 지니며 영혼은 유기체의 생명원리라고 할 수 있는 유기체의 힘과 작용의 총화이다(정영근·정혜영·이원재·김창환, 2009). 인간의 영혼은 식물적, 감각적, 지적 영혼의 존재 원리를 모두 지녔으며 정신적 영혼의 인식활동을 통해 이 세상을 살아간다.

아리스토텔레스는『정치학(*Politics*)』에서 그의 교육론을 다루고 있는데, '적절하게 교육된 개인'과 '적절하게 교육된 시민'과의 상호 보완적 관계를 기술하고 있다. 적절하게 교육받은 합리적인 사람이 사회나 정치에서 가치 있는 존재가 된다고 보았다. 아리스토텔레스에게 있어 교육은 탁월하며 행복한 삶을 살 수 있도록 돕는 것이다. 정신적 존재인 인간은 이성이 완전하기 때문에 이성을 지닌 인간은 완전할 수 있다. 따라서 교육은 인간의 본성을 완전하게 하여 행복하게 살게 하는 것이다.

아리스토텔레스의 세계관과 인간관에 근거하여 실재론에서는 인간은 실재를 보고 관찰하는 자라고 말한다. 인간은 인식하는 과정에서 감각과 추상적 개념을 모두 공유하지만, 관찰을 통해 거친 자료들을 보다 정확한 방식과 고차원적으로 정리하고 분류하고 통합하는 과정을 거치게 된다. 문명이 발달하면서 인간은 망원경, 현미경, 우주탐사기 등 보다 정교한 도구들을 개발하여 더 정확한 지식들을 얻게 된다. 그러므로 이 이론에 따르면, 교육은 학생들에게 실재를 보다 더 정확하게 관찰하고 발견할 수 있도록 잠재력을 최대한 계발시켜 주는 훈련, 경험, 연습을 제공하여야 한다고 본다(김정환·강선보·신창호, 2014).

3) 실재론의 교육원리

아리스토텔레스에게 있어 교육이란 인간의 타고난 본성과 사회적 습관 그리고 정신적 통찰능력을 최대한 개발하여 행복한 삶을 살도록 도와주는 것이다. 또한, 교육은 학습자가 우주의 법칙과 부합하는 올바른 삶을 영위할 수 있도록 자연법칙을 발견하여 그것을 가르치는 일이다(정영근·정혜영·이원재·김창환, 2009). 실재론의 교육원리를 몇 가지로 정리하면 다음과 같다.

첫째, 실재론의 교육목적은 지력 또는 이성의 훈련에 있다. 고전적 실재론에서 아리스토텔레스는 이성을 배양시키기 위한 교양교육에 중점을 두었다. 학습자의 이성을 발달시켜 객관적 지식을 획득하고 축적하게 하는 것이다. 또 교육의 궁극적 목적은 중용의 덕목을 실천하는 인간을 기르는 것이었다. 중용의 덕을 교육을 통해 습관화하게 되면 학습자는 행복한 상태에 도달하여 평온한 생활을 누리게 되는 것이었다(박준영, 1999). 그러므로 실재론에서 교육의 일차적인 목표는 학생들에게 행복한 삶을 영위할 수 있게 하는 가치들과 사물들에 대해 가르치는 데 있다. 실재론자들은 학교 역시 사회 속에서 고유한 역할과 기능을 담당해야 하는데, 학교란 일차적으로 인간의 이성을 계발하는 곳이다. 따라서 교육의 목적은 지식을 발견하고, 전수하고, 사용할 수 있도록 이바지하는 데 있다. 이 지식은 개인적, 사회적, 경제적, 정치적 그리고 심미적 영역 등 삶의 모든 측면에서 잠재적 이성을 실현하는 행동의 안내자 역할을 할 수 있는 것이다(김정환·강선보·신창호, 2014).

둘째, 실재론에 입각한 교육방법은 학생 스스로가 외적 사실을 탐구하고 관찰하고 생각하는 것이다. 교사는 실재 세계에 대한 상당한 지식을 전달해야 할 임무가 있다. 실재론에서 요구되는 교육방법은 다음과 같다.

① 과학적 방법 및 관찰과 실험적 방법 중시
② 말보다는 사실을 중요하게 여김
③ 교사의 주도권을 중시하되 아동의 흥미와 지적 호기심을 충족시킴
④ 지력 훈련을 통하여 세계 속 사물을 알게 하고, 인간 능력의 한계를 인식하게 함

셋째, 교사는 보편적 지식을 지닌 교육전문가로서 교과 내용들을 충분히 잘 알고 있어야 한다. 수업은 교육자가 가진 지식의 체계를 학습자에게 제공하는 것이다. 교사는 학생들에게 교훈적이면서도 즐겁게 해 주어야 한다. 교사는 강의, 토론, 실험 등 다양한 교수방법을 구사할 수 있어야 하며 학생들의 배경과 상황에 맞게 적절한 방법을 사용할 수 있도록 다양한 방법에 익숙해질 필요가 있다(윤완, 2011).

넷째, 실재론에서는 학생을 고도의 지성을 계발할 수 있는 존재이고, 자신의 감각 경험을 통해 세계의 자연 질서를 자각할 수 있는 유기체적 존재로 본다. 이들은 자기실현, 자기통합을 할 수 있는 본질적인 개인으로 간주된다. 하지만 학생은 자유롭지 못하고 자연법에 복종하며, 학교에서 경험하는 대부분은 훈련과 연습이다. 학습은 헌신과 근면을 요구하는 것으로, 학생들이 해야 하는 일차적인 책임인 것이다(김정환·강선보·신창호, 2014).

다섯째, 실재론에서 교육과정의 기초는 체계적으로 조직된 교과 중심학문을 바탕으로 한다. 교과 중심 교육과정은 두 요소로 구성되는 데, 하나는 학문의 구조가 되는 지식 체계이고 다른 하나는 학생의 준비성, 성숙, 사전학습에 따른 알맞은 교육 차원의 배열이다. 실재론에서 강조하는 교육과정을 요약하면 다음과 같다.

① 교육방법보다는 교육내용(교재)이 우선되어야 한다.
② 모든 학생들이 다 같이 배워야 할 하나의 교과 중심 교과과정이 있어야 한다.
③ 교재는 일시적인 가치보다 장기간에 걸쳐 그 가치가 인정된 항구적(恒久的)이고, 실생활에 도움이 되는 것이어야 한다.
④ 학습자의 변하기 쉬운 흥미보다도 사회적 가치를 지닌 비교적 불변성을 지닌 것이어야 한다.
⑤ 학습자의 인품 계발보다도 지식중심의 것이어야 한다(박준영, 1999). 현대어, 수학, 자연과학, 자연과학 등 사회적 가치를 지닌 전통적 교과목을 중시한다.

3. 자연주의와 교육

1) 자연주의(naturalism)

자연주의는 라틴어 'natura'에서 유래된 말이다. 이는 원래 타고난 것을 존중하는 것으로 자연에는 아름다운 질서가 있고 또 그 질서에 따라 사는 것이 가장 행복한 삶이라는 생각의 총칭이다. 자연주의란 용어는 18세기 말~19세기 초 루소, 페스탈로치, 프뢰벨에 의해서 사용되었고 현대에 와서 스탠리 홀, 닐 등에 의해 자연주의 정신이 계승되었다. 이러한 자연주의 교육은 전통적으로 자연과 교육을 구분하여 오던 것을 자연과 교육의 조화를 추구한 교육사상이다(주영흠, 2003: 17).

자연주의란 자연이 실체의 본질이라고 생각하고, 그 자체가 인간 존재와 인간성을 포함한 모든 존재를 설명해 주는 전체적 체제를 의미한다. 즉, 자연을 유일하고 절대의 근본 원리 또는 실체라고 여기며, 모든 가치 기준을 자연에 두려고 하는 철학사조이다.[6)]

자연주의의 역사는 인류의 역사와 더불어 시작되었다. 서양의 경우 고대 그리스의 탈레스(Thales)에서 시작되어 '자연으로 돌아가자'를 주장한 루소(J. J. Rousseau), 교육은 이 세상에서의 행복한 삶이라 주장한 스펜서(H. Spencer), 교육의 성자(敎聖)라 불리는 페스탈로치(J. H. Pestalozzi)로 계승되어 발전되었다. 자연주의는 코메니우스를 대표로 하는 17세기 감각적 실학주의와 18세기 인간의 존재를 인식하고 있는 계몽주의의 영향을 받았다. 20세기 들어서 아동 중심의 교육을 주창한 케이(E. Key)와 그녀의 아동의 집, 몬테소리(M. Montessori)와 그녀의 어린이집도 자연주의 철학에 기초를 두고 있다.

자연주의의 철학적 원리를 살펴보면 다음과 같다.

① 모든 존재는 인과율의 법칙 아래에 있다.

② 자연만이 유일하고 가치 있는 실재이고, 변화는 모든 존재의 일반적 특징이라고 본다.

③ 인식의 과정에서 지성이나 이성의 역할을 부인하고, 유일하고 타당한 지식은 경험에서 온다고 주장한다.

---

6) 역사적으로 인간 본성에 관한 논의들은 인간이 정신과 물질로 이루어졌다고 보는 이원론에서 비롯된다. 이상주의자들은 인간의 본성을 정신이라고 보고 유물론자들은 물질이라고 주장하며, 회의론자들은 이 둘을 모두 부정한다. 그러나 루소는 인간 본성에 대하여 기존의 정신과 물질이라는 논쟁에서 벗어나 선과 악의 문제로 환원시킨다(Butts, 1955: 283; 주영흠, 2003: 19, 재인용).

④ 인간은 환경과 상호작용을 하면서 가치를 만들어 낸다.
⑤ 인간은 가장 아름다운 것의 하나로 존중되어야 한다.
⑥ 지식은 감각적 경험을 통해서 얻어지며, 실재(reality)를 전체보다 개별체로서 파악한다.

2) 자연주의와 교육

자연주의는 '자연에 따르는 교육'을 최고의 원칙으로 삼는다. 자연주의 교육은 첫째, 감각적 실학주의의 계승임과 동시에 19세기 심리적 계발주의의 선구가 되었다. 이는 한마디로 자연에 일치하는 교육, 즉 교육과정에 대한 자연법칙의 발견·형성·응용을 기본으로 한 것이다. 외계(外界) 자연에 일치하는 교육을 한다는 것은 인간의 발달을 자연법칙에 합치하도록 하는 교육을 뜻하는 것으로, 개인을 교육하는 방법을 알려면 그 개인적 성장에 대한 이해가 필수요인이 되고, 또 교육목적이나 교육과정은 피교육자의 신체적 성장의 성질을 연구하여 그에 합치시켜야 한다는 것이다.

둘째, 자연주의 교육은 인위적인 모든 것을 부정하고 자연적인 것으로 돌아가는 교육을 의미한다. 자연주의는 아동에 대한 인위적인 훈련을 공격하고, 아동의 자연스러운 자발성을 억압하고 아동을 인형처럼 다루는 모든 인위적인 것을 비난하였다. 자연주의는 인간의 선한 본성과 덕성을 잘 보전하고, 본래의 개인의 권리를 인정하는 사회형성을 목표로 하여, 모든 사람이 자연적·기본적 미덕인 평등, 우애, 소박, 자유를 누릴 수 있는 사회를 건설하는 것을 교육의 궁극적인 목적으로 삼았다. 또 자연주의 교육은 아동에게 자유를 주고 간섭하지 않음으로써 인위적인 사회의 모든 악을 방어할 아동의 선한 본성이 자유롭게 발전할 수 있게 함을 목적으로 하였다. 자연주의 교육의 대표자는 루소(J. J. Rousseau), 바제도(J. B. Basedow), 잘츠만(C. Salzmann) 등이 있다(위키피디아).

3) 자연주의의 교육원리

자연주의에서 주장하는 인간은 자연의 일부로 이상적인 인간상은 자연인이다. 자연주의 교육에서는 인간이 타고난 자연스러운 본성을 발현시키는 데 중점을 둔다. 즉 후천적 습성으로 인해 자연성이 변질되지 않도록 유지하면서 개인이 진정으로 자신의 주인이 되는 도덕적 자유를 실천할 수 있는 사람으로 기르는 것이 교육이다.

교육목적은 첫째, 자연의 법칙에 따른 아동 중심의 열린 교육체제를 통하여 천부적인 소질과 같은 아동의 내적, 잠재적 가능성을 발휘할 수 있도록 하는 것이다. 둘째, 사회생활에 필요한 기능, 지식, 태도를 갖추게 하고 동시에 각 개인이 자신의 개인적인 생활을 즐길 수 있는 자질을 갖추게 하는 것이다. 이렇게 함으로써 자연성을 회복시키고자 하였다. 이를 위해 자연을 교재로 하고, 자연법칙에 따르는 교수방법을 채택한다. 자연을 교재로 한다는 말은 이제까지의 권위주의적이고 인위적인 교육환경에서 벗어나 자연 상태의 자유로운 분위기 속에서 자발적인 교육이 이루어져야 한다는 의미이다. 이것은 또한 근대에 등장하는 자연과학적 지식을 교육의 내용으로 적극 수용하려는 입장이기도 하다.

자연법칙에 따르는 교수방법이란 학습자의 발달단계에 따라 적절하게 학습과제가 제시되어야 한다는 것으로, 특히 아동단계에서는 학습자의 감각경험에 기초하는 실물교육을 강조하고 있다. 여기에는 지식이 인간의 감각경험을 통하여 획득된다는 경험주의 철학이 영향을 미쳤으며, 교육의 장에서는 학습자의 능력에 맞는 교수방법을 사용함으로써 학습자의 흥미를 불러일으키는 자발적인 탐구학습을 장려했다. 그리고 교육목적으로 자연성 회복을 주장한 것은 교육내용·교수방법의 원리를 자연법칙에서 구하는 수준에서 벗어나 인문주의의 지식 중심의 교육을 비판하고, 학습자의 입장에서 교육의 의미를 제시하는 것이라 할 수 있다.

코메니우스는 자연현상의 관찰을 통해 얻은 법칙과 동식물의 번식이나 성장에서 볼 수 있는 자연법칙에 따라 교육을 실시해야 한다는 주장을 제시하여 교수방법의 측면에서 자연주의의 원리를 제시했고, 교육의 궁극 목적을 객관적 자연세계에 합치하는 것으로 제시하여 객관적 자연주의 교육철학을 주장했다.

루소는 『에밀(*Emile*, 권응호 역)』에서 "조물주가 처음에 만물을 창조할 때는 모든 것이 선이었다. 그러나 인간의 손이 닿으면서 모든 것이 타락한다."라고 하여 교육은 어린이의 타고난 선한 본성이 자연스럽게 자라나도록 조장하는 일이라고 했다. 그리고 이를 위해 객관적 자연의 법칙을 학습자의 주관적 자연성과 합치시키고, 교육을 통해서 자연의 본성을 회복시켜야 한다는 교육철학을 제시했다. 교육은 자연의 교육, 사물의 교육, 인간의 교육으로 이루어지는데, '자연의 교사'란 생물학적으로 신체 기관이나 기능이 성숙하여져서 능력을 획득하게 되는 것을 말하고, '사물의 교사'란 자연 세계를 직접 경험함으로써 지식을 얻는 것을 말하며, '인간의 교사'란 사람이 특정한 목적을 가지고 자연과 가물에 의한 교육을 활용하여 학습자에게 지식을 전달하는 것으로 이해된다. 이때 사물의 교육과 인간의 교육은 학습자의 자연적인 성숙에 맞추어서 시행되는 것으로 제시되는데, 이것은 코메니우스와는 달리 학습자의 내면적인 발달단계를 중심으로 교육을 조명했다는 점에서 주관적 자연주의 교육철학이라고 할 수 있다.

루소의 교육철학에서 영향을 받은 페스탈로치도 자연교육을 옹호하면서, 인간이 타고날 때 가지고 있는 공통적인 선성(善性)의 개발을 강조했다. 또한, 타율적 교육보다는 자율적 교육을 주장하며, 구체적이고 감각적인 것에서 추상적이고 이론적인 것으로 나아가는 발달단계에 따른 교육을 실시해야 한다고 하였다. 이후 19세기에서 20세기 초 산업사회의 진전에 따라 인간소외 현상이 나타나면서, 교육계에서는 도시문명의 영향에서 벗어나 자연 상태에 가까운 전원에서 교육을 실시해야 한다는 입장이 나타났다. 교육내용에서도 지식 위주의 교육과정을 배제하고 자유로운 환경에서 자연을 통하여 교육함으로써 건강한 인간을 육성하려는 교육이 주장되었다. 신교육운동은 이러한 영향을 받아 일어난 새로운 교육사조이다. 이러한 자연주의적 교육철학을 학교교육에 반영시킨 대표적인 사람으로 드몰랭(J. E. Demolins)과 리츠(H. Lietz) 등을 들 수 있다.

자연주의의 교육내용은 초보적 학문의 과정인 3R's(읽기; reading, 쓰기; writing, 셈하기; arithmetic)와 자연과학적 · 실용적 지식, 그리고 국어교육을 중시하였고 부모와 교사가 소극적으로 관여하는 자연적 성장의 과정을 강조한다.

4. 실용주의와 교육

1) 실용주의(pragmatism)[7)]

고대 그리스에서 시작된 관념론과 실재론과는 달리 실용주의(實用主義)라 불리는 프래그머티즘은 19세기 말에서 20세기 초에 미국을 중심으로 발달한 교육사조이다. 영국의 경험주의에서 커다란 영향을 받아 관념적이 아닌 실제 생활과의 관련 속에서 생각하여 지식의 가치를 행동의 결과로 판단하는 입장이며, 미국적인 철학이다. 19세기 말 퍼스(C. S. Peirce, 1839~1914)가 행위를 의미하는 그리스어 '프라그마(pragma)'에서 프래그머티즘이라는 용어를 만들고 이론적 체계를 마련하였으며, 제임스(W. James, 1842~1910)에 의해 대중화되었고 듀이(J. Dewey, 1859~1952)에 의해서 확고한 철학적 위치를 찾게 되었다. 이들 주장에는 약간의 차이가 존재하나, 진리를 실천과의 관계에서 유용성을 기준으로 결정한다는 점에서 근본적으로 같다. 즉, 실생활에 유용한 지식과 실용성이 있는 이론만이 진리로서 가치가 있는 것으로 본다.

실용주의의 특징을 살펴보면 다음과 같다.

첫째, 실용주의에서는 현실과 경험 그리고 실천을 강조한다. 실용주의자들은 유럽의 절대적 진리와 철학적 내용을 중시하는 전통 철학에 도전하면서 현실 안에서의 가치와 실천을 중요하게 여긴다. 경험에 의해 개인적으로나 사회적으로 실용성과 도구성이 있을 때 가치가 있기 때문이다. 즉 가치에 대한 기준은 상대적이다.

---

7) 프래그머티즘은 성격에 따라 실용주의, 도구주의, 실험주의, 행동주의 등으로 번역된다. 여기서는 교육과 관련하여 '실용주의'로 번역하여 사용한다.

둘째, 실용주의에서는 절대적인 것과 선험적 원리, 불변의 자연법칙을 거부하고 상대적인 것, 경험적 원리, 지속적인 변화를 강조한다. 세계는 계속해서 변해가고 규범인 가치 또한 사회 문화적 여건에 따라, 시간의 흐름에 따라 변해간다. 이러한 흐름에 따라 가치나 진리가 변하기 때문에 이를 기초로 한 지식도 변해야 한다. 따라서 모든 지식과 진리, 신념은 일시적인 것이며 그러므로 끊임없는 반성과 실험이 요구된다고 보았다.

셋째, 모든 지식은 경험을 통해 습득된다. 진리나 신념은 일시적인 것이기 때문에 실험을 통해 실제 생활에서 사실로 입증이 될 때 진리가 된다. 실용주의에서는 인간 행동의 결과를 과학적으로 검증하는 데 관심을 두고 있다.

2) 실용주의와 교육

실용주의(pragmatism)[8]는 듀이에 의해 철학적 위치를 확보하고 교육에 적용된 사상으로서 절대적인 것, 선험적 원리, 불변의 자연법칙을 거부하고 상대적인 것, 경험적 원리, 지속적인 변화를 강조한다. 즉 이 세상에는 영원하고 불변하는 것은 없고 오직 변화만이 실재한다. 따라서 가치에 대한 기준도 상대적이어야 한다.

인간은 생물학적 존재이면서 주변 환경에 적응하며 살아가는 사회적 존재이다. 따라서 교육은 인간이 환경에 적응할 수 있는 능력을 기르도록 도와주어야 한다. 즉 인간은 단순히 수동적으로 수용하는 지식을 통해 자기의 문제를 적극적으로 해결해 나가는 존재이다. 이러한 인간 이해를 바탕으로 실용주의 교육이론을 정리하면 다음과 같다.

첫째, 교육의 목적은 경험의 성장이다. 실용주의 교육에서는 지식 위주의 교육을 지양하고 생활의 문제를 해결하기 위해 경험의 재구성과 재조직 과정을 거

8) 실용주의는 다윈의 진화론의 개념을 사회 발전이라는 측면에 적용시킨 철학 또는 경험에 의한 검증을 중요시하는 경험론적 철학이다. 프래그머티즘은 성격에 따라 도구주의, 실험주의, 기능주의 등으로 불리기도 한다.

쳐 성장하는 것을 목적으로 한다.

둘째, 교육방법은 흥미 중심, 아동 중심, 생활 중심이다. 아동 개인의 욕구와 흥미와 필요에 기초한 교육이지만 흥미 위주의 교육이 되어서는 안 된다. 교육과정 속에서 단순히 아동의 호기심을 충족하는 것이 아니라 아동의 발달 수준과 흥미를 중요하게 고려한 교육으로 아동이 대상에 몰입하는 교육이어야 한다. 아동 중심 교육이란 아동이 '중심'이 되어야 하는 것이지 아동이 주도하는 교육이나 자유방임 교육을 의미하는 것은 아니다. 따라서 교사는 아동의 안내자, 조력자로서의 역할을 해야 한다. 생활 중심 교육이란 체험만 하는 교육을 의미하지 않으며 경험이 중심이 되는 교육이다.

셋째, 교육의 과정은 끊임없는 경험의 재구성 과정으로 성장의 과정이다. 경험은 연속성을 갖는다. 즉 이전의 경험은 후속경험에 영향을 미친다. 바람직한 경험은 후속되는 경험을 풍부하게 만드나, 바람직하지 못한 경험은 후속되는 경험으로 이어지지 못하거나 축소된다. 이러한 과정을 거치면서 경험은 재구성되고 인간은 성장한다.

3) 실용주의의 교육원리

첫째, 교육은 학생이 활동하는 그 자체이다.

둘째, 아동은 수용력과 잠재 능력을 갖춘 발전적인 성장 유기체이다.

셋째, 교육목적은 고정적이어서는 안 되고 밖으로부터 주어져서도 안 되며 아동과 교사가 협의하여 결정해야 한다.

넷째, 교사는 아동의 학습활동을 안내하고 지원하는 존재이다.

다섯째, 교육의 과정은 지속적인 경험의 재구성 과정으로 평생을 통해 이루어진다.

여섯째, 학교는 변화하는 세계에 아동이 대처할 수 있게 하는 사회적 기관이어야 한다. 학교는 경험 개조의 장이며 아동의 발달단계에 적응한, 조작 가능하고 이상화된 살아 있는 소사회(小社會)이어야 한다. 거기서는 문화유산의 체계로부터 배워야 할 교육과정이 짜여지는 것이 아니라, 아이들의 생활경험에 대응하여, 아동의 흥미와 자발성이 학습을 구성해야 할 것을 결정한다. 이 때문에 종래의 획일적인 교과의 틀을 넘어 생활경험에 호응한 학습이 진행된다.

일곱째, 아동 중심의 활동 학습법과 문제해결 중심이 되어야 한다. 학습은 전통적인 학교와 같이 고정된 책상에서 책을 중심으로 이루어지는 것이 아니라 중심적인 과제를 해결하는 활발한 실습 속에서 발전적으로 질서를 세워 나가는 실제적, 실험적, 경험적, 창조적, 조작적인 것이어야 한다. 요컨대 행동함으로써 배우는 것(learning by doing)이다.

3장 현대 미국의 교육사조

1. 진보주의(progressivism)

1) 진보주의 교육의 배경

진보주의는 교사 중심, 교과서 중심 교육인 전통적 교육에 대한 반성에서 나왔으며 아동은 수동적 존재가 아니라 자기의 문제를 해결할 수 있는 적극적 존재이며 상대적 가치를 가진 존재임을 주장하는 실용주의를 기초로 하고 있다. 특히 도구주의[9]와 실험주의[10] 사상에 기반을 두고 있다. 자연주의 교육철학에 영향을 받아 아동의 흥미와 요구 그리고 아동의 자발성을 중시하는 아동 중심 교육을 지향한다.

---

9) 도구주의는 관념이 행위에 대한 도구이고 행위는 또 다른 관념을 만들어 내는 도구라고 본다. 이런 관점에서 지식은 삶의 문제를 해결 하는 데 있어서 도구로 활용될 때 의미가 있다.

10) 실험주의에서는 옳고 그름이나 좋고 나쁨을 미리 정할 수 없다고 본다. 어느 한 관념이 삶을 해결하는 데 도구로 활용되는지는 직접 실험해 보아야 한다는 것이다. 진리도 영원불변한 것이 아니라 경험에서 나오는 가설적인 것이기 때문에 실험한 결과를 가지고 그 가치를 판단해야 한다.

2) 진보주의 교육원리

진보주의의 대표적 학자인 듀이와 그의 동료들은 미국의 교육을 개혁하기 위해 '진보주의협회(Progressive Education Association)'를 조직하고, 교육을 아동 중심 교육으로 바꾸기 위해 다음과 같은 7대 교육강령을 채택하였다(Meyer, 1949: 71).

첫째, 아동은 외적인 권위에 의하지 않고, 스스로 사회적인 필요에 의해, 자연스럽게 발전시킬 자유(freedom to naturally development)를 누려야 한다.

둘째, 모든 학습활동의 동기는 아동의 흥미(interest)에서 비롯되어야 한다.

셋째, 교사는 아동의 모든 활동을 격려하고 필요한 정보를 제공해 주는 안내자(guide)이지 학습의 주도자는 아니다.

넷째, 아동에 대한 학교에서의 평가는 학과에 대한 평가뿐 아니라 아동의 신체적, 지적, 도덕적, 사회적인 발달을 포함하는 모든 영역에 대한 과학적인 판단에 기초해야 한다.

다섯째, 가장 중요한 것은 아동의 신체적 발달(physical development)이므로 아동의 신체적 발달에 영향을 미치는 조건들, 즉 학교 시설이나 환경에 최대의 관심을 가져야 한다.

여섯째, 학교는 아동이 생활하는 데 필요한 것을 만족시키기 위해 학교와 가정의 협력(cooperation between school and home)을 통하여 학생에게 필요한 교육활동이 이루어져야 한다.

일곱째, 새로운 관념을 창조해 내는 실험실로서 진보주의 학교(the progressive school)는 교육운동에 있어서 선도자가 되어야 한다.

이러한 아동 중심 교육은 아동은 성인과는 다른 고유한 세계를 가지고 있으므로 교사는 그들의 욕구와 흥미, 관심을 파악하여 자연스럽게 성장할 수 있도록 도우며 학습자가 경험을 재구성할 수 있는 교육내용과 흥미를 발전시키는 교육방법을 제시하였다.

넬러(G. F. Kneller)는 진보주의 교육원리를 다음과 같이 여섯 가지로 구분하였다 (Kneller, 1964: 96-103).

첫째, 교육은 활동적이어야 하고 아동의 흥미와 관련되어야 한다. 우리는 교육활동에 있어서 아동의 생활을 무시하지 말고 그들의 흥미와 관심의 소재를 파악하여 반영하여야 한다.

둘째, 학습은 단순히 교과목만을 가르칠 것이 아니라, 문제해결의 방법을 배우도록 해야 한다. 지식은 새롭게 전개되는 상황을 대비하기 위해 조정하는 도구이기 때문에 능동적 활동을 통해 습득하고 아는 것은 행동으로 옮겨져야 한다.

셋째, 교육은 단순히 미래생활을 위한 준비가 아니라 현재의 생활 그 자체이어야 한다. 교육은 경험의 재구성 과정이기 때문에 학교는 현실에서 부딪칠 생활환경과 비슷한 것을 제공하여 아동으로 하여금 비판정신과 지성을 기를 수 있도록 한다.

넷째, 교사는 아동을 감독하는 것이 아니라 그들을 도와주어야 한다. 왜냐하면 아동 자신이 무엇을 배워야 할 것인지를 결정해야 하기 때문이다.

다섯째, 학교는 경쟁을 시키는 곳이 아니라 협동을 장려하는 곳이어야 한다.

여섯째, 민주주의만이 사상의 교류와 인격의 자유로운 상호작용을 가능케 한다. 학교가 먼저 민주적으로 운영되어야 하며 민주주의에 대한 이해를 깊이 하고 이를 실천할 수 있는 활동을 권장하여야 한다.

이러한 진보주의 이념은 1957년 구소련의 인공위성 발사 이후 미국은 아동 중심 교육에서 학문중심 교육으로 바뀌게 되었다. 진보주의는 아동의 자유를 지나치게 존중하여 개인주의적, 자아중심적 교육을 초래하였고, 사회적 훈련이나 사회적 전통을 경시하는 경향을 낳게 하였다는 비판을 받았다.

2. 본질주의(essentialism)

1) 본질주의 교육의 배경

본질주의[11]는 1936년 배글리(W. C. Bagley, 1874~1946)를 중심으로 20여 명의 교육학자와 교육행정가가 '미국 교육 향상을 위한 본질주의 교육협회(The Essentialist for the Advancement of American Education)'를 조직하면서 등장하게 되었다. 1929년 대공황(Great Depression)으로 심각한 사회적 위기에 당면하게 되었는데 그 원인이 진보주의교육에서 비롯되었다고 진단했다.[12] 아동 중심, 생활 중심 교육으로 학생들의 기초 학력이 저하되었고, 그 결과 경제대공황이라는 사회적 위기가 초래되었다. 이에 본질주의자들은 인류의 문화에서 가장 기본적이고 본질적인 것을 후세에 전달함으로써 역사를 발전시켜야 한다고 주장했다.

2) 본질주의의 교육원리

본질주의 교육은 과거 인류의 전통적 경험인 문화유산 중 가장 본질적인 내용을 다음세대에게 전달하는 데 교육목적을 두었다. 따라서 생활의 기본수단이 되는 읽기, 쓰기, 셈하기의 3R's와 고전을 교육내용으로 삼았고, 교재는 논리적이고 체계적으로 조직되어야 한다. 교육방법으로는 교사의 체계적이고 계획적인 지도와 학생의 훈련과 노력을 강조하였다. 교사는 교과 및 교재를 논리적 체계에 따라 교사 중심의 수업이 이루어지고 학생은 본질적인 개념이나 내용을 반복학

11) 본질주의를 처음 주창한 사람은 데미아쉬케비치(M. Demiashkevich)로 인류의 과거 핵심적 경험을 체계적인 학교 교육을 통해 다음 세대에 계승시켜 그들에게 닥쳐올 위기를 극복할 수 있는 정신적 자세와 과학적 지식을 갖추게 하자는 것이다(임채식 외, 2015: 333).

12) "미국의 교육이론은 오래전부터 '학문적 훈련'이란 말을 추방하고 말았다. 오늘날 그들은 소리를 높여 미성숙한 아동들에게 그가 무엇을 배워야 할 것인가 선택할 권리를 주자고 외친다. 그들은 교사가 부과한 과제를 '권위적'이라고 배척한다. 그들은 우리 인류가 큰 희생을 하면서 쌓아올린 교과의 체계적 계열적인 이수의 가치를 거부한다. 그들은 흥미 없는 공부를 할 필요가 없다고 거부하면서 이를 합리화한다. 결과적으로 그들은 힘도 안 들이고 노력도 하지 않게 되었다. 그들은 순종하는 것은 약자의 표시라고 낙인찍는다. 그러면서 이 모든 일들을 그들은 '민주주의'와 '자유'라는 주술적인 표현으로 자행하고 있다."라고 진보주의자들을 비판하고 있다(김태오, 2015: 290, 재인용).

습하고 암기하는 것을 중요시했다. 본질주의자는 아동의 인격과 개성, 흥미를 존중하지만 학교는 사회적 요구와 관심사에 주의를 기울여야 한다고 주장하며 사회인 양성을 강조하였다. 교육의 궁극적 목적은 사회에서 요구하는 유능한 시민을 기르는 것으로 이기적이기 쉬운 개인의 관심이나 요구만 충족시키는 교육이 되어서는 안 된다.

본질주의자들이 주장하는 교육원리를 살펴보면 다음과 같다.

첫째, 학습은 원래 강한 훈련을 수반한다. 학생들이 싫어해도 장래의 목적을 이루기 위해 인내하며 학습하게 해야 한다. 사회는 난관이 항상 존재하기 때문에 이를 극복하는 능력은 엄격한 훈련을 통해서만 갖출 수 있다.

둘째, 교육의 주도권을 교사가 가져야 하고 교사로서의 정당한 권위를 보장해야 한다. 교사는 성인세계와 아동세계를 중재하는 자이며, 미성숙한 아동은 교사의 지도와 통제를 받아야 성숙한 인격과 능력을 갖출 수 있다.

셋째, 교육과정은 교과의 내용을 학문적으로 체계화하여 지식 자체의 논리적 조직에 의해 선정되고 조직되어야 한다. 즉 변하지 않는 지식, 기능, 태도에 의거하여 풍부하고 연속성이 있으며 체계적인 커리큘럼을 조직하여 전달해야 한다. 교육과정은 핵심 교과를 철저히 이수하는 것으로 초등 수준에서는 읽기, 쓰기, 셈하기의 기본적인 기능을 가르치고, 중등 수준에서는 역사, 과학, 수학, 문학, 언어, 예술 등의 교과가 포함된다. 학교는 전통적인 학문적 훈련방식으로 교과나 지식의 본질적인 개념들을 가르친다. 본질주의는 진보주의가 아동의 흥미와 욕구에 주목한 것을 완전히 거부하는 것은 아니다. 진보주의가 아동의 흥미와 욕구를 지나치게 강조하여 전통교육이 지닌 장점들을 소홀히 한 점을 보완하고자 한 것이다.

3. 항존주의(perennialism)

1) 항존주의 교육의 배경

17세기 라이프니츠가 '항존철학'이라고 한 이후 많은 철학자들에 의해 사용되었다. 대표적인 이론가로는 미국의 허친스(R. M. Hutchins, 1899~1977)로 현대교육의 세속주의와 물질주의, 현실주의 등을 거부하고 '영원불변하는 진리의 세계로 돌아가자'는 모토를 가지고 1930년대에 등장했다. 항존주의는 진보주의와 프래그머티즘을 비판하였는데, 이들의 교육은 현대 문명의 병폐를 그대로 반영하고 있다고 보기 때문이다.

인간의 본성은 불변하는 것으로 교육도 영속적·보편적·근본적·절대적 원리가 적용되어야 한다. 사회는 변해도 영속적인 것이 참되고 이상적인 것이다. 진리는 영원하고 절대적이고 보편적이다. 인간은 이성적 존재로서 불변하는 진리를 인식할 수 있어야 한다. 교육은 인간의 이성과 인간만이 지닐 수 있는 도덕성을 계발하는 것이다.

항존주의는 진보주의에 가장 대립되는 교육사조이며 대표적인 학자로는 허친스, 아들러(M. J. Adler), 마리탱(J. Maritain) 등이 있다. 시카고 대학의 총장이었던 허친스는 변하지 않는 진리가 담겨있는 고전을 체계적으로 읽어야 한다고 주장하면서 '위대한 책들(Great books)' 144권을 선정하여 고등학교 3학년과 대학 6년 총 9년간 체계적으로 독서할 것을 권장하였다.아들러는 교육의 제일 원리를 절대적이고 보편적인 것이어야 한다고 하였다.

> "교육의 목적은 모든 사람에게 동일한 것 즉, 언제, 어디서, 어떤 형태의 사회에서나, 어떤 생활 조건에서나 동일해야 한다."
>
> J. Maritain, 1976.

따라서 교육은 사람만이 지닌 이성을 함양하는 일이며 교사는 사람으로 하여금 이성적으로 사는 사람을 만드는 임무를 지닌다.

2) 항존주의 교육원리

넬러는 항존주의자들의 주장을 정리하여 여섯 가지의 교육원리로 설명하였다(Kneller, 1971).

첫째, 인간의 본질이 변하지 않으므로 교육의 본질도 변하지 않는다. 인간이 지닌 공통적인 성격 중 가장 중요한 것은 이성이다. 이성의 계발은 지식 습득에 의해 이루어지므로 지식을 습득하는 것이 교육의 본질이다.

둘째, 따라서 교육은 인간의 이성을 발달시키는 데 주력해야 한다. 이성의 도야(陶冶)는 교육을 통해서만 가능하다.

셋째, 교육의 목표는 아동을 보편적이며 불변하는 진리에 적응시키는 일이다.

넷째, 학생은 기본교과(영어, 언어, 역사, 수학, 자연과학, 철학, 예술 등)를 배움으로써, 정신적으로나 과학적으로 우주의 영원성에 접근하도록 해야 한다. 학교는 직업을 얻기 위한 훈련 장소가 아니라 세상의 일과 이치를 깨닫고 세상을 잘 다룰 수 있는 원만한 인간관을 교육하는 곳이다.

다섯째, 영원한 가치는 지혜의 보고인 '위대한 책들'을 읽음으로써 가장 잘 배울 수 있다. 고전들은 사물의 본질과 인간의 본성에 대해 훌륭한 통찰을 표현해 놓은 것이기 때문이다.

여섯째, 교육은 생활의 모방이 아니라 생활을 위한 준비이다. 즉 교육은 지성의 계발을 통하여 인간적인 삶을 살 수 있도록 준비시키는 것이다. 학교는 학생들로 하여금 문화적 가치를 깨닫고 학생들 스스로 그런 가치를 성취할 수 있도록 노력해야 한다.

항존주의는 학문중심 교육과정을 구성하는 데 영향을 주었고 인류가 축적해 놓은 지식의 중요성을 강조하였다. 그러나 인간의 이성이나 지적훈련을 획일적으로 강요하여, 전인교육을 소홀히 할 수 있다. 또한, 가치의 다양성과 상대성을 요구하는 현대 민주주의 사회에 부적합하다. 항존주의는 고전과 인문교육을 지나치게 강조하여 소수의 지적 엘리트를 위한 교육이 되기 쉽다는 한계점이 있다.

4. 재건주의(reconstructionism)

1) 재건주의 교육의 배경

재건주의[13]는 문화재건주의라고도 한다. 진보주의, 본질주의, 항존주의를 절충하려는 입장이다. 재건주의는 인류의 위기의식 즉, 사상의 혼란, 가치관의 갈등, 확실성의 상실, 사회적 정의의 상실, 불평등과 같은 사회적, 문화적 위기를 극복하고 급변하는 사회 변화에 적극적으로 대처해야 한다는 위기감에서 등장하게 되었다. 현대사회는 생활, 건강, 교육수준의 불균형, 인구의 폭발적 증가와 기아의 심각성, 대지, 수질, 식품, 공기오염, 국가 간의 적대감과 증오심의 증대, 인종 간의 긴장과 파괴행위, 사이비 민주주의, 도덕성의 붕괴와 매춘화, 과학의 폭발적 발달로 인류가 위기에 처하게 되었다고 진단하였다(Brameld, 1981, 황종건 역).

인류의 위기의식에서 출발하여 미래의 이상적 문화를 재건함으로써 새로운 세상[14]을 건설하고자 했으며, 이를 위해 교육이 이바지할 수 있다고 보았다. 즉 재건주의는 교육을 통하여 사회를 혁신하고 개혁하여 새로운 세상을 건설하고자 하였다.

브라멜드는 진보주의가 현재 중심적이고, 본질주의는 보수적이며, 항존주의는 과거지향적 교육사상이라고 비판하였다. 교육은 미래지향적이어야 하며 그래야 문명의 위기에 대처하고 새로운 사회를 건설할 수 있다고 보았다.

진보주의가 듀이의 철학을 아동 중심주의로 발전시킨 것이라면, 재건주의는 그의 철학을 사회 중심주의라는 측면에서 이어받은 것이다. 대표적인 학자로는

---

13) 재건주의라는 용어는 버커슨(I. B. berkson)의『교육철학 입문(1940)』에 처음 등장하였다.

14) 브라멜드가 지향한 이상사회는 풍요로운 경제체제의 실현, 필요악이 아닌 건설적이고 통합적인 국가의 형성, 대중의 복지에 책임지는 과학, 문화의 창조적 표현이 되는 예술, 체계적인 교육의 실천, 인류평등 구현 등이다.

브라멜드(T. Brameld, 1904~1987)로 학생의 사회적 자아실현에 가장 핵심적 가치를 두고 사회개혁과 사회질서 수립에 교육이 역할을 해야 한다고 주장했다. 아동, 학교, 교육 그 자체가 사회, 문화적 힘에 의해 개조되어야 한다고 하였다.

2) 재건주의 교육

재건주의는 교육을 우리 문화의 기본적 가치 구현과 사회 경제적 힘을 동시에 조화시킬 수 있는 새로운 사회 질서 창조라는 과제를 수행해야 하는 것으로 본다. 이에 재건주의는 위기의 사회를 재건하고 개혁하는 데 교육의 목적을 두었다. 교육을 통해 사회의 민주적 개혁과 각 개인의 '사회적 자아실현'을 목표로 한다. 브라멜드는 사회 중심적이고 미래지향적 교육 프로그램 개발이 필요하다고 하였다. 위기의 사회에서 교육을 통해 민주적 세계 문화를 건설할 수 있는데, 교육은 정치, 종교, 예술, 경제, 과학, 인간관계 등의 문화 영역들을 조정하는 중심으로서의 역할을 해야 한다고 하였다.

교육내용은 사회개혁과 사회적 자아실현을 위한 사회적, 문화적, 과학적 경험과 연구결과들을 중시한다. 교육과정은 교과들 간의 내용을 분리하지 않고 통합적으로 조직할 것을 강조하면서 사회개혁을 위한 교육 프로그램을 중시한다.

교육방법도 기존의 방법에서 벗어나 행동과학(심리학)의 연구를 중시하였다. 교사의 강의 대신 협동학습과 시청각교육의 '간접적인 경험'과 여행 등을 통한 '직접 경험'을 중시하였다(노상우, 1999: 366). 또한, 학교와 지역사회의 밀접한 연관성을 가져야 하며 민주주의적 교육방법인 참여와 의사소통, 토론과 같은 방법으로 학습할 것을 강조하였다.

교사는 재건주의 철학을 숙지하여 학생들에게 민주적이고 과학적인 설득을 해야 한다고 보았으며, 이를 위해 체계적인 교사교육이 필요했다.[15)]

재건주의 교육철학은 미래에 대한 논증이 결여된 상태에서 현재의 교육을 추

15) 교사양성 기간은 교양 2년, 행동과학 2년, 교육이론 1년, 교과교육 1년, 교육실습 1년, 총 7년이다.

진한 점, 행동과학에 대한 맹신, 교육의 힘만으로 새로운 사회질서를 수립할 수 있느냐 하는 점 등이 한계라 할 수 있다.

현대 미국의 교육사조를 몇 가지로 비교하여 보면 다음과 같다(Allan, 1977: 204; 박의수 외, 2003: 368, 재인용).

〈표 1〉 **현대 미국의 교육 사조**

이론	목적	커리큘럼	대표자
진보주의	흥미와 욕구에 따른 개인교육	활동과 구안	듀이, 존슨, 킬패트릭, 파커, 위시번
본질주의	유용하고 유능한 인간 양성	기본교육: 읽기, 쓰기, 셈하기, 역사, 국어, 과학, 외국어	칸델, 모리슨, 배글리, 베스터, 브리드
항존주의	이성적 인간의 도야	이성의 계발을 위해 체계적으로 준비된 교과(위대한 고전들 등)	아들러, 허친스, 마리탱
재건주의	사회의 재건	재건의 도구로 사용될 수 있는 사회과학	브라멜드, 카운츠, 스탠리

4장

현대 유럽의 교육사조

1. 현대 독일의 교육철학

'교육학'이란 명칭은 '윤리학'이나 '논리학'과 같은 고전적 학문의 모형을 모방하여 만들어졌다. 이러한 교육학을 학문적 수준에서 논의하여 최초로 교육학을 탄생시킨 나라가 독일이다. 독일의 교육철학은 교육학의 학문적 정체성을 규정하는 학문적 성격에 따라 정신과학적 또는 해석적 교육학, 경험 과학적 또는 경험적 교육과학, 비판적 또는 해방적 교육과학 등 세 가지 입장들로 나타난다.[16)]

1) 정신과학적 교육학(Geisteswissenschafliche Pädagogik)

정신과학적 교육학은 1920년대부터 1933년까지 독일 교육학의 학문적 성격을

16) 정신과학적 교육학 입장에 서 있는 교육학자들은 일반적으로 '교육학(Pädagogik)'이라는 용어를 선호한다. 반면 경험적, 비판적 교육과학 입장에 있는 학자들은 교육학의 보편타당성 또는 과학적 엄밀성을 강조하기 위해 '교육과학(Erziehungswissenschaft)'이라는 용어를 사용한다. Lassahn은 정신과학적, 신실증주의적, 경험적, 분석적, 규범적 교육학, 그리고 마르크스주의적, 비판적 교육과학으로 분류하였다(Lassahn, 1988).

규정한다.[17] 기존에 '규범적 교육학'이라는 전통적 교육철학으로부터 정신과학적 교육학을 구분하였다. 규범적 교육학은 윤리학, 종교적, 인습적인 규범 또는 그에 기초한 가치의 규범으로부터 교육의 목적을 연역하는 데 관심을 두었다. 정신과학적 교육학은 이에 대해 경계하면서 윤리학과 심리학 등 다른 학문에 의존하고 있던 교육학을 독립된 학문으로 정립하고자 했다.

정신과학적 교육학의 대표적인 학자인 딜타이(W. Dilthey)는 그의 논문 「보편타당한 교육과학의 가능성에 대하여」에서 "교육의 목적은 오직 삶의 목적으로부터만 연역될 수 있으며, 윤리학은 삶의 목적을 보편적으로 규정할 수 없다(오인탁, 1990: 145, 재인용)"고 하면서 정신과학으로서의 교육학은 실천의 문제들을 윤리적 규범으로부터 연역해서는 안 된다고 주장하였다. 정신과학적 교육학에서는 교육의 현실 또는 실제가 교육이론들보다 앞서 주어진다는 사실에 주목한다. 따라서 교육의 목적은 오직 삶의 목적에서만 연역될 수 있으며, 규범 이전에 이미 주어져 있는 삶의 표현들을 교육학적 관점에서 해석해야 한다. 이런 의미에서 교육학은 실천적 학문이다.

딜타이는 인간의 정신세계를 다루는 인문과학은 자연현상을 다루는 자연과학과는 다른 방법적인 특수성이 보장되어야 한다고 주장했다. 왜냐하면 자연현상은 보편적 법칙으로 '설명'이 가능하지만, 인간의 정신적 현상은 설명할 수 있는 것이 아니라 의미 구조를 통해 '이해'해야 하는 것이기 때문이다. 그는 의미를 이해하는 방법을 '해석학(hermeneutik)'이라고 하였고, 이런 의미에서 정신과학적 교육학을 '해석학적 교육학'이라고도 한다(정영근 외, 2001: 89-90).

정신과학적 교육학은 교육 현실을 해석학적 방법으로 이해하였고, 교육의 '역사성', 교육학의 '상대적 자율성', 교사와 학생의 '교육학적 관계' 등을 교육학의 근본 개념으로 파악하고 정립하였다(오인탁, 1990; 142).

17) 제2차 세계대전 이후에 정신과학적 교육학은 10여 년의 학문적 정체기가 있었으나 이를 극복하고 1960년대까지 독일 교육학계를 지배하였다.

2) 경험적 교육과학

정신과학적 교육학은 주어진 현실에서의 실천으로부터 출발하여 이론적 반성을 거쳐 다시 실천하는 것을 개선할 수 있도록 도움을 주는 학문이다. 그러나 이러한 순환관계가 현실을 비판하고 개선하기보다 현재를 정당화할 위험이 있다. 또한, 정신과학적 교육학은 인간의 성장을 해석학적 방법으로 접근하기 때문에 오히려 규범적이 되기 쉽고 교육실천을 위해 유용한 내용이나 실천적 의미를 주지 못한다는 비난을 받게 되었다. 진보적이고 효과적인 교육과학은 경험적 연구를 통해서만 가능하다는 입장이 대두되었는데 이것이 경험적 교육과학이다. 1960년대 이후 경험적 교육과학자들은 정신과학적 교육자들이 다루지 못한 경험의 의미에 관심을 기울였다.

교육학은 경험적 연구와 같은 엄격한 연구방법에 의해서만 교육의 장 안에 있는 것들과 그 안에 있어야 할 것을 구별하여, 교육 실천의 장소를 인식하고 연구하여 개선해 나갈 수 있다고 보았다. 1920년대부터 등장하기 시작한 경험적 교육과학은 실증주의, 조작주의, 경험주의의 이론과 방법을 비판적으로 수용하였다.

경험적 교육과학의 중심적 대상은 사실로서의 교육이나 교육현상이 아니라 교육의 문제들이었다. 이러한 문제를 해결하기 위한 방법으로 경험적 연구와 같은 엄격한 연구방법, 예를 들어 실험 연구 등을 중시하였다. 또한, 이러한 연구 방법으로 증명 가능한 현상에만 관심을 기울였다. 대표적인 학자로는 브레진카(W. Brezinka)가 있다.

브레진카는 비판적 합리주의의 과학이론과 경험적, 분석적 경향 및 언어분석철학에 기초하였다. 교육학을 언어분석을 통해 엄격한 분석적 사회과학으로 정립하고자 했다. 그러나 경험적으로 입증되지 않는 교육적 문제들에 대해서는 큰 관심을 두지 않았다. 그는 교육에 관한 과학적이고 철학적이며 실천적 사상, 명제, 규칙 등을 교육학이라는 단일과학 안에서 다룰 수 없다고 생각했다. 그래서 그는 교육이론 또는 교육에 관한 지식 전체를 세 가지 분야로 나누었다. 교육의 과학적 이론들을 '교육과학', 교육의 철학적 이론들을 '교육철학', 교육의 실천적

이론들을 '실천교육학'으로 구분하자고 하였다(W. Brezinka, 1978: 27). 이러한 구분을 통해 교육과학을 교육철학이나 실천교육학과 분리시켜 가치중립적이고 객관적인 경험적 연구를 강조하였다.

3) 비판적 교육과학

1968년 독일 교육학계에 새로운 교육학적 경향을 예고하는 획기적인 논문집이 발간되었다. 「정신과학적 교육학, 그의 시대의 종말」이라는 제목의 논문집이었는데 이 논문이 정신과학적 교육학에서 비판적 교육철학(과학)으로의 전환을 가져오게 되었다. 비판적 교육과학은 정신과학적 교육학과 경험적 교육과학으로부터 자신을 구분하면서 '프랑크푸르트학파'의 비판이론(Kritische Theorie)을 배경으로 하여 발전되었다. 대표적 인물로는 호르크하이머(Horkheimer, 1895~1973), 아도르노(Adorno, 1903~1969), 하버마스(Habermas, 1929~) 등이 있다.

비판적 교육과학은 지배, 억압, 사물화, 그리고 자아 소외에 대항하면서 계몽, 참여, 자경(自敬) 등에 관심을 가지고 있다. 교육은 개인적 현상이 아니라 가능한 한 다수를 위하여 기여할 수 있는 합리적인 사회적 상태를 발전시키는 일종의 집단적 과정이다. 비판적 교육과학은 교육학과 교육 실천의 사회적 성격을 강조하면서 교육 실천의 장인 교육사회와 사회적 조건들에 내재된 지배 이데올로기를 비판적으로 분석함으로써 계몽과 해방을 향한 교육적 조건들을 찾아내고자 했다. 비판적 교육철학은 궁극적으로 교육학을 통해 인간과 사회를 해방시키는 데 목적을 두었다.

이러한 의미에서 교육과학은 교육 실천의 장인 교육 사회와 사회적 관련들의 이데올로기를 비판적으로 분석할 필요가 있다. 이러한 분석을 통해 기성세대와 성장세대에게 계몽과 참여의 기회를 제공하는 조건들을 찾아내고, 이에 적절한 교육과정을 구상하여 실현해야 한다.

2. 실존주의(existentialism) 교육철학

1) 실존주의의 등장 배경

실존주의는 합리주의적 관념주의와 실증주의에 도전하고 현대 문명의 비인간화하는 모든 문제에 대한 반동으로 인간성 회복을 주장하며 19세기 말부터 20세기 초에 등장한 철학이다. 즉 실존주의는 헤겔 이후의 이성의 힘으로 온전한 인간성에 도달할 수 있다고 보는 합리적이고 논리적 사고와 모든 현상을 객관적이고 과학적으로 규명할 수 있다는 실증주의에 반기를 들었다. 또한, 과학기술 문명과 관료적 행정기구, 효율성 및 조직성을 근간으로 하는 현대의 산업 체제 등에 의해 인간성이 규격화되고 객체화되어 인간성이 파괴되었다고 본다. 이러한 현상들을 극복하기 위한 철학이 실존주의이다.

실존주의자들은 인간 존재의 측면에서 존재가 본질에 우선하며, 타인과의 관계를 통해 자유롭게 사고하여 자신의 운명과 행동을 결정할 수 있다고 본다. 인간은 자유롭게 선택할 수 있는 절대적 자유를 가진 존재이나 자신의 선택과 행동에 대한 책임도 자신이 져야 한다.

실존주의는 모든 체계성, 전체성, 일반성, 보편성을 거부한다. 만약 하나의 틀로 무엇인가를 설명한다면 이는 실존주의적이지 않다. 대표적인 실존주의 철학자로는 키르케고르(S. A. Kierkegaard, 1813~1855)[18], 니체(F. W. Nietzsche, 1844~1900), 야스퍼스(K. T. Jaspers, 1883~1969), 사르트르(J. P. Sartre, 1905~1980) 등이 있으며 실존주의를 교육적으로 이해한 인물로는 볼노브(O. F. Bollnow)와 부버(M. Buber,

18) 19세기 중반, 사회의 흐름에 대응하여 불안과 절망의 개념이 중요한 화두로 등장했다. 자본주의 사회의 끊임없는 자본의 증식과 그로 인한 인간의 소외로 불안의 개념이 받아들여지게 되었다. 키르케고르는 인간이 유한과 무한, 시간과 영원성, 자유와 필연이라고 하는 모순을 내포하고 있기 때문에 자신에 대한 불안을 가지지 않을 수 없으며, 이것의 극복은 구원을 통해서만 가능하다고 하였다. 또한, 그는 인간이 관능의 만족만을 추구하면 항상 변화를 좇아가게 되고, 결국에는 절망에 빠지게 된다고 보았다. 회의에 빠지면 사상만 흔들리지만, 절망하게 되면 전 인격이 뿌리째 흔들린다. 이러한 절망을 대충 덮어버리려고 하면 점점 분열되어 인격적 통일을 잃고 절망과 자포자기에 빠지게 된다. 그러나 절망을 선택할 의지를 가지고 있다면, 유한성에 대한 자각을 통해 참된 자아에 도달할 수 있다고 주장하였다.

1878~1965)가 있다.

2) 실존주의와 교육

실존주의가 체계를 갖춘 철학이라 할 수 없는 만큼 교육에 있어서도 교육의 원리를 제공하여 실천을 요구하지 않는다. 실존주의 교육철학은 교육에 대해 가져야 할 정신적 태도를 제공한다. 실존주의 교육은 교육을 통해 지속적인 성장과 발전이 이루어진다는 전통교육의 입장을 거부한다. 실존이란 현실적이고 구체적인 나의 존재를 의미한다. 원초적 존재로서의 인간은 절망과 불안, 부조리와 불합리한 존재이며 동시에 주체적 존재로서 자유롭게 선택하고 결단할 수 있는 존재이다. 실존이란 순간적으로 실현되었다가 순간적으로 소멸하는 특성이 있기 때문에 실존주의 교육에서는 지속적인 형성보다는 비연속적 교육을 강조한다. 교육자가 가져야 할 교육적 태도를 요약하면 다음과 같다(오천석, 1983: 110-117; 임채식 외, 2017: 347-348, 재인용).

첫째, 개인을 중시한다. 실존주의에서는 개인의 선택과 결정을 존중하기 때문에 중요한 것은 사람 자신이다. 학교는 개인의 창조적 개성을 신장시켜야 하며 교육과정에 있어 학습자 개인이 중심이 되어야 한다.

둘째, 사회적 규율이나 표준, 사회적 적합성에 대한 반항이다. 실존은 전체적이고 통합적인 나로 다른 것에 의해 통분되지 않는 인간 존재를 말한다. 따라서 인간은 인간적 주체성과 윤리적 주체성을 가질 때 가치가 있으며 사회적 규율과 표준에서 독립된 창의적 인간을 육성해야 한다.

셋째, 전인교육을 강조한다. 지적, 정의적, 운동 기능적인 면이 골고루 발달된 인간을 길러내어 진정한 의미의 존재인 전인을 지향한다.

넷째, 인격교육을 강조한다. 실존주의는 자유와 책임을 강조한다. 교사는 행위의 원리를 제시함으로 학생 스스로 자신의 도덕적 가치를 선택할 수 있는 인간을 길러야 한다.

다섯째, 자아 인지를 위한 교육과정이다. 실존주의자들은 학습자의 마음을 해방시키고, 자신의 존재를 올바르게 이해할 수 있는 지식으로 교육과정을 구성하여 가르치고자 했다.

실존주의 입장에서 교육을 제시한 볼노브는 인간의 삶의 과정을 비연속적인 것으로 보았다. 따라서 교육도 비연속적이어야 한다고 보았다. 전통적 교육[19]은 교육을 통해 지속적인 성장의 과정이 이루어진다는 연속적 형성과정을 주장한다. 그러나 이것만 가지고 교육을 설명할 수 없다. 연속적인 교육 형식은 단속적인 교육 형식을 통해 보충되고 확장되어야 한다.

실존주의 교육학에서는 단속적인 교육 형식으로 다음과 같은 개념을 중요한 의미로 해석한다. 인간은 위기, 각성, 충고, 상담, 만남, 모험, 좌절이라는 여섯 가지를 통해 자기 발전의 교육효과를 볼 수 있다.

위기는 인간의 성장과정에서 불연속적 단절 현상이다. 이 단속적 현상에서 위기를 잘 헤치고 나가면 질적 도약이 이루어지고 그렇지 못하면 좌절하게 된다. 교사는 학생에게 위기를 피하지 말고 용감하게 대결하도록 도와주어야 한다.

각성은 뚜렷한 의식 상태로 깨어나는 것을 의미한다. 각성은 원래 자신이 가지고 있었으나 느끼지 못한 것을 현실화시키는 것으로 외부로부터의 도움을 받아 각성할 수 있게 된다. 즉 각성은 돌발적이고 단속적인 사건에 의해 일어난다.

충고란 교육자적 의도에서 행하는 간섭을 의미한다. 충고는 책망이나 칭찬에 비해 미래지향적이며 명령과 호소 사이에 있는 교육적 감화의 영역이다.

상담은 상대방이 과감하게 결단을 내리도록 헌신적으로 돕는 일이다. 상담 자체가 결단은 아니다. 결단은 상담자의 조언 아래 피상담자가 하는 것이다. 상담을 통

19) 볼노브는 전통적 교육관을 기계적 교육관과 유기적 교육관으로 구분하였다. 기계적 교육관은 교육을 '만드는 일'로 보았고, 유기적 교육관은 교육을 '기르는 일'로 보았다. 기계적 교육관은 교육을 적극적 형성 작용으로 보았으며, 유기적 교육관은 교육을 소극적 보호 작용으로 본다. 그러나 두 교육관은 연속적인 성장을 전제로 하여 인간이 점진적이고 지속적인 성장·발달을 가정하고 있다. 그러나 볼노브는 교육이 연속적 형성이나 성장의 과정이라기보다는 비연속적 교육의 가능성을 강조한다.

해 문제 상황에 봉착했을 때 그 문제를 정면으로 직면할 수 있도록 장려할 수 있다.

만남은 예측하지 못했던 일이 인간의 영혼과 영혼이 만나며 서로의 인격에 영향을 줄 때 발생하는 영적이고 도약적인 변화를 이끈다. '만남은 교육에 선행한다.'라고 하여 다른 사람에게 인격적인 끌림이 있을 때 진정한 교육이 일어날 수 있으며 이러한 만남의 계기로 비약적인 삶의 변화가 초래된다.

모험과 좌절을 통해 학생들은 보다 더 자신감을 얻고 인내심을 기를 수 있다. 교육적으로 모험은 시도와 위험이라는 두 가지 현상을 볼 수 있다. 모험에서 중요한 것은 교사가 학생에게 주는 신뢰의 모험이다. 교사가 학생을 신뢰하는 것이 모험이지만 이 신뢰의 도움 없이는 교육적 행위는 있을 수 없다.

이러한 개념들 가운데 '만남'이라는 개념을 의미 있게 제시한 사람은 부버이다.

부버는 인간과 인간 사이의 삶의 관계를 만남이라고 보고 교육을 만남의 개념으로 해석하였다. 그는 인간이 세계와 관계를 맺고 있는 방식에 대해 연구함으로써 인간의 본질을 파악하고자 했다. 하나는 '나 – 그것(Ich–Es)'의 관계이다. 이는 사물세계와의 관계로 '나'가 '그것(대상)'을 경험하고 인식하고 소유하고 이용하는 관계이며 나는 관찰자, 방관자, 조정자로서 세계와 관계하는 나이다. 다른 하나는 '나 – 너(Ich–Du)'의 관계[20]인데 실존적 관계이며 인격적 만남의 관계로서 직접적이고 상호적이며 근원적이다.

부버는 '나 – 너'의 관계가 진정한 '만남'의 관계라고 보고, 그러한 만남을 통해 인간의 본래적 실존을 회복하고자 했다. 참된 교육의 목적은 만남을 통해 인간 본래의 모습을 회복하는 것이며, 교사와 학생의 인격적인 만남을 통해서 인간화 교육이 이루어진다. 만남에 있어서 '너'는 인간에만 국한하지 않는다. '나'와 '너'의 관계가 성립되는 영역은 자연과 더불어 사는 삶, 사람과 더불어 사는 삶, 정신적 존재들과 더불어 사는 삶이 있다(강선보, 1992: 107).

부버에 따르면 교사는 가르칠 내용을 완벽히 소화하여 학생에게 제시하되 대

20) '나와 너' 관계의 특징은 상호성(mutuality), 직접성(directness), 현재성(presentness), 강렬성(intensity), 표현불가능성(ineffability)이다(강선보, 1992: 109-111).

화를 통해 가능한 한 다양한 관점들을 소개함으로써 대안을 선택할 수 있게 하여야 한다. 학습자는 교사가 마련해 주는 교육내용을 통해 스스로 '너'를 만나야 한다. 교사는 학습자가 스스로 '너'를 발견할 수 있도록 유도하기 위한 방안을 강구해야 한다. 또한, 교사는 학생들이 스스로 다가올 수 있도록 하여 만남이 이루어지도록 격려해야 한다. 교사는 학생이 스스로의 생활방식을 통해 개성을 표현할 수 있도록 한다. 교사는 학생들의 입장에서 그들의 독립성을 존중해 준다.

부버는 인간의 본래적 모습을 회복하고 독립적이며 자유로운 인격으로 성장하는 것을 교육목적으로 삼았다. 교육내용으로는 인문학과 예술을 중시하였다. 실존적 선택은 개인적이고 주관적이므로 정서적, 심미적, 시적 과정이 실존적 교육과정에 적합하다. 교육방법은 교사와 학생의 전 존재를 건 만남과 대화이다(김태오, 2015: 313).

실존주의 교육이 주는 시사점(박의수 외, 2003: 378)은 첫째, 교육에서 비연속적 형성 가능성을 보여 준 점이다. 둘째, 현대교육이 가진 특징인 보편화, 집단화, 획일화의 경향을 인간 개개인의 개성과 주체성을 존중하는 교육으로 전환하는 데 도움을 준다. 셋째, 학습자 개인의 개성을 존중한 다양한 커리큘럼을 제공함으로써 전인교육이 이루어질 수 있게 한다. 넷째, 인간교육에 대한 교사의 역할과 관심이 매우 중요하기 때문에 이에 적합한 교사교육이 요청된다. 다섯째, 삶의 밝은 면과 어두운 면 모두를 교육의 영역에서 다루기 때문에 보다 진솔한 교육이 이루어져야 함을 강조한다.

3. 분석적 교육철학

1) 분석철학의 등장배경

분석철학은 실존주의와 함께 20세기 철학의 새로운 종류로 등장한 현대 영미철학의 하나이다. 분석철학이 등장하게 된 배경에는 첫째, 헤겔과 같은 절대적인 사변철학에 대한 비판으로철학의 본질에 관한 반성에서 대두되었다. 둘째, 형이상학적 명제를 배제하고 논리적 분석에 의해 문제를 명확히 해결하려는 움직임에서 등장하였다. 분석철학은 논리 실증주의(logical positivism)와 일상언어학파(ordinary language analysis)로 구분할 수 있다.

논리 실증주의는 1923년 슐리크(M. Schlick)와 카르납(R. Carnap)을 중심으로 의미 있는 명제는 어떤 명제인가에 대한 물음에 검증 가능성의 기준을 제시하였다. 검증 가능한 것은 논리적으로 항상 참인 명제, 논리적으로 항상 거짓인 명제, 경험에 의해 검증 가능한 명제이다. 그런데 존재, 절대자 같은 것은 경험에 의해 검증이 불가능하며 논리적으로 진위 여부를 밝힐 수 없으므로 믿을 수 없다고 본다.

그러나 이 검증 가능성 자체도 논리적 진리가 아니고 경험적 검증이 가능한 것도 아니다. 이에 대한 학자들 간의 논란이 생기게 되었다. 논리 실증주의의 한계를 극복하려는 시도가 일상언어학파이다. 인간의 사상과 사고는 언어라는 매개체에 의해 표현되기 때문에, 언어분석이 분석철학의 가장 중요한 과제가 된다. 일상언어학파의 대표적 인물인 비트겐슈타인(L. Wittgenstein)은 언어란 사람들의 삶의 방식에 따라 해석되고 이해되어야 한다고 보았다. 이런 의미에서 일상언어는 우리가 사용하는 언어를 그대로 관찰하고 분석하여 그 의미를 밝히고 이를 통해 그 언어를 사용하는 사람들의 삶을 이해할 수 있는 것이다. 일상언어학파에서 말하는 언어분석은 지금까지의 철학이 보여 준 애매한 언어 표현에서 벗어나려는 노력이다. 일상언어는 다의적이고 애매하여 그 언어가 가지고 있는 참된 논리적 구조를 감추고 있기 때문에 그 언어의 현상을 올바로 이해하기 위해 언어의 참된 구조를 드러낼 필요가 있다. 사용된 언어의 분명한 의미를 찾기 위해 언어를 과학적으로 검증하면서, 문장이 무엇을 말하는지 알기 위해 텍스트를 분석한다.

2) 분석철학과 교육

분석적 교육철학은 1950년대 중반 이후 영국과 미국에서 등장한 것으로 학자 간의 관심의 차이는 있으나 개념 분석을 통하여 교육의 주요 개념이나 의미를 명료화하고 교육에 관한 주요 주장들을 검토하여 정당화하며 교육현상에 대한 이해를 돕고, 나아가 교육의 실천원리들이 교육적으로 타당한가를 평가하는 것에 관심을 가졌다. 교육목적이나 교육내용, 교육방법은 제시하지 않고, 그러한 주장 속에 담긴 내용들을 분석하여, 논리와 개념들의 의미를 명료화하려고 한다.

1960년대에서 1980년대 사이에 영국에서는 분석적 교육철학이 활발하게 진행되었으며 런던대학교 피터스(R. S. Peters)를 중심으로 화이트(J. P. White)와 허스트(P. H. Hirst) 등은 비트겐슈타인의 후기 철학의 맥을 이어받아 교육에서의 주요 개념의 일상적 용법과 사용규칙을 분석하여 교육적 논의를 하였다.

피터스[21)]는 『윤리학과 교육』이라는 책에서 '교육이란 무엇인가?'의 개념을 논리적으로 분석하였는데 그 내용은 다음과 같다.

첫째, 규범적 기준(normative criterion)이다. 규범적 기준이란 '바람직성'과 관련된 것으로 진정한 교육은 가치 있는 것을 전달하고 그것에 헌신하는 사람을 만드는 것이다.

둘째, 인지적 기준(cognitive criterion)이다. 인지적 기준은 '지식'과 관련된 것으로 교육은 구체적인 것의 배후에 있는 원리에 대한 이해를 가지고 지적이고 통합적인 안목을 길러 주어야 한다.

셋째, 과정적 기준(procedure criterion)이다. 과정적 기준은 '도덕적인 것'과 관련된 것으로 교육과정 중 최소한의 학습자의 의식과 자발성이 있는 상태로 전달되어야 한다.

교육은 이 세 가지 조건을 모두 만족시키는 활동이나 과정이 있을 때 사용할 수 있다는 것이다.

21) 피터스는 분석적 교육철학의 영역을 네 가지로 분류하였다. ① 교육의 주요 개념 분석: 교육의 특수한 개념, 예를 들어 교육, 수업, 훈련 등을 분석하는 일, ② 교육윤리학: 바람직한 교육내용과 절차에 관한 상정에 윤리학과 사회철학을 적용하는 일, ③ 교육심리철학: 교육과정에 대해 교육심리학자가 사용하고 있는 개념 구조와 상정들을 검토하는 일, ④ 교육과정철학: 교육과정의 내용과 조직 및 학습에 관련된 질문들의 철학적 성격을 검토하는 일이다(신득렬 외, 2016: 321, 재인용).

분석철학이 교육에 미친 영향을 살펴보면 사고를 명확히 하고 지식을 객관화하여 보게 하였다. 사고의 명확성이란 용어의 의의 있는 사용과 조리와 부조리를 분별하여, 대답할 수 없는 문제에 대한 불필요한 혼란을 제거하는 능력을 의미한다. 지식의 객관성은 개인적이고 문화적 편견을 배제하고, 충분한 지성에 의한 실증을 의미한다.

분석철학을 통하여 교사들에게 생각과 말이 얼마나 중요한가를 일깨워 주었다. 교사는 명확하게 생각하고 의사 전달을 하여 학생들이 혼동과 편견을 갖지 않도록 책임을 져야 한다. 교사는 객관적 지식을 전달하고 가정(설), 개념, 이론을 실증하는 데 있어 귀납법을 적용해야 하며, 불분명한 정의, 표어, 은유 등을 바로잡기 위하여 언어분석법을 사용해야 한다. 또한, 분석철학은 교육의 윤리적 차원을 명확히 하였다. 예를 들어 교화, 훈련, 벌, 자유, 권위 등의 개념을 분석하고, 이러한 개념이 교육 상황에서 정당하게 사용될 수 있는지를 검토하였다. 이는 교사의 아동에 대한 작용 방식과 교육의 윤리적 성격을 명확히 하는 데 도움을 준다.

분석적 교육철학은 1980년대 이후 한계를 보이며 퇴조하게 되었다. 그 이유는 개념 분석 방법이 교육철학의 유일한 방법이 아니라는 것과 다른 하나는 인간의 근본적 신념인 인간, 사회, 지식, 도덕적 가치 등을 보다 적극적으로 해명해야 한다는 오늘날의 요청 때문이다. 분석철학은 바람직한 세계관이나 이론관 확립에 도움이 되지 못하였다. 또한, 경험적, 가치 판단적, 사회 역사적 요소를 배제하여 그 개념이나 명제가 나오게 된 구조는 파악하지 못하였다.

분석적 교육철학은 1980년대 이후 두 가지 방향으로 발전하였다. 하나는 분석철학의 기본 주장을 유지하면서 학문의 관심사를 확대하는 방향으로 사회적, 역사적 맥락에 비추어 전통철학의 주장들을 분석적이고 비판적으로 재검토하였다. 다른 하나는 분석철학적 방법을 고집하지 않고 인간과 사회를 둘러싼 다양한 철학적 문제에 초점을 두고 적극적으로 가치를 제시하는 것이다. 최근 분석적 교육철학은 교육의 사회적이고 정치적인 문제를 적극적으로 해명하려고 한다.

4. 포스트모더니즘(postmodernism)과 교육

1) 포스트모더니즘의 배경

포스트모더니즘이라는 용어는 1950년대 초 역사학자인 토인비(A. J. Toynbee, 1889~1975)가 처음 사용한 개념으로 리오타르(J. F. Lyotard, 1924~1998)가 철학적 논의 영역으로 끌어들인 후 거의 모든 분야에서 활발한 논의의 대상이 되고 있다. 이는 이성 혹은 합리성을 통해 인간이 자유로울 수 있다는 계몽사상에 대한 믿음을 거부하고, 보편적 이론이나 사상적 체계의 해체를 주장하였다.

포스트모더니즘이 등장하게 된 배경을 구체적으로 살펴보면(목영해, 1994), 정치적으로 프랑스의 68혁명과 관련하여 진보적 지식인들 사이에 마르크스 이데올로기에 회의를 품게 되었고, 실제로 이데올로기의 대립 문제보다 생활과 관련된, 여성, 환경, 인종, 여가, 지역 문제들에 관심을 갖게 되었다. 경제적 측면에서 근면, 성실, 절약을 강조하는 자본주의는 1960년대 이후 다국적 기업들의 활동으로 상품의 생산이 아니라 상품의 소비에 비중을 두며 소비가 미덕으로 부각되었다. 근면, 성실, 절약 등이 위축되고 소비와 관련된 축제, 유행, 만족 등이 부각되면서 소비를 누리는 행동이 정당화되었다.

사회적 배경으로는 사회의 정보화가 정당화된 것이다. 현대사회는 정보통신의 발달로 책이나 직접 경험을 통한 정보수집이 아니라 정보매체를 통해 정보를 수집한다. 정보화 사회에서 사람이나 사물이 디지털 부호의 형식으로 기호화되고 그 존재의 의미도 기호적으로 생성된다. 예를 들어 사람이나 사물이 주민등록번호나 신용카드 번호, 바코드 같은 기호로 존재한다. 문화적으로 포스트모더니즘은 문자를 통한 사물 인식 방법이 아니라 TV 영상 중심의 생활양식을 정당화한다. 문자적 인지는 옳고 그름을 판단하는 언어적, 분석적, 수학적 사고의 좌뇌적 인지이나, 영상적 인지는 좋고 싫음으로 판단하는 개방적, 감성적, 공간적 직관이 이루어지는 우뇌적 인지이다. 현대사회는 정보습득도 논리적 사고보다 직관을 요구하는 영상매체를 통하여 이루어진다.

학문적 측면에서 학문의 전형으로 인정되었던 뉴턴식의 고전 물리학의 패러다임인 절대적 진리관이 해체되고 있으며 예술적 측면에서도 인간 주체성 구현을 위한 창의적 표현이라는 예술의 본질에서 벗어나, 새로운 예술 기법이 등장하고 있다.

대표적인 학자들로는 철학 분야에 데리다(J. Derrida), 리오타르(J. F. Lyotard), 역사 분야에 푸코(M. Foucault), 정신분석학 분야의 질 들뢰즈(G. Delueze), 정치철학 분야의 마르쿠제(H. Marcuse), 보드리야르(J. Baudrillard), 과학철학 분야의 쿤(T. Kuhn), 문학이론 분야의 바르트(R. Barthes) 등이 있다.

2) 포스트모더니즘의 개념적 특성

포스트모더니즘에서 포스트(post)의 의미를 먼저 살펴보자. 하나는 모더니즘과의 단절이라는 의미이고, 다른 하나는 모더니즘을 완전히 부정하지는 않으면서 모더니즘의 모순을 철저히 극복하는 의미이다. 현재 두 의미 중 두 번째 의미를 많이 사용하고 있다. 포스트모더니즘의 개념은 하나의 개념으로 정형화할 수 없고 매우 포괄적이다. 따라서 개념 정의보다는 포스트모더니즘의 특징을 살펴보려고 한다(목영해, 1994; 1998).

첫째, 반합리주의(反合理主義)적 특성을 가지고 있다. 포스트모더니즘에서는 이성적이고 주체적 자아를 추구하는 모더니즘은 일반인을 속박하기 위해 만든 허구라고 규정한다. 포스트모던 시대의 인간은 근대 사회에서 강조한 주체적 자아가 아닌 스스로 합리적 행동과 이성적이며 비판적 사고를 못하는 존재로 본다. 라캉은 자아가 타인에 의해 형성되고 따라서 그 자아는 불안하고 모순적이라고 보았다. 데리다 역시 자아는 타율적이고 불안정하며 분열적이고 모순적이라고 하면서 고정된 절대적 자아는 있을 수 없다고 하였다. 따라서 자아가 합리적 사고와 행동의 주체일 수 없다. 만약 합리적 사고를 통한 행동을 요구한다면 이는 부당한 속박에 지나지 않으므로 합리성에 집착할 필요가 없다.

둘째, 상대적 인식론이다. 서구 전통의 지식관은 불변의 실재와 그것에 대한 합리적 사고를 통한 인식과 보편타당한 절대적 지식을 강조한다. 절대적 진리란 당대의 지배 권력과 지식이 단합하여 만들어 낸 허구적 이데올로기이다. 그리고 모든 인식활동은 인식자의 주관에 따른 상대적인 관점에서 이루어질 수밖에 없다. 불변하는 실재와 절대적 진리 대신 상대적이고 국지적 진리를 옹호한다. 이러한 의미에서 리오타르는 지금까지의 역사를 '거대서사(grand narrative)'로 규정한다. '거대서사'란 그리스도교의 내세의 행복, 계몽을 통한 인간의 자유, 사회주의를 통한 인간의 해방을 주장하는 것인데 미래에 대한 약속으로 지금까지 정당화되어 왔지만 한 번도 실현되지 않았다. 따라서 리오타르는 '거대서사'에서 벗어나 다양한 관점에서 이야기되는 '소서사(little narrative)'로 삶의 방식이 바뀌어야 한다고 주장한다.

셋째, 탈(脫)정전화를 추구하는 다원주의 문화 논리이다. 근대 사회에서는 보편적 진리와 가치를 절대적 기준으로 삼았다. 그러나 보편적 진리나 가치는 근거 없는 해체의 대상으로 특정한 방식을 정전(正典, 전형적인 것)으로 규정하여 절대기준으로 삼는 것은 옳지 않다. 포스트모더니즘은 고급문화와 대중문화의 구분이 의미가 없으며, 그동안 문화적 정전이었던 제1세계의 백인, 남성, 기독교, 중산층 이상의 문화가 보편적 문화였다면, 상대적으로 소외되었던 제3세계, 청소년, 여성, 유색인종, 대중문화도 정전이다. 포스트모더니즘은 사고와 생활방식 등의 차이를 인정하고 존중하는 사고방식이다. 학문에 있어서 정전이란 '일반적 원리'를 말한다. 예술에 있어서는 특정 양식을 말한다. 따라서 정전에서 벗어나 다양성을 추구하는 것이 바람직하다.

넷째, 포스트모더니즘은 유희적 행복감을 향유하는 문화 논리이다. 오늘날 대중은 남과 다른 자기만의 생활양식을 만들고자 한다. 대중은 다른 사람의 인식, 사회적 인정, 역사적이고 도덕적 평가보다는 자신의 느낌이나 만족 그리고 자신의 행복과 같은 유희적 행복감을 향유하고자 한다.

3) 포스트모더니즘과 교육

포스트모더니즘은 철학, 예술, 문학뿐만 아니라 교육의 영역에도 영향을 미치기 시작하여, 교육의 이론들을 이해하는 데 있어서나 교육 실천에 있어서 대전환을 일으키고 있다. 그러나 포스트모더니즘의 의미가 모더니즘과의 단절과 모더니즘을 완전히 부정하지는 않으면서 모더니즘의 모순을 철저히 극복하는 것이라는 불분명한 정의 때문에 교육에 있어서 교육목적, 교육내용, 교육방법에 관한 분명한 제안에는 한계가 있다. 그러나 포스트모더니즘이 교육에 주는 의미를 정리하여 보면 다음과 같다(신득렬 외. 2016, 335-337).

첫째, 학습자에 대한 견해의 수정이 필요하다. 전통적인 교육에서는 학생을 '제공되는 지식이나 가치를 단순히 배우는 수동적 존재'로 보았기 때문에 그들의 능동적인 역할과 주체성에 대한 올바른 인식에 장애가 되어왔다. 학생들을 백지로 보거나 미성숙하다는 이유로 단순히 배움의 대상으로 여겨서는 안 된다. 학생은 단순히 지식을 이해하고 습득하는 수동적 존재가 아니라, 그것을 재해석하고 재창조하는 능동적이고 주체적인 존재이다. 따라서 학생들의 관심과 흥미, 기호, 사유 및 행동 양식 등에 깊은 관심과 주의를 기울이고 이해해야 한다. 나아가 교육의 과정에 적극적으로 참여시켜 그들이 지닌 비판적 능력과 창의성 그리고 상상력을 충분히 신장, 발현할 수 있도록 해야 한다.

둘째, 학교에서 가르치는 지식에 대한 생각의 전환을 요구한다. 전통적으로 지식은 객관적이고 분명하며 그 가치 또한 절대적이고 보편적인 것으로 인식되었다. 포스트모더니즘 관점에서는 지식의 보편타당성과 진리성에 대한 전통적인 신념을 정면으로 반대한다. 어떤 지식 또는 신념체계는 완전하다거나 보편타당한 것이 아니라, 특정한 사회적, 역사적 상황 속에서 형성되고 지속적으로 재구성되어 가는 것이다. 지식의 성격은 상대적일 수밖에 없고 각각의 맥락에서 정당성을 갖게 된다.

셋째, 그러므로 교육과정은 학생들이 다원적이고 개방적인 인식을 할 수 있도록 다양성을 강조하여 재구성되어야 한다. 기존의 교육과정은 단일하고 보편적 지식과 가치를 전달하는 것이었다. 그러나 포스트모더니즘의 교육과정은 지식의 논리적 특성에 근거할 것이 아니라 지식의 사회 문화적 특성이나 맥락성, 정치성에 근거해야 한다. 교육과정에서 갈등, 불안정, 변화 등의 요소를 자연스러운 특성으로 받아들인다. 교과서는 학생들의 창의적, 비판적, 다양한 사고를 자극하고 주체적인 문제해결 능력을 길러 주는 하나의 학습 자료로서 기능해야 한다.

넷째, 교육방법의 전환을 요구한다. 전통적 교육방법은 교사 중심의 획일적, 일방적인 교육방법이었다. 전통적 교육방법은 학생들의 사고나 행동의 무비판성과 수동성을 가져오게 했다. 포스트모더니즘의 교육은 교사와 학생, 학생과 학생 간의 개방적이고 비판적인 대화와 토론, 협동, 자율적인 참여와 창의적인 탐구의 방법으로의 전환을 요구한다. 교사와 학생은 더 이상 주종관계가 아니라, 공동으로 지식과 가치를 탐구하고 창조하며 재창조해 나가는 동반자적 관계이다. 학생들의 주관적인 경험과 느낌, 흥미와 관심, 판단 등도 교사가 갖고 있는 체계적인 지식이나 경험과 동등한 가치와 의미를 갖는다. 학습 내용 및 경험의 선택에 대한 학생들의 자유가 최대한 허용되어야 한다. 그리고 학생들 간의 공동학습 또는 협동학습법을 강조한다. 이러한 협동학습은 학생들로 하여금 서로의 공통점과 차이점을 확인하고 인정하는 자세와 태도를 익히게 하고, 나아가 포스트모던 시대에 필연적으로 요구되는 다원적 삶의 태도를 배우게 한다.

다섯째, 포스트모더니즘은 현행 교육체제에 대한 재검토를 요구한다. 기존의 공교육제도는 근대 계몽주의와 함께 발달하였고, 합리적 이성에 기초하여 보편적 지식 및 가치의 전달과 주입에 의존하였다. 그러나 획일성보다 다양성을 중시하는 포스트모더니즘 시대에는 공교육 체제가 더 이상 적합하지 않다. 다양성이 중시되는 사회에서 동일한 교육목적을 위해, 동일한 교육내용을 동일한 교육방법으로 가르치는 교육체제는 시대착오적이다. 그렇다고 포스트모더니즘에 입각한 교육이 기존의 공교육체계를 전면적으로 거부하는 것은 아니다. 다만 학교교육 내에서 경직성과 획일성을 극복할 수 있는 다양한 운영방식을 모색하고, 동시에 기존의 학교교육에 대한 여러 형태의 대안적 교육 모델을 지속적으로 실험하고 개발해 나가야 한다는 것이다. 예를 들어 열린 교육, 대안교육, 홈스쿨링 등도 결국 포스트모던 사회에 적합한 새로운 교육체제 또는 학교교육을 위한 실험들이라고 할 수 있다.

Ⅱ

한국교육사

5장

고조선, 삼국시대, 남북국시대의 교육

1. 고조선

고조선은 우리나라에서 가장 먼저 국가의 형태를 갖춘 나라이다. 여러 학설이 있지만 고조선은 크게 단군조선, 기자조선, 위만조선으로 나눈다. 『삼국유사』에 따르면 "지금부터 2000년 전에 단군왕검이 있어 도읍을 아사달에 정하고 나라를 개창하여 조선이라 일컬었으니 요와 동시라 하였다(삼국유사, 권1, 기이 1, 고조선 조)." 고 하였으며, 그 후 인접 중국과의 빈번한 접촉에 의해 사회적 변화가 있었고 이와 더불어 정체세력이 형성되면서 군소제 부족국가들을 통솔하게 되었는데 이것이 기자조선이다. 그 후, 다시 정치 사회 변화와 함께 조선사회에 새로운 지배체제가 나타났는데 이것이 고조선의 마지막 왕조인 위만조선이다(장덕삼, 2003: 28).

고조선의 교육은 비록 학교의 형태를 갖추지 못하고 원시적 교육 형태로 이루어졌으나 교육은 국가를 다스리는 근본으로 매우 중요한 역할을 하였을 것이다.

고조선의 교육에 관한 기록은 없으나 『삼국유사(三國遺事)』와 「팔조법금(八條法禁)」을 통해 당시의 교육을 유추해 볼 수 있다.

첫째, 단군신화에 나타난 홍익인간(弘益人間)의 사상이다. 다음 문장은 일연의

『삼국유사』에 기록된 단군신화 앞부분이다.

> "옛날에 하늘나라 임금 환인의 아들 가운데 환웅이 있었다. 그는 언제나 인간 세상을 다스리고자 했는데, 그 아버지 환인이 아들의 뜻을 알고 세 높은 산 가운데 하나인 태백산을 내려다보니, 인간 세상을 널리 이롭게 하기(홍익인간)에 가장 좋은 곳이었다. 그래서 천부인 세 개를 주고 내려가서 세상을 다스리도록 하였다."

홍익인간은 고조선의 건국이념이다. 고대 사회는 제정일치 사회였다는 점을 감안한다면 건국이념은 곧 교육이념이라 할 수 있다. 홍익인간은 고조선의 교육 목적이며 교육이념이다. 이러한 이념으로부터 교육적 원리를 도출해 보면 다음과 같다(신득렬 외, 2016: 133-134).

① 홍익인간의 이념은 인간존중의 정신을 보여 주고 있다. 사람을 널리 이롭게 하기 위해 먼저 다른 사람을 존중해야 한다. 인간 존중은 오늘날 민주주의 교육이 지향하는 사회적 원리이며 교육적 원리이기도 하다.

② 홍익인간의 이념은 이타주의 정신을 보여 준다. 자기보다 남의 이익을 먼저 배려하는 높은 수준의 정신세계를 지향하고 있다.

③ 홍익인간의 이념은 개방정신을 보여 주고 있다. 고조선인들은 타인과 이웃, 더 나아가 타민족에게까지 마음을 열어놓은 사람들이다. 홍익인간의 이념은 특정인에게만 적용되는 것이 아니라 세계 모든 사람들에게 적용될 수 있는 보편적 이념이다.

둘째, 고조선 사회의 가치관과 교육적 상황을 「팔조법금」을 통해 확인해 볼 수 있다. 팔조법금은 고조선 사회 질서를 유지하기 위한 것으로 고조선의 관습법인 동시에 민중교화를 위한 법이라 할 수 있다. 「팔조법금」의 내용은 모두 전해지지 않고 있으며 단 세 개조만 전해오고 있다(한서지리지, 28권).

① 사람을 죽인 자는 즉시 사형에 처한다.

② 남에게 상해를 입힌 자는 곡물로써 배상한다.

③ 남의 물건을 훔친 자는 남자의 경우 종으로 삼고, 여자의 경우 노비로 삼는다. 단 속죄하고자 하는 자는 50만 전을 내야 한다.

위의 세 개조를 보면 사람을 죽이거나, 도둑질을 하거나, 남을 해치는 것은 나쁘다는 가치판단이 설정되어 있어서 사회 도덕적 측면이 강조되고 있는 것을 볼 수 있다. 당시 백성들은 도둑질을 하지 않아 서로 문을 닫지 않았으며 부인들은 정숙하여 음란하지 않았다(「한서지리지」, 28권)는 기록이 있다. 「팔조법금」은 고조선의 생활규범으로 강력한 사회 통제적 기능을 가진 윤리이고 법률이었으며 그 시대의 도덕교육내용이었다.

2. 삼국시대의 교육

1) 삼국시대 교육의 배경과 특징

교육은 인간을 사회의 구성원으로 '성장'시키고 사회를 존속·발전시키기 위해 존재해 왔으며, 시대와 지역, 문화의 변동에 따라 다양한 방식으로 존재하고 변화되어 왔다. 이러한 교육이 형식적 제도 위에 이루어지게 된 것은 국가의 조직이 갖추어진 삼국시대에 이르러 가능했다. 문헌에 의하면 학교(學校)를 통해 교육이 이루어진 것은 고구려의 태학과 경당에서 비롯되었다고 알려져 있다(서울대학교 교육연구소, 1998: 2808).

삼국시대는 1세기 초부터 7세기 중반까지 한반도에서 부족국가 형태에서 벗어나 고대국가의 체제를 갖춘 고구려, 백제, 신라시대를 일컫는다. 삼국시대는 고조선의 전통을 계승하여 민족문화를 발전시킴과 동시에 외래문화인 중국의 문화를 수용하여 새로운 민족문화를 준비한 시기이다. 삼국시대의 특징을 살펴보면 다음과 같다.

첫째, 삼국시대에 불교[22)]가 전래되고 대중교화가 이루어졌다. 제천의식과 같은 천신숭배의 신앙이 계승되기는 하였으나 불교의 수용으로 전통적인 민족종교가 불교로 대체되었다. 불교는 왕실과 귀족의 적극적인 보호 아래 국가적 신앙으로 발전하였을 뿐만 아니라 삼국시대의 사상적 기반이 되었다. 불교는 당시의 비형식적 교육 형태에 영향을 미쳐 대중교화의 길을 열어 주었으며 정치·사회·문화 전반의 성격을 규정하는 요인이었다. 불교는 고려시대까지 지대한 영향을 미쳤으며 조선시대에 숭유억불정책이 시행되었음에도 불구하고 불교의 사상이 그 밑바탕에 흐르고 있어 오늘날에 이르고 있다. 삼국시대부터 전해진 불교의 교육사적 의의를 보면 다음과 같다(정재철·손인수, 1975: 13-14; 임채식 외, 2017: 23-24, 재인용).

① 한국의 고대인들은 현실생활에 대한 빈곤이나 질병의 공포로부터 생명의 안전을 구하기 위한 종래의 토속적 귀신 종교에 집착해 있다가 인과응보, 자비, 평등을 중심사상으로 하는 고등한 불교신앙의 영향을 받으면서 새로운 희망과 삶의 방향을 찾게 되었다. 특히 현실생활뿐 아니라 미래와 내세에 대한 가치관을 형성하기에 이르렀다.

② 불교가 강조하는 자비는 그들에게 공공자선의 개념을 확립시켜 주었으며, 불교의 모든 생물체에 대한 생명존중의 사상은 인간의 존엄성을 더욱 강조시켜 주었다.

③ 불교적 사고와 생활 속에서 발전된 미술·조각·건축·공예·학예 등은 한국민족으로 하여금 일찍부터 그 방면으로 재능을 발휘하게 하였다.

④ 불교가 비형식적 교육 형태를 취하였지만 대중 교육성이 강했을 뿐 아니라 호국불교의 정신에 입각하여 국민정신, 애국정신을 길러 주고 주체성·독립성을 중요시한 점 때문에 삼국시대의 대표적 민중사회 교육사상이 되었다.

---

22) 한국사회에 불교를 처음으로 공인한 것은 고구려 소수림왕 2년(372)이다. 전진(前秦)의 왕 부견이 승려 순도를 파견하여 불경과 경문을 전달하자 이를 고구려가 공적으로 받아들여 공식적으로 인정하였다. 고국양왕 9년(392)에는 '불법을 숭상하고 믿어 복을 구하라'는 왕명을 내렸다. 백제에는 침류왕 원년(384)에 동진으로부터 승려 마라난타가 옴으로써 불교가 전해졌고, 신라에는 법흥왕 22년(535)에 순교자를 낸 후에야 불교를 공인하게 되었다(김부식, 『삼국사기』, 권 제18, 「고구려본기」, 제6/ 제24/ 제4).

둘째, 삼국시대의 정치사상이나 윤리에 결정적 역할을 한 것은 유교[23]이다. 삼국의 교육제도는 중국으로부터 들여온 한자(漢字)를 기초로 유교사상을 받아들이면서 유교적 교육체제와 교육문화를 발전시켰다. 유교의 이념을 교육의 이념으로 삼아 학교교육이 시작되었다. 고구려의 태학(372), 백제의 박사제도, 신라의 국학(682)과 독서삼품과 등은 국가 조직 정비 과정에서 국가의 인재를 양성하기 위해 설립된 형식적 교육기관이었다. 이러한 유학교육을 통해 삼국은 유교사상을 국가의 중요한 통치이념으로 삼게 되었다.

셋째, 삼국시대는 군사적 성격이 뚜렷하고 왕권 강화가 목적이었으므로 교육은 백성을 다스릴 관리 양성과 전쟁에 대비한 군인의 육성에 중점을 두었다. 관리를 양성할 목적으로 학교에서는 경전에 의한 문자 교육이 시작되었다.

2) 고구려의 교육

고구려는 중국과 지리적으로 가까이 있으면서 일찍부터 중국문화의 영향을 받아 국초부터 문자를 사용하였고 문자로 귀족의 자제들을 교육하였다. 학교교육은 고구려의 17대 왕인 소수림왕 2년(372) 6월에 세워진 중국식 학교인 '태학'에서 비롯되었다. 고구려의 사학(私學)으로는 경당(扃堂)이 있었다.

(1) 태학(太學)

태학은 기록에 전하는 국가가 세운 최고 교육기관이며 우리나라 최초의 관학(官學)으로 학교교육의 시초이다. 태학을 설립하게 된 배경은 고국원왕(재위

---

23) 공식적으로 유교가 교육내용으로 채택된 것은 소수림왕 2년(372년)이었다(김부식, 『삼국사기』 권 제18, 「고구려본기」 제6). 소수림왕 2년에 태학을 세우고 자제들에게 유교경전을 가르치게 했다. 백제에는 학교설립의 기록이나 유교 공인의 기록이 없다. 백제는 근초고왕(346~375) 때 유교를 공인하였을 가능성이 높다. 신라는 삼국 중 가장 늦게 유교를 받아들인 나라이다. 화랑도의 생활규범인 세속오계와 임신서기석 등을 통해 유교 도덕이 일찍이 알려졌을 것으로 추정한다. 그러나 공적으로 유학을 받아들인 것은 국학(國學)을 세운 이후로 볼 수 있다.

331~371) 때 전연(前燕)과 백제가 침입하여 고구려에 큰 타격을 입혔다. 소수림왕[24]은 국가의 체제를 재정비할 필요를 느껴 새로운 관리양성기관으로 태학을 설립하였다. 태학의 입학자격은 귀족과 지배계급의 자제이며 설립목적은 관리양성에 있었고 15세에 입학하여 9년 동안 수학하였다.

태학에서 학습한 내용은 기록으로 전해지지는 않으나 태학이 유교 교육기관의 이름이었다는 점과 중국 국학의 교과 내용으로 미루어 짐작하건대 다음과 같은 것을 학습했을 것으로 추측할 수 있다. 첫째, 『시경(詩經)』, 『서경(書經)』, 『주역(周易)』, 『예기(禮記)』, 『춘추(春秋)』인 오경(五經)과 『사기(史記)』, 『한서(漢書)』, 『후한서(後漢書)』인 삼사(三史), 기타 『자림(字林)』, 『자통(字通)』, 『문선(文選)』, 『삼국지(三國志)』 등을 배웠을 것이며, 불교나 도교의 경전은 배제한 것으로 보인다.[25] 둘째, 국가의 필요에 따라 무예도 중요한 교육내용에 포함되었을 것으로 본다.[26] 즉 태학은 유교의 경전과 무예를 포함한 문무를 겸비한 관리양성 교육기관이었을 것이다.

『삼국유사』에는 '영양왕 11년(600)에 이문진으로 태학박사를 삼다.'라고 기록되어 있고 고구려 직제에 '장차 관에 나아갈 사람은 조의선인(皂衣仙人)이라 하고, 이를 감독하기 위해 조의두(皂衣頭)라는 벼슬아치를 두다.'라고 기록되어 있는 것으로 보아 조의두가 태학의 책임자였고, 교사로는 박사, 학생은 조의선인이었음을 알 수 있다.

(2) 경당(扃堂)

경당은 고구려에 세워진 우리나라 최초의 사학(私學)이며 지방에 설립된 학교였다. 설립 시기는 정확하지 않으나 태학 설립을 전후로 세워졌으리라 추측한다. 경당에 관한 역사적 기록은 『구당서(舊唐書)』와 『신당서(新唐書)』의 「동이전(東夷傳)」

---

24) 소수림왕은 372년 정신적 통일을 위해 불교를 수용하였고, 관료 체제를 위해 태학을 설립하였다. 또한, 373년 국가조직 정비를 위한 율령을 반포하였다.

25) 불교나 도교의 경전을 배제한 것은 삼국시대부터 조선시대에 이르기까지 공통된 현상이다.

26) 소수림왕 이후 중앙집권적 귀족국가로 기틀을 잡은 고구려는 광개토왕과 장수왕 때 영토를 확장시켜 나갔다. 북쪽으로는 송화강, 서쪽으로는 요하를 넘었고 남쪽으로는 아산과 삼척을 연결하는 선까지 진출하였다.

「고려조(高麗條)」에 나와 있다. 『구당서』에는 "사람들이 책 읽기를 사랑하여 어려운 형편에 있는 집에 이르기까지 각기 큰 거리에 큰집을 지어 이를 경당이라 하였다. 자제들이 결혼하기 전에 여기서 책을 읽고 활쏘기를 익혔다. 그 책으로는 오경과 사기, 한서, 범엽의 후한서, 삼국지, 손성의 진춘추, 옥편, 자통, 자림이나 또 문선이 있어 더욱 중히 여긴다."라고 적혀 있다. 『신당서』에도 이와 비슷한 내용이 적혀 있다. "사람들이 배우기를 좋아하며 어려운 형편의 마을에 있는 집들에 이르도록 역시 서로 긍면하여 엄옥을 짓고 경당이라고 불렀다. 미혼인 자제들이 모이는 곳으로 경전을 외우고 활쏘기를 익혔다."라는 기록이 있다.

경당의 교육적 특징은 다음과 같다.

첫째, 경당의 학생들은 외부와의 접촉을 줄이고 경당 안에서 기숙하며 공부했다.

둘째, 결혼하지 않은 사람들이 입학했다. 미혼일 경우 외부 출입을 삼가면서 학습에 열중할 수 있었다.

셋째, 교육내용은 글 읽기인 송경(誦經)과 활쏘기인 습사(習射)를 중심으로 구성되었다. 이를 통해 경당은 교육기관인 동시에 군사적 훈련 기능도 수행하였던 것으로 볼 수 있다. 원래 고대국가 초기의 군대는 귀족 군대로 지방의 평민은 참여할 수 없었다. 그러나 대외정복사업이 진전되면서 일반 백성들도 군대에 동원해야 할 필요를 느꼈다. 따라서 경당은 국가의 요구에 부응하여 국가 체제의 확립에 필요한 유교적 덕목을 가르치고, 또한 군사적 훈련도 실시하였다고 볼 수 있다.

넷째, 교육내용의 범위가 넓고 교과가 다양한 것으로 보아 초등교육에서 대학교육까지 겸하였다고 볼 수도 있고 중등교육기관이었다고 볼 수도 있다. 경당은 신라의 화랑도 집단과 같은 성격을 지녔으며, 고려와 조선시대의 사립학교였던 서당의 기원이 되었다(임채식 외, 2017: 26).

3) 백제의 교육

백제는 고구려 유민이 세운 나라로 초기에는 고구려의 선진문화의 영향을 받았고, 후에 고구려와의 관계가 멀어지면서 중국의 여러 나라와 활발하게 교류했다. 백제는 지리적으로 중국이 지배하던 낙랑군과 대방군을 접하고 있었고 중국 남조 문화의 영향을 받아 백제 초기부터 한문자가 사용되고 있었고 어떤 형태의 학교제도가 있었던 것으로 추정된다. 이에 대한 직접적인 자료는 없으나 간접적인 자료를 살펴보면 고이왕(재위 234~286) 때 6좌평 16품 관등이 있었는데, 6좌평 중 내법좌평(內法佐平)은 예의에 관한 사항을 관장하였다. 내법좌평은 종교, 교육, 외교와 관련이 있으리라 짐작하기 때문에 백제에 교육기관이 존재했을 것으로 추정된다.

백제는 국내의 뛰어난 자제들을 당나라에 파견하여 당의 '국학'에 입학시켰고, 중국 양나라에 서신을 보내 모시박사를 청하기도 하였다(김부식, 삼국사기, 제26, 27, 백제본기). 위의 내용을 살펴볼 때 중국의 태학과 같은 학교제도가 있었을 것으로 짐작된다.

일본 측 기록에 의하면 백제의 왕인(王仁)이 285년 일본에 『논어』와 『천자문』을 전했다고 한다. 근초고왕 30년(375)에 박사 고흥을 얻어 처음으로 『서기』라는 백제의 국사책을 편찬하였으며, 무령왕(513) 때에는 오경박사(五經博士) 단양이(段楊爾)를 일본에 파견하였고, 성왕 32년(554)에는 모시박사(毛詩博士), 의박사(醫博士), 역박사(易博士)와 같은 각종 전문 박사가 일본에 초빙되어 갔다고 한다. 이러한 것을 볼 때 백제에는 일찍부터 박사제도가 있었던 것으로 보인다.

백제의 학교에서는 오경(시경, 서경, 주역, 예기, 춘추)을 중심으로 한 유교의 경전을 가르쳤으며 이외에도 『천자문』, 사상서, 사서(史書)를 가르쳤을 것으로 본다.[27]

백제에서는 잡학교육도 이루어졌을 것으로 본다. 왜냐하면 각 분야의 전업박사가 활동하였고, 농업기술, 직조술, 기타 의약, 천문, 지리, 음악, 미술, 공예 등에 이르기까지 골고루 일본에 기술을 전수시켜 주었다는 점에서 이를 확인할 수 있다.

---

27) 일본 『고사기(古事記)』에 따르면 왕인이 일본으로 건너올 때 『논어』와 『천자문』을 가지고 왔다는 기록이 있고, 『구당서』의 '백제전'에 오경 및 자(子), 사(史)가 있다는 기록이 있다.

4) 신라의 교육: 삼국통일 이전의 교육

기원전 57년에 영남에서 시작된 신라는 고대국가체제가 고구려와 백제에 비해 비교적 늦게 확립되었다. 제23대 법흥왕(재위 514~540) 때 율령 반포, 백관의 공복제정, 최초의 독자적 연호 사용, 불교 공인 등이 이루어졌다.

신라의 특징은 골품제라는 신분제도를 가지고 있었다는 점이다. 성골(聖骨)은 국왕을 포함하여 왕위 계승권을 가진 왕족으로 매우 폐쇄적이고 규모도 작았다. 진골(眞骨)은 신라 왕족 및 최고위 귀족이 가진 신분이다. 진골은 골품제도를 통해 특권을 보장받았으며 고위 관직을 독점하여 신라의 중앙 권력을 지배하였다. 육두품에서 사두품은 귀족 계층으로 관직에 있는 계층이며, 3두품에서 1두품은 평민을 말한다. 이러한 골품은 신라에서 개인의 사회활동과 정치활동의 범위에 이르기까지 엄격히 제한하였다.

삼국통일 이전의 신라에는 비형식적 교육인 화랑[28]도 교육이 주축을 이루었다. 화랑도는 신라가 처한 지리적·정치적 여건을 극복하기 위해 설립되었다. 화랑이 되기 위한 조건은 신분과 용모에서 찾을 수 있는데 신분에 관해서는 법적으로 정확하게 규정된 것은 없다. 그러나 화랑의 이름으로 추정해 보건대 진골 귀족 출신이었을 것으로 본다. 화랑도는 진흥왕 37년(575년)에 제도화된 청소년 수양단체이자 군사조직이었다. 화랑도의 조직과 숫자는 명확하지 않으나 연구에 따르면, 한 집단에 여러 대(隊)가 있고 한 대에 총지휘자로 국선(원화)화랑이 1~2명 있었고, 14~15세에서 17~18세까지의 청소년 화랑이 3~4명 또는 7~8명이 있었으며, 그 밑에 낭도가 수백 또는 수천 명이 있었다. 한 대에는 한 명의 승려낭도가 있어 그들의 도덕교육을 담당하였다. 화랑도에 입학하는 자격은 국선과 화랑의 경우는 14·15세~17·18세의 왕족 또는 귀족의 자제로 제한되었으며, 낭도는

28) '화랑'은 본래 상고시대의 신단인 솟대 제단의 수호무사에서 온 것이라고 한다. 그들은 씨족 사회의 귀족자제로서 미성년자가 중심이 되어 신단을 수호하면서 그들의 삶의 자세를 세워 나갔던 것이다 그 후 부족 연맹사회로 발전과 중앙집권적 국가로 발전하면서 화랑도는 신라의 귀족 청년들의 샤머니즘적, 군사적, 교육적 집단이 되었다.

계급을 불문하였다.

화랑도는 교육목적을 종교적, 도덕적 품성을 지닌 인재양성과 무사양성에 두었다. 『삼국사기』에 의하면 "군신이 인재를 알지 못하여 근심한 끝에 많은 사람을 무리지어 놀게 하여 그들의 행실을 보아 이를 등용하려고 하였다."는 기록이 나오는데 이를 통해 알 수 있는 것은 화랑도 교육의 목적이 국가가 필요로 하는 인재양성에 있었던 것을 볼 수 있다.

화랑도는 제도교육이 아니므로 공식적인 교육과정은 없었다. 그러나 화랑을 육성하기 위한 덕목이나 규칙 그리고 그들의 사회적 역할 등과 관련하여 교육내용을 유추해 볼 수 있다. 『삼국사기』에 나타난 화랑들의 교육내용은 다음과 같다.

> "혹은 서로 도의를 닦고, 서로 시가(詩歌)와 음악을 즐기며 명산과 대천[29]을 찾아 놀이와 오락을 하되 멀다고 해서 가지 않은 곳이 없었다. 이를 통해 그 사람됨이 나쁜지 좋은지를 알아내어 좋은 사람을 택해서 조정에 천거하게 되었다."
>
> 김부식, 『삼국사기』, 권4, 「신라본기」, 진흥왕.

화랑도는 서로 도의(道義)를 닦음으로 이성을 도야하고, 시가와 음악을 즐김으로 정서를 함양하였으며, 유오산수(遊娛山水), 무원부지(無遠不至)로 명산과 대천을 찾음으로 심신을 단련하여 인격을 도야하였다. 도의를 닦는 구체적인 덕목으로 유교, 불교, 도교가 융합된 사상을 기반으로 세속오계[30]가 대표적이다. 이와 함께 임신서기석의 판독 내용에 의하면 화랑들은 경서(經書)도 공부했다고 하는데 『시경』, 『상서』, 『예기』를 차례로 3년을 기한으로 읽어 나간 것으로 보인다. 화랑들은 세 경전을 학습하며 정치적으로 유교사회였던 신라의 통치규범과 정치이념

29) 이는 신라의 전 영토를 순례하는 것이었으나 주로 강원도 지방을 순례하였다고 한다. 이 지방은 고구려와의 접경 지역으로 군사상 중요한 곳이다. 이곳에서 지리 조사 및 전쟁에서의 고난을 체득하는 훈련도 받았다고 한다.

30) 원광법사의 세속오계는 ① 사군이충(事君以忠), 즉 임금에게 충성을 다해야 한다. ② 사친이효(事親以孝), 즉 부모에게 효를 다해야 한다. ③ 교우이신(交友以信), 즉 신의로써 친구를 사귀어라. 이 세 가지는 유교적 덕목이다. ④ 임전무퇴(臨戰無退), 즉 전장에 나아가서는 물러서지 말라. ⑤ 살생유택(殺生有擇), 즉 생명이 있는 것은 때와 장소를 가려서 함부로 죽이지 말라. 이 두 가지는 불교적 덕목이다.

을 배웠다.

화랑들은 진골의 자제들이었고 성장하여 신라를 이끌어 갈 지도층이었기 때문에 이들에 대한 도덕교육이 중시되었다. 화랑 국선인 응렴(膺廉, 후의 경문왕)이 헌안왕에게 세 가지 미덕을 말하였다. 첫째, 윗사람으로서 겸손해서 남의 아래에 앉는 것, 둘째, 부유한 사람으로서 검소한 것, 셋째, 권세 있는 사람으로서 위세를 부리지 않는 것이었다(김부식, 삼국사기, 권 제2, 경문대왕조).

신라의 화랑도는 적절한 인재양성제도가 없었던 당시에 유일한 고급 인재양성소가 되었으며 화랑도 교육은 문무 일치의 교육을 실시하여 신라 사회의 생활윤리의 유지와 전쟁수행 및 왕권 유지에 중요한 역할을 담당하였다. 또한, 신라의 화랑도 교육은 신라의 전통과 중국의 사상을 잘 결합하여 융통성 있고 포괄적으로 이루어졌으며, 신라가 삼국 중 가장 늦게 국가체제가 갖추어졌지만 화랑도의 활약이 삼국통일에 크게 기여하였을 것으로 보인다.

3. 남북국시대의 교육

1) 통일신라시대의 교육

(1) 국학(國學)

신라가 당과 연합하여 백제와 고구려를 차례로 정복하고 삼국을 통일한 후, 넓은 영토와 백성을 갖게 되자 이에 걸맞은 국가 기관을 갖춰야 할 필요가 생겼다. 통일신라는 중앙과 지방에 학교를 설립하여 국가를 경영할 관리를 양성하고, 유교국가로서 유교적 전통을 유지할 학교가 필요하게 되었다(윤재흥, 2014, 재인용).

이러한 상황에서 국학은 신문왕 2년(682년)에 설립되었다.[31] 국학은 당의 영향을 받아 세운 신라 최초의 유교교육기관으로 국가에서 설립하여 예부에 예속 시

31) 국학은 경덕왕 6년(747)에 태학감이라고 했다가 혜공왕 12년(776)에 다시 국학이라 고쳐 불렀다.

키고 귀족의 자제들을 교육시켰다.[32] 국학은 당나라의 국자감(國子監)을 모방하였으나 신라의 국가적 관심과 실정에 맞게 내용을 변경시켰다.

성덕왕 16년(717년) 9월에 공자(孔子)를 비롯한 네 명의 성인(聖人: 안자, 증자, 자사, 맹자)과 10철(안회, 민자건, 염백우, 염옹, 재아, 자공, 염구, 자로, 자유, 자하) 및 72제자의 화상(畵像)을 들여와서 국학에 안치하게 되었는데 이것이 우리나라 문묘의 시초가 되었다. 이후 고려의 국자감과 조선의 성균관에서도 문묘를 두어 이들 유교 성현을 모셨다.

국학의 입학자격은 관직이 없는 사람에서부터 대사(大舍: 신라 때 17관등에서 12번째 등급) 이하의 관직을 가진 자로 15세~30세의 귀족 자제가 중심이었다. 국학을 졸업한 사람에게는 성적에 따라 대나마(17관등 중 10번째 등급), 나마(11번째 등급)의 관위를 주었다. 이는 관위가 높은 자가 졸업이 수월했을 것으로 보인다. 수업 연한은 9년을 원칙으로 하고 능력 여하에 따라 퇴학 또는 9년이 넘어도 재학을 허용하였다. 『삼국사기』에 국학의 학호(學號), 직제(職制)[33], 교육과정 등에 대해 소개하고 있다.

국학의 교육목적은 첫째, 유교 사상을 연구하고 보급하는 학문적 목적이다. 둘째, 유학 이념에 투철한 국가 관리를 기르기 위한 인재양성이었다. 교육내용은 유학 경전과 기술학 교육을 함께 실시했던 것으로 보인다. 유학 경전에는 『논어(論語)』와 『효경(孝經)』을 필수 과목으로 하여 다음과 같이 세 분과로 나뉜다.

① 상급: 『예기(禮記)』, 『주역(周易)』, 『논어(論語)』, 『효경(孝經)』

② 중급: 『춘추좌씨전(春秋左氏傳)』, 『모시(毛詩)』, 『논어(論語)』, 『효경(孝經)』

③ 하급: 『상서(尙書)』, 『문선(文選)』, 『논어(論語)』, 『효경(孝經)』

---

32) 당시 실권자였던 김춘추가 당의 국자감에 가 석전과 강론을 참관하고 돌아와 국학 설치를 건의한 데서 비롯되었다.

33) 직제로는 경(장(長), 학장급 1명), 박사(교수, 약간 명), 조교(보조교원, 약간 명), 대사(행정보조직원, 2명), 사(행정보조원, 4명)으로 구성되어 있다.

또한, 산학을 선택과목으로 개설하여 산학박사 혹은 조교 1인으로 가르치게 하였는데 후에 건축과 조각 등에 많이 이용되었다. 기술학과에서는『논어』와『효경』을 필수로 하고, 산학(算學), 의학(醫學), 천문학(天文學)을 가르쳤다.[34] 평가방법은 유학에 대한 지식의 고하를 독서삼품과를 통해 평가하였다.

(2) 독서삼품과(讀書三品科)

신라는 골품제 국가로 결정된 골품만으로 사회적, 정치적 출세가 보장되는 사회였다. 그러나 국학이 완비되어 학문이 성해짐에 따라 골품제보다는 실력에 의해 출세의 길이 열리는 사회로 변해갔다. 즉 골품에 따른 관리등용을 지양하고 유학의 교양에 따른 능력위주의 관리등용제도를 마련하게 되었는데, 이것이 독서삼품과[35]의 설립이다.

독서삼품과는 원성왕 4년(788년)에 국학 내에 설치된 일종의 관리채용 시험제도로 국학의 졸업 성적인 동시에 인재등용제도라고 할 수 있다. 독서삼품과는 국학의 학습 성적을 3품(상·중·하)과 특품으로 구분하여 모두 4급으로 분류하여 등급을 부여하였다.

① 특품(特品): 오경삼사(五經三史)[36]의 경 및 제자백가(諸子百家)의 서에 능통한자로 3품과에 구애 없이 등용

② 상품(上品):『춘추좌씨전(春秋左氏傳)』,『예기(禮記)』,『문선』을 읽고 그 뜻에 능통하고『논어』와『효경』에 밝은 자

③ 중품(中品):「곡례(曲禮)」,『효경』을 읽고 그 뜻에 능통한 자

④ 하품(下品):「곡례」,『효경』을 읽고 그 뜻에 능통한 자

---

34) 효소왕 1년(692)에는 국학에 의학을 처음 가르쳤고, 성덕왕 16년(717)에는 국학에 의박사와 산박사를 두었으며, 다음해에는 천문학을 가르치기 위해 박사 6명과 사 1명을 두었다. 경덕왕 6년(747)에는 제업박사와 조교를 두고, 749년에는 천문박사와 누각박사를 두어 기술교과도 가르쳤다. 경덕왕 때에는 율학을 위해 율령전박사 6명을 두었다고 한다.

35) 국학이 설치된 지 약 100년 뒤에 독서삼품에 의한 관리등용방법이 채용되었다.

36) 오경(五經)은 역, 시, 서, 예, 춘추를 말하며, 삼사(三史)는 사기, 한서, 후한서를 말한다.

독서삼품과의 시행은 인재등용방법에 있어서 골품에 기준을 둔 것이 아니라 유학적 소양에 기초한 관리 등용이 이루어지도록 제도적 장치가 마련되었다는 점에서 의의가 크다고 할 수 있다.

2) 발해의 교육

발해는 대조영(大祚榮)이 고구려가 망한 지 30년 뒤인 698년에 건국하여 거란에 멸망할 때까지 15대 229년간 지속되었던 고구려를 계승한 왕조이다. 발해는 건국의 주체가 고구려 유민이었고 일본에 보낸 외교 문서에 발해를 고구려 또는 고구려 국왕이라고 명시했다는 점에서 문화적 유사성 측면에서 고구려를 계승한 나라였다는 것을 알 수 있다.

조선 후기 북학파 실학자였던 유득공은 발해의 옛 땅을 회복해야 한다는 생각[37]으로 『발해고(渤海考)』를 편찬하였다. 『발해고』는 군고(君考), 신고(臣考), 지리고(地理考), 직관고(職官考), 의장고(儀章考), 물산고(物産考), 국어고(國語考), 국서고(國書考), 속국고(屬國考)로 구성되어 있다. 군고는 발해의 역대 임금에 대한 고찰을, 신고는 이름 있는 신하들에 대한 고찰을, 지리고는 주요 지리에 관한 고찰을, 직관고는 주요 관직에 대한 고찰을, 의장고는 주요 의식과 복장에 대한 고찰을, 물산고는 무요 생산물에 대한 고찰을, 국어고는 언어에 대한 고찰을, 국서고는 왕이 일본에 보낸 문서에 대한 고찰을, 속국고는 발해를 계승한 나라인 정안국에 대한 고찰을 담고 있다(신득렬 외, 2016: 151-152).

발해에서는 건국 초기부터 학교를 설치하여 유학 교육을 중심으로 인재를 양성하였던 것으로 보인다. 이러한 교육은 지배층 여성의 교육[38]과 통치기구인 충(忠)·인(仁)·의(義)·예(禮)·지(智)·신(信), 6부(部)의 명칭 및 유학적 통치 사상을 보여

37) 유득공은 발해고 서문에서 신라와 발해를 남북국으로 보았다.

38) 무왕의 딸인 정효공주의 묘비명에 "공주는 어려서부터 여자 스승의 가르침을 받아 능히 문왕의 어머니인 태임과 비교될 수 있다. 또한, 시를 열심히 외웠고 예절 공부를 즐겨했다."는 내용으로 보아 발해는 왕족 여성의 교육에 관심을 가졌음을 볼 수 있다.

주는 연호 사용 등에서 알 수 있다. 발해의 최고 학교는 주자감(主子監)[39]으로, 당의 국자감과 구조와 운영 면에서 유사하였지만, 실정에 맞게 변용하여 운영하였을 것이다. 그밖에 교육과 관련해 학당친위직(學堂親衛職)과 문한기구인 문적원(文籍院) 및 동관(東館)[40]이 있었고, 실무교육으로는 천문학, 의학, 외국어 등의 교육이 행해졌다. 지방 관학과 사학은 기록 부족으로 잘 확인되지 않지만, 발해의 사회문화 발전 정도를 통해, 상당히 발달했을 것으로 본다(권은주, 2014: 1).

발해에서는 유학도 중요했는데, 당나라 유학은 선진문물을 익히고 돌아와 국가운영을 책임지는 고급 엘리트를 육성하는 한 방편이었다. 당 유학생은 신분상 주로 당의 국자감 중 국자학이나 태학에서 수학했던 것으로 보인다. 이들은 외교관의 역할도 담당하였기 때문에 어느 정도 연륜이 있는 인물을 선택했던 것으로 보인다. 발해 유학생은 신라에 비해 빈공과 합격자 수가 적었는데 이는 발해에서의 지위가 보장되어 있었고, 유학 올 때 이미 일정한 학식과 지위를 가지고 있어서, 빈공과 응시의 필요성이 적었기 때문으로 보인다. 이상과 같이 발해는 국내 교육뿐 아니라 유학이라는 방법을 통해서도 인재를 적극적으로 양성한 결과 9세기로 넘어가며 '해동성국(海東盛國)'으로 발전할 수 있었다(권은주, 2014: 1).

발해의 교육기관에 입학하는 연령이나 수학연한, 학례에 대해 살펴볼 자료가 없다. 단지 당에서는 국자학에서 사문학까지 14~19세, 율학은 25세, 신라에서는 15~30세, 일본에서는 25세까지를 재학연령으로 제한하고 있었기 때문에 발해 역시 최대 30세를 넘지는 않았을 것으로 보인다. 수학연한도 대개 10년 이내여서 발해도 그에 준했을 것으로 본다. 그리고 중국식 학교제도가 기본적으로 '묘학제(廟學制)'여서 중국식 학교제도를 받아들였던 여러 나라에서 학례가 중시되었는데, 발해의 학교교육에서도 중요한 의례로 행해졌을 것이다(권은주, 2014: 13).

39) 제3대 문왕 때 설립되었고 왕족과 귀족을 대상으로 유교경전을 교육했다.
40) 궁중에서 책을 장서하는 곳이다.

6장 고려시대의 교육

1. 사회·문화적 특성

고려는 918년부터 1392년까지 474년간 34대를 걸쳐 집권한 나라이다. 고려의 태조 왕건 때부터 고려는 숭불정책(崇佛政策)으로 민심의 안정을 꾀하고, 호국불교로서 국가의 사상적 기반을 쌓았다. 그러나 현실적으로 국가를 운영하기 위해 유교를 장려하였다.

태조는 불교를 국교로 숭상하여 수도 개성뿐 아니라 전국에 많은 사찰을 세워 고려의 정신계의 지도이념이 되게 하였고 현실생활에 큰 영향을 주었다. 고려시대에 불교의 호국적 신앙은 삼국시대보다 더 강화되었다. 이민족의 침입을 막기 위해 '고려대장경'을 판각하였고, 고종 때에는 강화도에서 몽골의 침입을 격퇴하기 위해 '팔만대장경'을 간행하기도 하였다. 고려시대에 불교가 숭상됨에 따라 승려의 사회적 지위도 높아졌으며, 광종 때에는 일반 과거제도와 함께 승과(僧科)도 실시하여 승려들의 등용문을 마련했다. 묘청의 난을 계기로 불교는 민간신앙으로 전락하게 되었고 유교는 정교(政敎)의 이념으로 더욱 발전하였다.

정치적으로는 북진정책을 추진하여 서경(지금의 평양)을 중시하였고 북방을 개척하여 국경을 청천강까지 확대하였다. 성종 때 중앙집권적 국가 기반을 확립하고 문종 때 귀족정치의 전성기를 이루었다. 그러나 의종 24년(1170)에 무신의 난이 일어나 100년간 무신정권이 세워지고, 그 뒤 100여 년 동안의 원나라의 간섭기를 거쳐 14세기 말에 이성계에 의한 조선의 건국으로 멸망하게 되었다.

고려는 국책으로 불교를 장려하여 국가와 민간에서 불교가 사상적 지주 역할을 하였다. 그러나 개국 이래 일관되게 유교적 정치이념에 따라 교육정책을 유지했고 유교식 교육을 실시하는 학교 설립이 이루어졌다. 태조의 문치주의를 계승 발전시켜 광종 때에 과거제도를 도입하였다. 이는 고려 초기의 유력세력의 막강한 권한을 축소하고 모든 백성에게 관직 진출의 문호를 개방하여, 새로운 정치체제를 모색하는 동시에 왕권을 강화하기 위함이었다.

제6대 성종(재위 982~997)은 유교의 이념을 현실적 교육정책으로 정착시켜 제도화한 왕이다. 성종의 교육개혁 활동을 살펴보면 다음과 같다.

건국 초에 창설된 것으로 보이는 국자감을 성종 11년에 재정비하여 고려시대의 최고 학부로 교육의 중추적 역할을 하게 하였다. 성종은 주, 군, 현의 호족 자제를 선정하여 서울에 들어와 학업을 하도록 하는 유경습업(留京習業)을 권하였고, 이들에게 국가에서 학비를 대주는 은전(恩典)이 있었다. 성종 5년(재위 986)에는 지방 호족의 자제들을 대상으로 한 유경(留京)학생들을 귀향시켜 공부하게 하고, 전국 12목에 경학박사와 의학박사를 파견하여 지방교육을 육성하였다. 한편 성종 6년에는 주, 목, 군, 현의 수령들에게 유교적 교양이나 의술이 있는 사람을 중앙에 천거하도록 하였다.

성종 9년(990)에는 서경에 수서원(修書院)이라는 도서관을 설치하였고, 개성에는 비서원(秘書院)이라는 일종의 왕실도서관을 설치하여 수만 권의 책을 수집·보관하였다. 또한, 과거제에 대한 관심을 가져 성종 2년에 최종 시험 합격자라 할 수 있는 예부시(禮部試)의 합격자에게 다시 임금이 친히 시험을 보는 복시(覆試)를 실시하였고, 시험의 횟수와 합격자 수도 늘렸다. 성종은 유교주의 정치이념을 펼치기 위해 억불정책을 단행하였는데 불교 행사인 연등회와 팔관회를 폐지시키기도 하였다.

2. 고려시대의 교육

1) 관학(官學)

(1) 국자감(國子監)

고려 초기의 교육은 신라의 제도를 이어 받았으나 체제를 갖추지 못하고 운영되었다. 그러나 성종 때에 와서 신라의 국학과 당·송의 제도를 참작하여 체제와 기틀을 잡게 되었다. 성종 11년(992)에 국자감을 개경에 설립하게 되었다. 설립목적은 유교적 교양에 투철한 학자를 배출하는 것과 통치 체제에 필요한 관리를 양성하는 데 있었다.

건물은 문묘(文廟)와 교실의 성격인 학사(學舍), 기숙사인 재(齋)로 구성되었다. 문묘는 선성전(후의 대성전(大成殿))과 동무(東廡)·서무(西廡)를 갖추어 선성전에는 공자를 비롯한 4성, 10철 및 송나라의 6현의 위페를 모셨고, 동·서무에는 공자의 70제자를 비롯하여 유학 발전에 공이 있는 고려와 중국의 학자를 모셨다. 학사는 수업이 이루어지는 돈화당(敦化堂: 후의 명륜당)이 있고, 기숙사인 재(齋)가 있었으며, 학생들의 후생재단인 양현고가 있었는데, 이는 예종 14년(1119년)에 설치하였다.

국자감에는 국자학, 태학, 사문학의 유교경전과 문학을 전공하는 학부와 율학, 서학, 산학 등의 기술학부(잡학부)인 전문직에 종사할 관리를 양성하기 위한 기관이 있었다. 입학자격은 국자학은 3품관 이상의 자손, 태학은 5품관 이상의 자손, 사문학은 7품관 이상의 자손, 율학, 서학, 산학은 8품관 이상의 자손 및 서인으로 제한되었다.

이렇게 체제가 갖추어진 국자감은 위기를 맞게 된다. 대외적으로 북방의 거란족의 침입으로 국가의 재정난이 발생하여 국자감 운영을 위축시켰으며, 대내적으로는 과거제도가 문장능력을 기준으로 인재를 선발하는 진사과 위주로 운영됨으로써, 경학중심의 교육을 시행하던 국자감에 얽매이기 싫어하는 풍조가 생겼다. 또한, 최충의 '문헌공도'를 비롯한 12공도가 설립되어 국자감은 폐지될 위기에 몰렸다. 이러한 관학의 부진을 극복하기 위하여 예종(재위 1105~1122)이 교육개혁을 추진하였다.

예종은 국자감에 7재(齋)를 두면서 교육재정을 충당하기 위하여 양현고(養賢庫)를 설치하였다. 그중에서 유학을 교육하는 재로 여택재(麗澤齋)－주역(周易), 대빙재(待聘齋)－상서(尙書), 경덕재(經德齋)－모시(毛詩), 구인재(求人齋)－주예(周禮), 복응재(服膺齋)－대례, 양정재(養正齋)－춘추(春秋)의 6재를 두었고 마지막으로 무학(武學)을 교육하는 강예재(講藝齋)를 두어 문무의 교육을 장려하였다. 강예재는 예종 때 여진정벌에 필요한 무인을 양성하기 위해 설치되었다고 한다. 강예재에서 양성한 인재를 대상으로 예종 4년(1109년)에서 인종 11년(1137년)까지 24년간에 걸쳐 몇 차례의 무업(武業) 시험을 실시하였다. 무업이 합격하기 쉽기 때문에 인재들이 여기에만 몰려 문학에 출중한 인재가 나오지 않았다는 것과, 장차 문신과 무신 간의 대립이 첨예화될 위험이 있다는 문신들의 반대로 무업은 폐지되었다.

7재는 경전 교육을 강화하기 위한 국자감 내의 상위 교육과정으로서, 일반 국자감생을 하재생(下齋生)이라고 한다면 7재생은 상재생(上齋生)에 해당된다. 따라서 일반 국자감생이 7재생으로 승급하려면 승보시(升補試)에 합격해야만 했다.

국자감은 인종(약 1127년) 때 6학(유학계 3학, 기술계 3학)으로 다시 정비하고 입학자격을 각 학에 따라 다음과 같이 4계급으로 차등을 두었다.

① 국자학에는 문무관 3품 이상의 자손과 훈관 2품 대현공 이상 또는 경관(京官) 4품 대(帶) 3품 이상의 훈봉자의 자손
② 태학에는 문무관 5품 이상의 자손과 정종 3품의 증손 또는 훈관 3품 이상 유봉자의 아들
③ 사문학에는 문무관 7품 이상의 자손, 훈관 3품 이상, 무봉 4품 이상의 자손
④ 율학(律學), 서학(書學), 산학(算學)인 기술계 3학은 8품 이상의 아들과 서민의 자제, 7품 이상의 아들로서 특히 원하는 자에게 입학할 수 있게 하였다.

그러나 잡로(雜路)와 공(工), 상(商), 악(樂)에 종사하는 자손과 범죄자의 자손은 입학이 금지되었다.

유학계 3학에서는 『효경』과 『논어』를 필수로 1년을 배우고, 『상서』, 『공양전』, 『곡량전』은 각각 2년 반, 『주역』, 『모시』, 『주례』, 『의례』는 각각 2년, 『예기』와 좌전』은 각각 3년을 한도로 이수하도록 하였다. 공통과목으로는 산술(算術)과 시무책(時務策) 등이 있었다. 인종 때 유학계 3학의 경우 각 학을 300명으로 하였고[41], 수학기간은 9년이었다.

율학(律學), 서학(書學), 산학(算學)인 기술계 3학은 향교의 입학자격과 같았다. 율학은 율학박사가 법규나 법령을 가르쳤고, 서학은 서학박사가 8서를 가르쳤다. 산학은 산학박사가 수학을 가르쳤는데 고려 말에는 기술계 3학을 국자감에서 분리하여 기타 잡과와 같이 해당 관청에서 가르쳤다. 율학의 경우 수학 기간은 6년이었다. 국자감의 교과목과 수업 연한을 정리하면 다음과 같다.

〈표 2〉 **교과목 및 수업 연한**

<table>
<tr><th>육학</th><th colspan="2">교과목</th><th colspan="2">수학 연한</th></tr>
<tr><td rowspan="5">국자학
태 학
사문학</td><td>필수</td><td>효경, 논어</td><td>합 1년</td><td rowspan="5">합 9년</td></tr>
<tr><td rowspan="3">선택</td><td>상서, 곡양전, 곡량전</td><td>각 2.5년</td></tr>
<tr><td>주역, 모시, 주례, 의례</td><td>각 2년</td></tr>
<tr><td>예기, 좌전</td><td>각 3년</td></tr>
<tr><td>공통</td><td>산술, 시무책, 글씨, 설문(說文), 자림(字林), 삼창(三倉), 이아(爾雅)[42]</td><td>선택과 병행</td></tr>
<tr><td>율학</td><td colspan="2">율(律), 령(令)</td><td colspan="2">6년</td></tr>
<tr><td>서학</td><td colspan="2">팔서(八書)</td><td colspan="2">6년</td></tr>
<tr><td>산학</td><td colspan="2">산술(算術)</td><td colspan="2">6년</td></tr>
</table>

41) 정원은 300명이었으나 실제로 수학한 학생은 60~70명 정도였고, 고려 말에 겨우 100명 정도의 정원을 확보한 것으로 본다.

42) 이아는 중국에서 사장 오래된 3권으로 된 자서(字書)로, 『시경』, 『서경』 중의 문자를 추려 19편으로 나누고, 문자의 뜻을 전국시대와 진한시대의 용어로 해설한 책이다(박의수 외, 1995: 54, 각주 5).

국자감의 명칭은 충렬왕 1년(1275) 원나라 간섭으로 관제 개편이 이루어질 때 국학으로 개칭되었고, 1298년 충선왕이 관제 개혁을 할 때 성균감으로 고쳤으며 1308년에 성균관이라고 하였다. 그 후 공민왕 5년(1356)에 공민왕의 배원 정책에 따른 관제개혁으로 다시 국자감이라고 하였다가, 공민왕 11년(1362)에 성균관으로 개칭하였다(손인수, 1998a: 301-302).

(2) 향교(鄕校)

고려의 향교는 중앙집권체제를 강화하기 위하여 3경(京) 12목(牧)을 비롯한 군·현에 박사와 교수를 파견하여 생도를 교육한 데서 비롯되었다. 유학의 진흥에 관심을 가졌던 성종은(986년)은 교서를 내려(정인지, 『고려사』 책 권 11, 성종 5년) 양주, 해주, 광주, 충주, 청주, 공주, 진주, 상주, 전주, 나주, 승주, 황주 등 12목에 경학박사와 의학박사 각 1명씩을 보내어 국자감에서 공부하다가 귀향한 자 및 지방유지의 자제 등을 가르치게 하여 교육을 담당케 하라는 명령을 내렸다. 향교는 성종부터 인종 때에 지방의 군·현에 하나씩 설치하여 지방의 선비를 교육하던 중등교육기관이다.

향교는 지방교육기관으로 유학을 전파하고 지방민을 교화하는 데 목적이 있었다. 이에 향교에는 공자 등 성현들을 제사하는 문선왕묘(文廟)를 두어 봄과 가을에 제사를 지냈으며 교육의 기능을 담당하는 명륜당(明倫堂)이 있었다. 그러나 국자감이나 조선시대의 향교처럼 대성당, 명륜당, 양무, 양재 등이 분리되어 있지 않았으며 사당과 수업을 한 건물로 사용해 오다가 점차 분리되는 과정을 거쳤다.

향교의 수가 점차 늘어남에 따라 교관을 중앙에서 파견하던 것을 지방의 수령이나 관리가 가르게 됨으로써 향교교육의 질적 수준이 떨어지게 되었다. 이에 향교에서 가르치는 교과목의 수도 적었을 것으로 본다. 향교가 과거 준비를 목적으로 운영되었기 때문에 제술(製述: 작문)과 명경(明經: 효경, 논어, 구경) 등을 주로 가르쳤으며, 의학, 율학, 서학, 산학 등도 가르쳤을 것으로 본다.

향교의 입학자격은 문무관 8품 이하의 자손과 서민에게 허용되었고 성적이 우수할 경우 국자감에서 공부할 수 있었다. 향교는 지방 문화 발전에 도움이 되었지만 의종 이후 쇠퇴하여 부진한 상태를 벗어나지 못했다.[43)]

(3) 학당(學堂)

고려의 대몽고항쟁이 있던 시기에 강화도에서 무신정권이 무너지고 몽고의 전란이 끝나면서 왕권이 복원되고 몽고와의 화친이 이루어지자 문신 관료 양성이 시급해졌다. 이에 원종은 1216년(원종 2년) 강화도에 동서 학당을 설치하고 각각 별감을 두어 교학과 교도의 책임을 맡게 하였다. 이 학당이 원종 11년(1270) 환도 후 개경으로 옮겼다.[44)] 동서학당은 지방에 설치된 향교 정도의 교육을 실시하였고 문묘는 없었다. 이는 순수한 유학교육기관으로 국자감의 3학에 입학할 수 없는 서민들을 위한 교육제도였다.

동서학당(東西學堂)은 후에 정몽주(鄭夢周, 1337~1392)가 공양왕 1년(1389)에서 공양왕 3년(1391) 사이에 유학 진흥을 위하여 기존의 동서학당 이외에 3부 학당을 증치하여 개경의 각 부인 동·서·남·북·중의 오부학당(五部學堂)으로 확장되었다. 이후 조선시대에는 다시 네 개로 축소되어 사부학당(四部學堂) 또는 사학(四學)이라고 하였다.

교육내용은 성리학서인 『대학』, 『중용』, 『논어』, 『맹자』와 경서인 『주역』, 『시전』, 『서전』, 『춘추』 등이었을 것으로 보고 있다. 교육방법으로는 성균관에서와 마찬가지로 질문하고 분석하고 토론하고 궁리하고 이를 실천할 것을 강조했을 것으로 본다(서울대학교 교육연구소, 1997: 74).

---

43) 향교의 교육적 기능과 문화적 기능이 확대, 강화된 때는 조선시대였다.
44) 정인지, 『고려사』, 권 74, 지 권 제28, 선거2 학교, 원종 2년.

2) 사학(私學)

고려가 추진해 온 교육정책은 성종에 이르러 결실을 맺게 되었고 교육의 진흥을 위해 관학인 국자감과 향학이 설립되었다. 그러나 국자감과 향학은 고려 왕조 내내 성공적으로 유지되지 못하고 부진하였다. 그 이유로는 첫째, 국가의 재정난이었다. 거란의 3차에 걸친 침입[45]으로 국가의 재정이 소진되었고 국자감의 운영이 위축되어 학문 연구가 부진해졌다. 문종 때에는 전쟁 때 입은 손실을 복구하고 강동 6주와 천리장성 축조 등으로 국자감을 돌볼 여력이 없었다. 두 번째 원인은 무신의 난 이후 무인정권이 세워진 것이다. 100여 년의 무인정권과 몽고의 지배는 문신을 양성하는 국자감의 쇠퇴를 가져오게 되었다. 특히 정중부의 난 이후 죽음을 면한 유학자들은 산간벽지로 들어가 불교에 귀의하는 자가 많았다고 한다.

(1) 십이도(十二徒)

국자감이 유명무실한 상태에서도 향학열이 불타는 과거 응시 지망생들은 학문할 곳을 찾았다. 개경에 있던 최충(崔沖, 984~1068)이 관직에서 은퇴한 후 72세(1055년)에 사재를 털어 사숙을 개설하였는데 이것이 문헌공도(文憲公徒)이다. 십이도는 문헌공도를 중심으로 한 열두 개의 고등 사립교육기관을 말한다.

관학의 부진으로 최충의 문헌공도에는 많은 학생들이 몰려들었기 때문에 반을 낙성재, 대중재, 성명재, 경업재, 조도재, 솔성재, 진덕재, 대화재, 대빙재 등 구재로 나누었다. 이에 이 사숙을 구재학당(九齋學堂)이라 불렀다. 구재학당의 재명(齋名)은 『주역』과 『중용』에 나온 것으로 인간의 내재적 심성을 존양하고 유학자의 도덕적 실천을 표방한 것들이다. 구재의 교육목적은 인의(仁義)와 인륜도덕을 바로 세우고 실천하는 사람을 기르는 데 있다.

45) 1차 침입 – 성종 12년(993) 10월, 2차 침입 – 현종 1년(1010), 3차 침입 – 현종 5년에서 현종 10년(1019) 8월까지 26년간의 전투였다.

구재의 교육내용은 국자감과 같은 구경(九經)과 삼사(三史) 및 제술 등이었다. 구경은『주역』,『상서』,『모시』,『의례』,『주례』,『예기』,『춘추좌씨전』,『춘추공양전』, 춘추곡양전이며, 삼사는『사기』,『한서』,『후한서』를 말하며 시부(詩賦)와 사장(詞章)도 가르쳤다.

교육방법 중 독특한 것은 하과(夏課)와 각촉부시(刻燭賦詩)였다. 하과는 여름철에 사찰을 빌려 무리 중에 급제자로 학문은 깊으나 아직 관직에 나아가지 않은 자를 교도로 삼아 학생들을 가르치게 했다. 이때 간혹 학문이 앞선 사람이 찾아오면 학생들과 함께 각촉부시, 즉 양초의 적당한 위치에 표시를 해 두고, 그곳까지 타들어 갈 때까지 시를 짓는다. 각촉부시는 일종의 속성 시 짓기 시험이었다.

최충의 구재 교육이 명성을 떨치자 퇴직 관료들이 사숙을 건립하여 최충의 문헌공도를 포함하여 열두 개의 사학이 설립되었는데 이를 십이도[46]라 하였다.

십이도가 발전하게 된 이유는 당시 거란의 침공으로 관학이 부진하였고, 향학이 발전하지 않았다. 십이도는 과거에 유리한 교육을 함으로써 발전하게 되었다. 당시의 과거는 진사과(進士科)가 주류였는데, 국자감은 진사과의 과목인 시(詩), 부(賦), 송(頌)보다는 경학(經學) 위주의 교육을 함으로써 과거에 응시하려는 귀족의 자제들이 12공도를 선호하였다. 인종 11년에 각 도(徒)의 학생이 임의로 옮겨 다니는 경우 동당감시[47]에 응시할 자격을 없앴기 때문에 학생들은 자기 출신의 도(徒)를 지켜 나가 학벌이 형성되는 계기가 되었다. 공양왕 3년(1391)에 국자감을 부흥시키기 위해 십이도가 폐지되었다. 십이도는 약 360년 동안 고려 교육의 진흥에 크게 공헌하였다.

46) 최충의 문헌공도, 정배걸의 홍문공도, 노단의 광헌공도, 김상빈의 남산도, 김무체의 서원도, 은정의 문충공도, 김의진의 양신공도, 황영의 정격공도, 유감의 충평공도, 문정의 정헌공도, 서석의 서시랑도, 설립자 미상(未詳)인 구산도가 십이도(十二徒)이다.

47) 과거의 본시험에 대한 별칭이다.

(2) 서당(書堂)과 서재(書齋)

고려시대 초등교육기관인 '서당'에 대한 기록은 찾아보기 어렵다. 아마도 서당은 고구려 경당의 영향을 받아 서민계급 미혼 자제의 교육을 담당한 지방 사설 기관이었을 것이다. 역사적으로 서당이 존재했으리라 추측하고 있는데, 인종 2년(1124)에 송나라 사신의 수행자였던 서긍(徐兢)이 저술한 『고려도경(高麗圖經)』에 서술된 내용을 통해 흔적을 발견할 수 있다.

> "마을 거리에는 경관(經館)과 서사(書社)가 두세 개 서로 마주보고 있으며, 민간의 미혼 자제가 무리를 이루어 선생에게 경서를 배우며, 좀 더 성장하면 유(類)대로 벗을 택하여 사관(寺觀)으로 가서 강습하고, 아래로 졸오동치(卒伍童稺)도 역시 향(鄕)선생에게 배운다."

이러한 기록에 따라 미루어 짐작컨대 서당이 많았던 것으로 보인다. 서당은 사학이나 십이도와 같은 교육기관에 입학하기 전 단계로 기초교육을 담당한 초급 교육기관이었을 것이다.

서재(書齋)는 초기에 사대부의 개인 독서실로 가내에 한정된 폐쇄적 성격을 띠었으나, 고려시대 후기에 와서는 점차 외부인에게 개방되고 확대된 교육기관의 성격을 지닌 사학교육기관이 되었다.

서재의 유형은 다음 세 가지로 구분된다. 첫째, 교화(敎化)형 서재로 유학의 기본교육이나 유교의 도덕교육을 목표로 한다. 둘째, 과업(科業)형 서재로 문과시험을 목표로 한다. 셋째, 위학(爲學)형 서재로 성리학의 이론 탐구에 몰두하였다. 그러나 이러한 유형이 엄격하게 분리된 것은 아니다.

3. 고려시대의 과거제도

1) 과거제도의 시행과 특징

고려시대의 과거제도는 광종 9년(958)에 중국 후주(後周)에서 귀화한 한림학사쌍기(雙冀)의 건의로 중국식 과거제도를 모방한 것이다. 그러나 고려의 과거제도는 당나라의 제도를 원형으로 하고 있으나 단순한 모방이 아니라 고려의 정치적 필요에 의해 재창조된 것이다. 과거제를 실시하게 된 배경은 왕권을 불안하게 하는 공신(功臣)이나 호족(豪族)의 세력을 견제하고 왕권을 강화하여 국가의 인재를 등용하기 위함이었다. 이후 내용을 철저히 정비하여 인종 때 과거절목(科擧節目)이라는 과거시행법을 제정하여 과거제가 완비되었다.

과거의 응시 자격은 양인(良人)이면 누구나 가능했다. 성종 6년(987) 지방의 유훈자와 경서에 밝고 이를 활용할 줄 아는 자를 천거케 하였고, 현종 15년(1024)에 여러 주와 현의 1000정(丁) 이상 세공 3인, 500정 이상에 2인, 이하에 1인을 선발하여 국자감에 보내어 다시 시험치게 하였으며, 목종(재위 998~1009)때 일반 서민이던 이주좌가 급제하여 정종(재위 1035~1046) 때 형부상서에 등용되었고, 해주인 오연총이 숙종(재위 1095~1105) 때에 급제하여 예종(재위 1105~1122) 때 증서시랑 평장사를 역임한 것으로 보아 폭넓게 과거에 응시하도록 한 것을 볼 수 있다. 그러나 반역자, 불충한 사람, 불효자, 향소부곡인(香蔬部曲人), 악공(樂工), 잡류(雜類) 등 천민의 자손들에게는 응시 자격이 주어지지 않았다. 그러나 귀족사회였기 때문에 문벌자제들이 많이 합격하였다. 응시 기회는 평민의 경우 10회, 관리는 5회가 부여되었다.

2) 과거제도의 형태와 시험과목

(1) 과거제도의 형태

과거시험에는 네 종류가 있다. 첫째, 문신을 선발 등용하는 제술과(製述科), 명경과(明經科)가 있고, 둘째, 기술관을 선발 등용하는 잡과(雜科), 셋째, 교종 및 선종의 승려를 선발하는 승과(僧科), 넷째, 무신을 선발 등용하기 위한 무과(武科)가 있다.

① 제술과(製述科), 명경과(明經科)

문신의 등용 시험인 제술과에서는 시험 단계와 시대에 따라 다르지만 시(詩),

부(賦), 송(頌), 시무책(時務策) 등을 시험과목으로 하였다. 시는 운(韻)이 10개 달린 10연(聯), 20구(句)의 배율인 10운 시가 많이 출제되었고, 운문과 산문의 절충양식인 부는 율부(律賦)가 많이 출제되었다. 제술과는 대부분이 필기시험이었으며 고려시대에는 제술과를 매우 중요하게 여겼다. 제술과에 합격한 사람을 '진사'라고 하였고 급제와 등위에 따라 갑, 을, 병으로 구분하였다.

명경과는 오경을 외우거나 토(吐)를 달아 읽고 해석하는 시험을 실시하였다. 시험과목은 상서(尙書), 주역(周易), 모시(毛詩), 춘추(春秋) 등이었다. 명경과는 구술시험으로 이루어졌다.

② 잡과(雜科)

잡과의 경우 초기에는 의업(醫業)과 복업(卜業)이라는 두 개과의 체계였다. 이후에는 법률 전문가를 뽑는 명법업(明法業), 계산을 전문으로 하는 명산업(明算業), 글씨쓰기를 위한 명서업(明書業), 의학의 의업(醫業), 점치는 것을 담당하는 주금업(呪噤業), 풍수의 지리업(地理業), 그 밖에 이속(吏屬)을 선발하는 하론업(何論業) 등의 시험이 실시되었다.

③ 승과(僧科)

승과는 교종시와 선종시 두 종류가 있고 합격한 자를 '대선'이라는 초급법계를 받고, 승진하면 '대덕', '대사', '중대사', '삼중대사'의 법계를 받았다.

④ 무과(武科)

무과는 국학 7재 가운데 무학반인 강예재가 설치되면서 과거에서 무학생을 선발한 예가 있다. 그러나 급제자 상황 등 자세한 것은 알 수 없다.

(2) 과거제도의 실시 및 절차

과거는 광종 9년인 958년부터 공양왕 3년인 1391년 433년간에 걸쳐 251회 실시되었다. 과거시험은 원칙적으로 3년에 한 번씩 실시되었으나, 실제로는 평균 2

년에 한 번씩 실시되었고 선발 인원은 일정하지 않았다.

과거의 절차는 삼층제(三層制)로 정립되었다(공민왕 18년, 1369년). 1단계는 누구나 본관지에서 향시(鄕試)[48]를 치른다. 2단계는 중앙 관부인 예부에서 주관하는 회시(會試)를 치른다. 마지막으로 임금 앞에서 전시(殿試)를 치른다. 과거제의 특징은 문장 위주의 사장학(詞章學)에서 탈피하여 철학 위주의 경학(經學)을 중시하였으며, 전시가 정규화되어 왕권이 강화되었다. 이후 초장에 불합격하면 중장, 중장에 불합격하면 종장에 응시할 수 없게 하는 제도인 삼장연권법(三場連卷法)이 도입되었다.

(3) 과거제도의 시험 과목

과거의 시험과목은 경서(經書)와 논술과목으로 나뉜다.

① 경서

- 사서(四書): 『대학(大學)』, 『논어(論語)』, 『맹자(孟子)』, 『중용(中庸)』
- 오경(五經): 『시경(詩經)』, 『서경(書經)』, 『예기(禮記), 『춘추(春秋), 『주역(主役)』
- 구경(九經): 『예기(禮記)』, 『좌전(左傳)』, 『모시(毛詩)』, 『주예(周禮)』, 『의례(儀禮)』, 『주역(周易)』, 『상서(尙書)』, 『공양전(公羊傳)』, 『곡량전(穀梁傳)』

② 논술과목

- 시(詩), 부(賦), 송(頌), 잠(箴), 표(表), 전(箋), 책(策) 등

과거의 시험과목 중 오경과 『효경』은 신라시대부터 시험과목에 포함되었고, 사서 중 『맹자』, 『대학』, 『중용』은 고려 후기부터 시험과목에 포함되었다. 특히 원나라로부터 주자학(朱子學)이 도입되면서, 주자가 주석을 달은 사서가 중시되었다.

---

48) 서울에서 합격한 자는 상공(上貢), 지방에서 합격한 자를 향공(鄕貢), 외국인 합격자를 빈공(賓貢)이라고 한다.

(4) 기타 등용정책

과거제가 시행됨에 따라 불안해진 고려의 귀족들은 자신들의 특권을 유지하기 위한 관리등용제도를 갖기 원했는데 이것이 '음서제도'이다. 음서는 5품 이상 관리의 1자(子)에게 관직을 허락하는 제도이다. 음서제도 이외에 어진 사람 또는 국가 유공자의 자손에게 과거를 거치지 않고 관리로 서용하는 '유일(遺逸)'제도가 있었다. 이를 '문음(門蔭)' 이라고도 하는데 국가 유공자의 자손에게 관직을 예외적으로 주는 제도이다.

4. 교육사상가

1) 최충(崔沖, 984~1068)

최충은 목종 8년(1005) 22세 때 과거에 장원급제하여 문종 때는 문하시중(門下侍中)을 역임하였다. 72세에 관직에서 물러나 자신의 사재를 털어 구재(九齋)를 짓고 후학을 양성하였다. 최충은 사학인 십이도의 선구자로서 '해동공자'라 불리어졌다.

교육적 인간상으로 여섯 가지의 올바른 신하 상인 성(聖), 양(良), 충(忠), 지(智), 정(貞), 직(直)을 제시하였으며 교육목적은 인의(仁義)와 인륜(人倫)도덕을 갖춘 사람을 양성하는 데 두었다. 수기치인(修己治人)의 전인적 군자학(君子學)으로서의 유학의 진흥을 목적으로 하였고 이론보다는 중용(中庸)의 실천에 있었다. 교육내용으로는『주역』,『시경』,『서경』,『예기』,『춘추』,『주례』,『효경』,『논어』,『맹자』인 구경과『사기』,『한서』,『후한서』인 삼사를 가르쳤으며 때로는 시문을 짓기도 하였다.

최충은 관직에 있을 때 왕에게 진언한 육정신(六正臣)과 육사신(六邪臣)을 강조하였는데 여기서 이상적인 관리상과 교육사상을 엿볼 수 있다(신득렬 외, 2005: 183-184, 재인용).

(1) 육정신(六正臣)

육정신이란 신하가 지켜야 할 여섯 가지 올바른 태도를 말한다.

① 성신(聖臣): 아직 형태나 조짐이 나타나기 전에 흥망의 유무를 명확히 판단하여 불미스러운 일이 사전에 예방되어 임금으로 하여금 영광스러운 자리에 있게 하는 신하

② 양신(良臣): 공평무사한 마음으로 정의를 아뢰고 임금에게 예로써 권면하여 훌륭한 정책을 펼 수 있도록 하는 신하

③ 충신(忠臣): 일찍 일어나고 밤에 들어서 자며 어진 자를 추천하는 것을 게을리 하지 않고 옛날의 사적을 칭양(稱揚)하여 임금의 의지를 격려하는 신하

④ 지신(智臣): 성패를 명찰(明察)하여 미리 방지하고 화를 복으로 전환하여 임금으로 하여금 근심이 없도록 하는 신하

⑤ 정신(貞臣): 국법을 지키고 자기의 집무에 책임을 다하며 녹과 상을 사양하며 먹고 마시는 데 검약하는 신하

⑥ 직신(直臣): 국정이 혼란할 때 행동에 아첨이 없고 비록 임금이 엄한 얼굴을 하더라도 솔직하게 임금의 과실을 직언할 수 있는 신하

(2) 육사신(六邪臣)

육사신은 잘못된 신하가 가질 수 있는 여섯 가지 태도를 말하는 것으로 다음과 같다.

① 구신(具臣): 벼슬자리에만 편안히 앉아서 녹만 탐내고 공부에는 힘쓰지 않고 세속적인 면에 관심을 가지고 움직이는 신하

② 유신(諛臣): 임금의 말이 다 옳다고 하여 임금의 이목을 즐겁게 하고 눈앞의 비위만 맞추면서 모략을 일삼고 후에 닥칠 해악은 생각하지 않는 신하

③ 간신(姦臣): 속마음은 음험하지만 겉으로는 근실한 척 보이면서 듣기 좋은 말만 하고 착한 사람을 시기하고 현명한 사람을 미워하며 자기가 추천한 사

람의 좋은 면만 강조하고 약점은 숨기며 물리치려 하는 사람의 잘못은 밝히고 좋은 점을 감추어 임금으로 하여금 상벌을 부당하게 만들어 임금의 명령이 바르게 전달되지 못하도록 하는 신하

④ 참신(讒臣): 지혜는 족히 자기 잘못을 능히 가리고 꾸밀 만하고 언변은 족히 유세할 만하여 안으로는 골육과 친척을 이간질하고 밖으로 조정에 혼란을 구성하는 신하

⑤ 적신(賊臣): 권력을 독차지하고 세력을 부리고 권력다툼을 하고 자기의 붕당을 만들어 자기 가산을 치부하며 임금의 명령을 조작하여 자신의 부귀영화를 도모하는 신하

⑥ 망국지신(亡國之臣): 임금에게 아첨과 간사로써 뜻을 맞추어 임금을 불의에 처하게 하여 당파를 맺고 임금의 총명을 가리고 흑백을 판단하지 못하게 하며 시비를 가리지 못하여 임금의 죄악이 국내뿐 아니라 이웃 나라에까지 알려지도록 하는 신하

최충은 벼슬에 나갈 청년에게 육정신이 되도록 교육하였으며 이를 통해 유학 발전에 커다란 기여를 하였다. 구재학당의 설립으로 사학의 발전은 물론 관학의 진흥을 촉진시켜 고려교육의 발전에 크게 기여한 인물이다.

2) 안향(安珦, 1243~1306)

안향은 고려 고종 30년(1234)에 경북 홍주에서 태어났다. 원종 원년(1260)에 18세의 나이로 문과에 급제하였으며 충렬왕 26년에 사망하였다. 안향은 충렬왕 16년에 왕을 따라 연경에 가게 되었는데, 거기서『주자전서(朱子全書)』를 접하게 되었고 이를 베껴 쓰고 공자와 주자의 화상(畵像)을 그려 옴으로써 우리나라에 최초로 주자학을 도입하게 되었다.

안향의 교육이념은 주자학(朱子學)에 기초하고 있었다. 그는 학생들에게 "중니(공자)의 도를 학습하고자 하면 먼저 회암(주자)을 배워야 한다. 제생은 그를 소홀히 하지 말라(회헌선생연보실기, 권1; 임채식, 2017: 44, 재인용)"고 강조하였다. 그러나 그의 교육목적은 성리학적 소양을 갖춘 인재양성에 두었다. 즉 성인의 도는 개인적 수양덕목으로 성(誠), 경(敬), 예(禮), 사회적 실천덕목으로 충(忠), 효(孝), 신(愼)의 여섯 가지 덕목을 실천하는 것을 제시하였다.

이러한 교육목적을 달성하기 위해 안향은 주자가 강조한 격물치지(格物致知) 방법을 실천해야 한다고 하였다. 즉 사물의 이치를 바로 연구하여 그 궁극적인 본질을 밝혀내려는 태도를 말한다. 또한, 알고 있는 것을 행동과 일치시켜 실천하고 존경과 예의에 근거한 교수과정을 중시하였다.

최충이 사학을 발전시켰다면 안향은 관학인 국학의 진흥에 힘썼다. 교육재정 확충을 위해 섬학전(贍學田)제도를 실시하였다. 학문을 부흥시키고 인재 양성을 위해 흥학양현(興學養賢)이라는 연금을 모았다. 충렬왕 29년(1303) 장학기관인 양현고의 재원이 부족해지자 이를 조달하기 위해 관리의 품계에 따라 일정한 재원을 기부 받아[49] 그 이자를 가지고 인재를 양성하는 데 활용하였다. 이것이 섬학전제이다.

3) 이색(李穡, 1328~1396)

이색은 충숙왕 15년(1328) 영해에서 찬성사 이곡(李穀)의 아들로 태어났다. 14세 때 성균관시(試)에 급제하였고, 충목왕 4년에 원나라 국자감에 3년간 유학하였다. 원나라의 과거시험에 합격하여 한림원까지 등용된 인재이다. 공민왕 2년 가을 정동정 향시에서 장원급제하였으며, 같은 해 원나라에 서장관으로 부임하였다. 공

49) 품계에 따라 출연금을 정했는데 6품 이상의 관리는 각각 은 한 근, 7품 이하는 포를 내는 등 차등을 두었다.

민왕 5년(1356) 귀국하여 지제교, 성균관 대사성, 지공거, 판개성부사, 예문 춘추관사 등 다양한 관직을 거쳤다.

이색은 성리학을 크게 일으킬 수 있도록 성리학에 기초하여 유학의 필요성을 역설하고 학교의 중요성을 강조하였다. 또한, 국방의 중요성을 역설하여 과거에 무과를 둘 것을 주장하였다.

이색의 교육사상을 요약하면 다음과 같다.

첫째, 성리학에 기초를 둔 이성론(理性論)을 들 수 있다. 우주의 법칙은 이(理)이고 만물을 분화시키는 것은 성(性)이라고 하였다. 사람이나 물건에도 성(性)이 있는데 이는 도(道)의 근원인 천(天; 理)으로부터 나온다고 하였다.

둘째, 심론(心論)인데, 마음이란 착한 말과 착한 행동을 보고 생기는 것이고, 이러한 마음을 유지하기 위해 노력하는 태도가 경(敬)과 의(義)이다.

셋째. 불심유성동일관(佛心儒性同一觀)으로 불교 심(心)과 유교에서 강조하는 성(性)을 동일한 관점에서 보면서 심신성명(心身性命)의 구명에 두었다.

이색은 교육목적을 성리학 이념에 기초하여 문무를 겸비한 인재양성에 두었다. 이러한 인재를 양성하기 위해 5단계의 교수법을 제시하였다. 교육방법으로 강의와 토론, 분석과 절충, 개성적 장점의 인정 등을 중시했다(한국교육학회 교육사연구회(편), 1987).

- 1단계: 본문의 내용을 강의(講義)한다.
- 2단계: 의문을 논란(論難)한다.
- 3단계: 같음과 다름을 분석하고 판별한다.
- 4단계: 이치(理致)에 적합하도록 절충을 시도한다.
- 5단계: 정(程: 법도)과 주자의 견해에 합치하도록 힘쓴다.

7장

조선시대의 교육

1. 시대적 배경

고려 공양왕 4년(1392년) 7월 17일, 이성계가 혁명을 일으켜 개경에서 태조로 즉위하였다. 그러나 태조 2년(1393) 수도를 한양으로 옮겼다. 건국이념이며 치국의 정치이념으로 유학사상을 숭상하고 불교사상을 배척하는 숭유억불(崇儒抑佛), 친명외교(親明外交), 사전개혁(私田改革)을 유지하였다.

유교의 주류는 성리학(性理學)[50]으로 성균관과 향교를 일으켜 유학을 장려하였다. 16세기에 이르러서는 서경덕, 이황, 조식, 이이 등의 성리학자들이 활동하며 조선조 유교철학의 절정을 이루었다. 조선 후기에 와서는 류형원, 이익, 정약용 등이 중국 청(淸)나라의 고증학에 영향을 받아 실사구시의 실학으로 새로운 학풍이 전개되었다.

50) 성리학의 이론적 구조를 살펴보면 다음과 같다. 하나는 우주만물의 발생과 그것의 궁극적 원인에 대한 설명 체계로 본체론(本體論) 또는 우주론(宇宙論)으로 불리운다. 이(理)와 그것의 형체를 결정하는 기(氣)로 이루어졌으며, 동시에 이(理)는 그것이 발생하는 궁극적인 원인이기도 하다. 성리학의 다른 관심은 본체론의 인간에 대한 적용인데 심성론(心性論) 또는 인성론(人性論)으로 나타난다. 인간의 본성은 본연의 성(性)과 기질의 성(性)으로 이루어지며, 그것은 각각 이(理)와 기(氣)의 작용으로 나타나는 결과이다.

조선은 엄격한 신분계급 사회였다. 신분계급은 왕족, 양반, 평민, 천민이었으며, 평민은 한양에 거주하는 자를 중인(中人), 지방에 거주하는 자를 양인(良人)이라 하여, 신분계급은 양반, 중인, 양인, 천인으로 구분되었다. 양반 출신은 유학을 배워 관리로 등용되었고 생산과 부역 등의 국가에 대한 의무가 면제 되었으며 관리가 되면 국가로부터 토지와 녹봉을 받았다. 중인[51] 출신은 잡학을 통해 기술직에 종사하거나 지방 하급관리를 담당하여 종6품까지 승진할 수 있었다.

조선시대의 사회문화적 특성을 정리하여보면 첫째, 국왕을 정점으로 하는 신분사회였으며, 둘째, 유교 중심의 숭유억불정책을 강조하였다. 셋째, 성리학의 발달과 실학사상이 대두된 점이다. 조선 전기의 교육제도는 고려시대의 교육제도를 이어받아 체계화하였으나, 임진왜란 이후 청나라의 고증학의 영향과 서양문물이 전래되면서 조선 중기 선조부터 철종까지 실학사상이 나타났고 천주교가 전파됨으로 성리학에 대한 비판이 일어났다. 고종 때부터는 서구의 교육제도를 수용하면서 근대적 교육개혁이 실시되었다(장덕삼, 2003: 109-110).

2. 교육체제의 시대적 변화

조선시대 교육체제는 태조부터 연산군 시기(1392~1506)에 확립되었다. 이 시기는 조선 왕조가 세워지면서 강력한 왕권을 확립하고 조선사회의 지배체제를 정립하기 위해 관학교육의 체제를 확립한 시기이다. 한양으로 천도하여 궁궐, 종묘, 사직, 학교 등을 세움으로써 조선의 수도로서의 기틀을 마련하였다. 조선 초기의 교육은 성균관이나 향교와 같은 관학을 통해 교육체제를 확립하였고 성리학적 이념을 상류사회로부터 민중들에게 보급하는 교화정책이 정립되었다.

성리학적 교육사상의 발전과 사학이 발달한 시기는 중종 때부터 경종 때이다(1506~1724). 이 시기는 훈구파와 사림파가 형성되어 갈등이 심했던 시기이다. 훈

51) 양반이 서울의 북촌이나 남촌에 살았던 것에 비해 중인은 서울의 중앙에 모여 살았다고 하여 붙여진 이름이다.

구파(勳舊派)는 세조 집권 이후의 공신으로서 정치적 실권을 세습적으로 장악하고 왕실과 혼인을 통해 성장한 세력이다. 이들은 조선 초기의 관학파 학풍을 이어받아 문물제도 정비에 큰 기여를 하였다. 사림파(士林派)는 지방의 중소지주 출신을 말한다. 이들은 성종 16년(1485) 이후 훈구파에 대응하는 정치세력인 사림파로서 모습을 갖추었다. 그러나 무오사화[52]와 갑자사화[53] 이후에 그들의 입지를 잃게 되었다. 이들의 세력이 확대된 계기는 조광조(1482~1519)가 중용되면서부터이다. 그 후 기묘사화[54]가 있은 후 사림파는 낙향하여 서원과 향약 등을 통하여 향촌사회에 기반을 확대해 갔다. 이후 조식과 이황으로 대표되는 영남학파와 이이와 성혼으로 이어지는 기호학파로 발전해 갔다.

다음은 실학사상의 성립기(영조~고종: 1725~1876)이다. 사림파를 중심으로 형성된 학파는 17세기에 들어 붕당정치에 휘말리면서 성리학적 명분과 의리사상이 변질되어갔다. 서원도 교육기관으로서의 역할보다는 자기 학파나 당파의 입지를 강화하기 위한 도구로 변질되었다. 이러한 시대 상황에서 현실 중심의 개혁론인 실학사상이 대두되었다. 유형원은 학교제도와 과거제도의 개혁을 주창하였고, 정약용은 실학을 집대성하여『오학론』과『아학편』을 저술하였다.

마지막으로 근대교육의 도입기(고종 13년~순종 4년: 1876~1910)이다. 고종은 서구의 교육제도를 수용하면서 서구의 교육체제, 교육사상, 교육내용, 교육방법을 받아들였다. 서양식 학교가 건립되고 새로운 교육운동이 일어났다. 일본과의 을사늑약 이후에는 민족교육운동이 일어났으며 민족의 자주성 확립을 위한 교육이 전개되었다.

52) 연산군 4년, 1498년에 훈구파 유지관이 김일손 등 사림파에게 화를 입힌 사건이다.

53) 연산군 10년, 1504년에 폐비 윤씨의 복위 문제가 쟁점화되면서 아버지 성종이 자신의 어머니를 폐비시킬 때 찬성한 사림파 김굉필 등을 사형에 처한 사건이다.

54) 중종 14년, 1519년에 홍경주 등의 훈구파에 의해 조광조 등의 사림파들이 축출된 사건이다.

3. 교육제도

조선의 교육정책은 첫째, 관학(官學)을 정비하여 국가의 인재를 양성하려는 관학 부흥책으로 중앙에 성균관과 사학(四學), 지방의 향교(鄕校)를 세워 관학을 정비하고 확충하였다. 둘째, 일반 백성에 대한 교화(敎化)정책을 강화하였다.

1) 관학(官學)

(1) 성균관(成均館)

조선의 성균관은 고려 말부터 국자감의 명칭을 개칭하여 사용하기 시작했고 조선시대에도 그대로 명칭을 사용하였다. 조선 최고의 교육기관인 성균관은 태조 7년(1398)에 설립된 유교교육기관이다. 성균관은 국가제도를 정비하고 지배층의 교양과 사회적 습속을 바꾸기 위해 성리학을 연구하고 보급하는 역할을 담당했다. 무엇보다도 국가를 이끌어 나갈 관리를 양성하는 역할이 가장 중요했다.

성균관의 구조는 문묘(文廟)와 학교로 나뉜다. 문묘는 대성전(大成殿)과 동무(東廡), 서무(西廡)로 이루어졌는데, 이곳에 공자를 위시하여 유학 발전에 기여한 선현들의 위패(位牌)가 있었다. 그중 조선의 유학자도 포함되어 있었다고 한다. 문묘를 설치하여 국왕이 직접 참배하고 춘추에 석전제(釋奠祭)를 거행하였다. 이는 선현존중을 강조하는 유교의 근본 취지이기도 하지만, 국가의 통치이념에 대한 국왕의 관심을 상징적으로 나타내는 것이기도 하였다.

학교는 명륜당(明倫堂)과 동재(東齋), 서재(西齋)로 이루어져 있는데, 명륜당은 유학의 경전을 가르치는 학당이고 동재와 서재는 유학생들의 기숙사이다. 이렇듯 성균관은 종교적 기능과 교육의 기능이 합쳐진 묘학제(廟學制)였다. 그 밖에 문묘와 제사를 관장하는 향관청(享官廳)과 도서관인 존경각(尊經閣), 공자, 맹자, 안자, 자사의 부친에게 제사를 지내는 사당인 계성사(啓聖祠), 과거장인 비천당(丕闡堂), 임금이 성균관에 거동하여 성현에게 제사하고 활을 쏘는 육일각(六一閣), 교육재정을 비축하는 곳인 양현고(養賢庫)가 있었다.

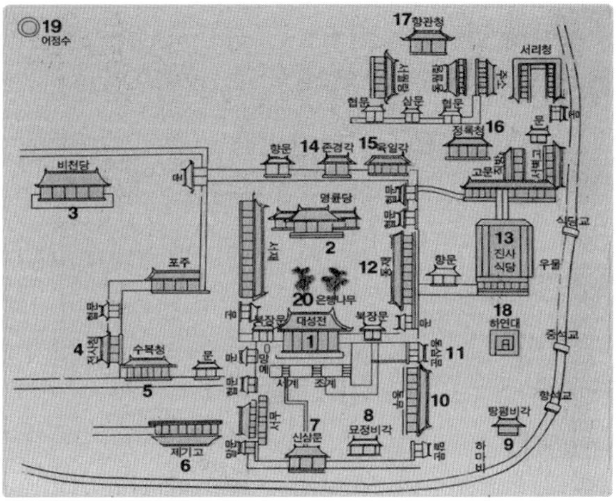

그림 - 성균관의 건물 배치도
출처: 성균관 홈페이지(http://www.skkok.com)

성균관에서 가르친 내용은 시대에 따라 변화하였다. 고려 전기에는 원나라가 고려를 지배하면서부터 주자학이 수용되고 원나라의 교육제도와 과거제도를 따르게 되자, 경전교육은 사서오경이 중시되었다. 고려 전기에는 오경이 경전교육의 중심이었다면 고려 후기에는 주자가 집주(集注)한 사서가 중심과목이 되었다. 따라서 성균관에서는 사서(대학, 논어, 맹자, 중용), 오경(예기, 춘추, 시경, 서경, 주역)과 역사서(사기, 삼국사기, 고려사 등)만 읽게 했다. 노장(老莊)의 도가서나 불경, 제자백가의 글은 읽어서는 안 되고, 이를 위반하면 벌을 주었다. 또한, 부(賦), 송(頌), 시(詩)의 글 짓는 것과 책(策: 시무를 논하는 것)을 강조하였다. 서법(글자쓰기)은 일점일획을 정확히 독립시켜 쓰는 서체인 해서(楷書)를 위주로 하였으며 해서를 쓰지 않는 자는 벌하였다.

교육방법으로는 20일은 경서를 가르치고 4일은 고강(考講)[55], 6일은 제술하는 한 달 단위의 교육활동을 하였다. 또한, 단계적 계열에 의한 학습으로 대학재, 논어재, 맹자재, 중용재, 예기재, 춘추재, 시재, 서재, 역재 순으로 학습하는 구재

55) 강(講)이란 학습한 문장을 암송하고 그 뜻을 문답하는 전통적인 교수방법이다. 암송하는 데 그치지 않고 뜻을 제대로 파악하는 데 중점을 둔 활동이다. 학생들은 암송 후에 문답을 통해 글의 의미를 분명히 파악하고 자신의 것으로 내면화하였다. 또한, 강은 학업평가도 겸하였다. 강을 통한 학업평가는 대통, 통, 약통, 조통, 불통의 5단계로 나누어지거나, 통, 약, 조, 불 4단계로 나누어졌다.

법을 활용하였다. 즉 한 과목을 시험에 합격하면 다음 공부를 하였다.

성균관의 수학 기간은 정해져 있지 않았다. 그러나 정규 과거시험인 대과에 응시하기 위해서 반드시 일정기간 수학해야 하는 원점제(圓點制)라는 출석제도가 있었다. 아침과 저녁에 식당에서 유생들의 출석여부를 확인하여 원점으로 표기하였다. 성균관에 출석일수가 300일 이상이 되어야 대과에 응시할 수 있었다. 그러나 조선 초기가 지나면서 성균관에서 수학하는 인원이 정원에 미치지 못했다고 한다. 그 이유는 국가가 성균관에 대한 실질적인 관심과 지원이 부족했으며 또 다른 이유는 비정규 과거시험이 실행됨에 따라 원점제도가 그 의의를 잃어가게 되었다. 즉 성균관에서 일정 기간 수학하지 않아도 응시할 수 있는 과거시험이 늘어갔다.

평가방법으로는 강경과 제술이 있었다. 강경(講經)의 경우 매일 실시되는 경전의 암송시험인 학관일강(學官日講), 한 달에 한 번씩 예조에서 실시하는 경전의 암송시험인 예조월강(禮曹月講)이 있었다. 강경시험의 평가 방법은 다음과 같다.

- 대통(大通): 끊어 읽는 것이 분명하고 해석이 막힘이 없으며 한 가지 경서의 의미를 다른 경서와 관련하여 깊이 이해한 경우
- 통(通): 한 가지 경서를 깊이 이해한 경우
- 약통(略通): 한 가지 경서의 한 장(章)의 의미를 정확하게 해석할 수 있는 경우
- 조통(粗通): 한 장의 요지를 이해하고 있으나 설명이 미진한 점이 있는 경우
- 조통(粗通) 이하는 벌하였다.

제술(製述)에는 열흘에 한 번씩 실시되는 제술시험인 학관순제(學官旬製), 3월 3일과 9월 9일에 두 차례에 걸쳐 의정부·6조·예문관·홍문관 등의 제관당상(諸館堂上)이 실시하는 춘추(春秋年考)가 있었다. 우등자 3명은 문과 대과의 복시에 응시할 수 있는 자격을 부여했다.

성균관의 정원은 200명이었고 입학자격은 양반으로 제한하였으며, 양반 자제라 하더라도 생원과 진사에게 주어졌다. 이들이 입학하면 상재생(上齋生)이 되었

다. 생원과 진사만으로 정원이 부족할 경우에는 다음과 같은 조건의 사람들이 입학할 수 있었고 이들은 하재생(下齋生)이 되었다. 즉 15세 이상 사학의 학생으로 『소학(小學)』과 사서, 일경에 능통한 자, 문과 생원·진사의 향사나 한성시에 합격한 자, 유음(有蔭: 현관, 음관)의 적자로 『소학』에 통한 자, 조사(朝士: 조정에서 벼슬을 하는 모든 신하)로 입학을 원하는 자, 경향유학(京鄕留學), 즉 서울에 와서 공부하는 학생으로 우수한 자가 입학할 수 있었다.

성균관에는 재회(齋會)를 통한 자치활동이 있었다. 동재와 서재에 장의(掌議) 각 1인을 두며 재회를 대표하여 재회 소집, 유생 처벌, 공천 등에 영향을 미쳤다. 또한, 동·서재에 각 1인의 재학생 대표인 상색장(上色掌)과 동·서재에 각 1인의 신입생 대표인 하색장(下色掌) 있었다. 이들은 국가 시책의 실정과 성균관 교풍의 위배에 대해 상소를 올렸는데 이것이 관철되지 않거나 보복조치를 당하면 집단행동에 들어갔는데, 예를 들어 식당에 들어가지 않는 권당(捲堂), 수업을 거부하는 공재(空齋), 자퇴를 결의하는 공관(空館)이 있었다.

『경국대전』에 기록된 성균관의 직제를 살펴보면 다음과 같다.

〈표 3〉 **성균관 직제**

품계	직명	인원수
정이품	지관사	1
종이품	동지사	2
정삼품	대사승	1
종삼품	채 주	2
정사품	악정	3
정오품	직강	4
정육품	전적	13
정칠품	박사	3
정팔품	박정	3
정구품	학록	3
종구품	학유	3
계		38

출처: 신득렬 외(2005). 쉽게 풀어 쓴 교육철학 및 교육사, 194.

(2) 사학(사부학당: 四部學堂)

사부학당은 고려시대의 오부학당을 그대로 계승한 교육기관으로, 태종 11년(1411) 남부학당의 건립이 계기가 되었다.[56] 사학이란 서울에 동학, 서학, 남학, 중학을 일컫는 말이다. 성균관의 부속학교로 중등 수준의 유학 교육기관이다. 지방의 향교가 독립적인 교육기관인데 비해 사학은 성균관의 부속학교였다. 사학에는 문묘를 두지 않았고 성균관처럼 기숙제 학교였다. 사학은 정원이 각각 100명(총 400명)으로 성균관의 교관이 겸직하여 가르쳤다. 그러나 성종 8년(1477) 이후 교관의 겸직을 폐지하고 사학을 전담하는 교관을 두었고 교육의 전문화와 안정을 기하기 위해 구임법(久任法: 일을 오래 맡김)을 제정하여 실시하였다. 이 법을 제정한 이유는 인품이 뛰어나고 경학에 능한 인물을 교육기관에 오래 머물게 함으로써 효과적인 교수와 지도가 이루어질 수 있다고 보았기 때문이다. 다른 이유는 교관으로 임명된 자들이 곧 더 나은 자리로 이동해 가기 때문에 교관의 수급이 원활하지 않았기 때문이다.

사부학당의 교육목적은 성균관을 진학하기 위한 기초 지식을 습득하는 것이었다. 교육내용으로는 『소학』, 『효경』, 사서오경, 『문공가례집』, 『제사(諸史)』, 『초사(楚辭)』, 『문선(文選)』, 『역대제가시(歷代諸家詩)』 등이었다. 특히 『소학』을 강조하였는데, 이는 유교 사회의 도덕규범에서 기본적이고 필수적인 내용을 수록한 책이기 때문이다. 『소학』은 성균관 진학을 위한 시험인 '승보시(陞補試)'의 주요 과목 중 하나였다.

사학의 입학자격은 양반과 서민의 자제로 10세 이상을 원칙으로 하였으며 문종 때 와서는 8세 이상으로 하였다. 15세에 이르러 사학을 마치고 성적이 우수하면 성균관에 진학하였다. 사학의 재정은 모두 국가가 담당했다. 따라서 국가는 사학을 철저히 감독하였다. 매 5일마다 시험을 치렀고 감독기관인 예조에서 매

56) 사학은 원래 고려 말 원종 2년(1261)에 창설된 동서학당이 기원이다. 고려 말 공양왕 때 정몽주의 주도로 오부학당으로 늘어났다. 그런데 세종 6년(1426)에 북부학당이 폐지됨으로 사부학당이 되어 고종 31년(1894)까지 유지되었다.

월 시험을 실시하고 1년 성적을 왕에게 보고하였다. 학생들 중 우수자 10명을 선출하여 생원시와 진사시의 초시에 응시할 자격을 주는 특전이 있었는데 이를 보시(補試)라고 한다.

이렇듯 경화자제들이 사학에 학적만 두고 여기서 실시하는 사학 학생들을 대상으로 한 특별시험인 6월에 실시하는 도회(都會)[57]나 알성시(謁聖試)[58], 사학합제(四學合製)[59]를 통해 소과(생원시, 진사시)의 복시에 응시할 수 있는 특전을 주었다. 이런 현실에 대응하기 위한 청금록(靑衿錄)이라는 학적부를 만들어 여기에 모두 등록하게 하고 일정 기간 동안 이곳에서 수학하도록 하였다.

(3) 향교(鄕校)

향교는 고려시대에 설립되어 조선시대에 발전된 지방교육기관이다. 국가가 지방의 주·부·현으로 대표되는 전국 300여 개의 단위행정구역에 하나씩 설립한 중등 수준의 관학으로 성균관을 축소한 유학교육기관이었다.

향교의 조직과 기능 그리고 구조는 성균관과 유사한 특징을 갖고 있다. 향교는 크게 문묘와 학교로 구성되어 있어 문묘의 기능과 교육기능을 하면서 동시에 사회교화, 향풍순화 등의 사회 교육적 기능을 수행했다. 향교는 지방 유생들을 교육하여 상급학교로의 진학 및 중앙 진출의 통로였기 때문에 지방 지식인들에게 향교는 매우 중요한 교육기관이었다.

성종 때 완성된 '경국대전'에 의하면 전국이 329개 행정구역으로 이루어졌는데 부(府)가 4개, 대도호부가 4개, 목이 20개, 도호부가 44개, 군이 82개, 현이 175개가 있었다. 전임 교관으로는 도호부 이상의 72개 구역에는 종6품의 교수 1명을,

57) 사부학당 학생들의 권학을 위하여 매년 6월 제술과 경서를 시험하여 우수한 학생을 뽑아 소과의 복시에 응시할 기회를 주었다.

58) 왕이 문묘에 참배한 뒤 성균관에서 실시하는 시험인데, 성균관의 학생과 4부의 학생 모두 참여할 수 있었다. 시험성적이 우수한 사학의 학생에게는 소과의 복시에 응시할 기회를 주었다.

59) 사학 학생들의 학업권장을 위해 소과의 초시를 대신하여 실시한 시험으로 성균관의 대사성이 주관하였다. 시험과목으로 제술에서는 부(賦) 1편, 고시(古詩) 1편이었고, 고강에서는 사서(대학, 논어, 맹자, 중용)를 암송하게 하였다. 제술에서 16명, 고강에서 8명을 선발하여 소과의 복시에 응시할 자격을 주었다.

군 이하의 257개 구역에는 종9품의 훈도 1명을 임명하였다.[60]

향교를 세운 목적은 통치에 필요한 관료를 양성하는 것과 통치체제의 정치이념에 입각하여 백성을 교화하는 데 있었다. 조선 초기에는 300개가 넘는 향교가 세워졌고 각 지방 수령들의 승진 기준 중 하나가 학교교육을 진흥시키는 것이었다. 향교교육에 대한 진흥책으로 향교교육에 대한 평가는 수령과 관찰사가 실시하였다. 각 군의 수령은 유생의 일과 및 학습 결과를 매월 말, 관찰사에게 보고하고, 관찰사는 학령에 의해 권징(勸懲: 임시시험)과 교사의 근무 평정을 하였다. 각 도의 관찰사는 그 도의 향교 유생들을 모아 시험을 치른 후 우등생 몇 명을 선발하여 생원시와 진사시의 복시에 바로 응시할 수 있도록 하는 제도인 도회(都會)를 열었다.

향교 유생들에게는 군역과 호역이 면제되는 특권이 있었다. 선조 19년(1586)에는 중앙정부에서 제독관(提督官) 제도를 두어 전국 각 도에 제독관을 파견하여 향교를 감독하고 학생들을 교도하는 등의 지방 교육에 관심을 기울였다.

향교는 과거준비기관의 역할을 함으로써 지방민의 중앙정치 무대로의 진출이라는 욕구를 충족시켜 주었다. 그러나 시간이 지나면서 교관의 질이 떨어지고, 계속된 병란과 흉년 및 서원의 발흥으로 향교는 학교로서의 기능을 점차 잃게 되었다. 그럼에도 향교가 존속된 것은 백성을 교화하여 체제를 안정시키는 기능과 석전제향(釋奠祭享)을 통해 사회교육의 기능을 담당하였기 때문이다.

교육내용은 유교적 규범에 관련되는 교과인 『소학』을 비롯한 유교경전(사서오경 등)이 중심이었고 약간의 실업교육 예를 들어 농업과 잠업(蠶業) 등도 가르쳤다.

입학자격은 경국대전을 비롯한 각종 법전에 16세 이상으로 기록되어 있다. 16

---

60) 조선시대 관학의 교관은 모두 중앙 정부에서 선발하여 파견하였다. 교관으로는 교수관(敎授官)과 훈도관(訓導官)이 있었다. 6품 이상은 교수관이라 하고 7품 이하는 훈도관이라 하였다. 자격이 있는 교관이 충분히 확보되지 못하여 대과에 합격하지 못한 생원이나 진사를 교관으로 파견할 경우 이들을 교도(敎導)라고 불렀다. 교관의 연령은 40세부터 70세로 한정하였다. 대과에 합격하여 자격을 갖추었다 하더라도 나이 40세가 되어야 교관으로 파견하였다. 경국대전에 의하면 교관의 임기는 900일이라고 되어 있다.

세 미만인 사람도 향교에 와서 공부할 수는 있으나 정규학생으로는 간주하지 않았다. 향교에 머물 수 있는 연령의 상한선은 40세까지였다. 유생의 정원은 성종 때 부, 대도호부, 목은 각 90명, 도호부에는 70명, 군에 50명, 현에는 30명으로 하였고, 16세 이하는 예외로 하였다. 향교에 입학할 수 있는 자격에 있어 법제상으로 신분을 규제한 곳은 없다. 그러나 과거에 응시할 수 있는 양반과 양인의 자제들이 입학하였던 것으로 추정한다.

(4) 왕실교육기관

왕실의 임금과 세자 그리고 종친들을 위한 교육기관으로 경연(經筵)과 세자시강원(世子侍講院) 그리고 종학(宗學) 등이 있었다.

경연은 국왕에게 학문과 치국(治國)의 도(道)를 강론하고, 때로는 국가의 정책을 논의하기도 하였다. 경연의 관원은 국왕이 정책 결정을 하는 데 많은 영향을 미쳤다고 한다.

세자시강원은 왕세자의 교육을 담당하는 곳으로 유학의 경서와 역사를 가르쳤다. 관원은 모두 문관으로 임용하였으며, 영의정과 좌우의정 및 찬성을 비롯한 고관들이 주로 교육을 담당하였다. 그 밖에도 몇 명의 사무직원을 두었다.

종학(宗學)은 세종 10년(1428)에 왕족의 자제들을 위하여 세운 교육기관으로 왕족 자제들의 행실을 교정하고 순화하는 데 목적을 두었다. 종학은 조선시대에 신설된 교육제도이며 예조에서 관장하지 않고 종부시(宗簿寺)의 감독을 받았다.

교육의 내용은 성균관과 사학에서 배우는 것과 같이 경술과 문예를 주로 하였고 특히 『소학』을 중요한 과목으로 가르쳤다. 종학의 직제는 세종 12년(1430)에 종학학식(宗學學式)을 세워 종학의 체계를 확립하였다. 세종 15년(1433)에 종학박사 6인과 관원으로 도선(導善), 전훈(典訓)을 각 1인, 사회(司誨) 2인을 두면서 종학에 근무하는 학관은 성균관의 사성 이하 전적 이상의 관원으로 겸직하게 하였다.

종학의 입학자격은 15세 이상의 종친[61]의 자제이며 대군(大君) 이하만 입학할 수 있었고, 설립 당시에는 정원이 40명이었으나 이후 50명으로 증원되었고 성종 때는 150명까지 늘어난 때도 있었다. 종학의 교육은 매우 엄격하였는데 이는 왕실의 위엄을 떨어뜨리는 일을 미연에 방지하고 왕족의 위엄과 교양을 고취시키기 위함이었다.

(5) 잡학(雜學)

잡학은 국가 운영에 필요한 전문기술인력으로서의 실무자를 양성하기 위해 만들어진 것으로 중인 계급이 교육의 대상이었다. 이들 분야의 기술인력은 별도의 전문교육기관에서 양성한 것이 아니다. 해당 분야의 업무를 관장하는 기관에서 양성 과정을 설치하여 교육시키고, 과거시험이나 재능이 있는 사람을 뽑아 등용하였다. 역학, 의학, 율학 등의 경우는 지역적 필요에 따라 지방관과 향교의 교수가 이를 주관하여 양성하였다. 세종 12년(1430)에 재정비된 잡학의 유형을 살펴보면 다음과 같다.

① 유학(儒學)

일반적으로 하급관리를 양성하는 것이 목적이다. 실무에 필요한 유학적 교양을 쌓도록 했으며 예조(禮曹)에서 담당하였다.

② 무학(武學)

무인 관리 양성을 목적으로 병조(兵曹)에서 담당하였다. 무과 교육의 하나로 군사 장비에 대한 제작을 맡은 군기시(軍器寺), 경공장 등에 기술 인원을 두어 갑옷, 화살, 활, 화약 등을 제조하였는데, 이는 관계기관 내에서 기술이 전수되는 것으로 보인다.

61) 종친은 왕족의 부계로서 임금의 적자계(嫡子系)는 4대손까지이고 서자계(庶子系)는 3대손까지이다.

③ 이학(吏學)

태종 8년(1408) 문서응봉사(文書應奉司)에서 관장하며 공문서를 작성하는 하급관리를 양성하는 데 목적이 있었다. 태종 11년(1411) 6월에 승문원(承文院)으로 개칭하였다. 정원은 30명이었고, 예조에서 매월 시험을 통해 우수한 자를 채용하였다.

④ 자학(字學)

문서관리와 교정 등의 일을 담당하는 하급 관리를 양성하는 것이 목적이었고, 교서관(校書館)에서 담당하였다. 자학은 태조 2년 6학 실시와 함께 실시하여 세조 12년 이후 없어졌다.

⑤ 역학(譯學)

통역관의 양성을 목적으로 사역원(司譯院)이 담당하였다. 지방은 지리적으로 외국과 인접한 몇몇 지역의 해당 관아에서 담당했다. 외국어로는 한학(漢學: 중국어), 몽학(蒙學: 몽고어), 여진학(女眞學: 청학), 왜학(倭學: 일본학)으로 대별된다.

⑥ 음양학(陰陽學)

관상감(觀象監)에서 담당하였고, 명과학, 지리학, 천문학으로 구분되었다. 조선 초기부터 중국의 역법(曆法)을 수정하여 우리나라에 맞는 역법을 제작하고 기상을 관측하며 강우량을 측정하는 등의 사업이 시행되었다. 지리학과 천문학에는 교수, 훈도 각 1명씩 두었으며. 명과학(음양학)에는 훈도만 2명 두었다. 입학자격은 20세 이상의 능력이 있는 양가 자제를 원칙으로 하였다.

⑦ 의학(醫學)

각 행정구역에서 실시되었고 중앙에는 전의감(典醫監)과 혜민서(惠民署)에서 담당하였다. 생도의 수는 전의감에 50명, 혜민서에 30명, 총 80명이었다. 전의감과 혜민서의 생도는 지방 각 관의 의학원 생도 중 그 기술이 우수한 자가 선발되었다.

⑧ 악학(樂學)

악공(樂工)을 양성하는 것을 목적으로 장악원(掌樂院)에서 담당하였다. 장악원은 악곡의 제작, 악보의 편찬, 악기 제조, 악공 양성 등 음악에 대한 모든 것을 관장하였다. 장악원은 악사, 악생, 악공으로 구성되었다. 악학은 세조 이후에는 천시하여 평민 또는 천민 자제들이 입학하였다.

⑨ 산학(算學)

산학은 출납, 회계를 전담할 관리 양성을 목적으로 호조(戶曹)에서 담당하였다. 호조에서는 산학 교수 1명과 별제 1명, 훈도 1명을 두었다. 입학하는 자는 대체로 양가의 자제와 3품 이상의 첩자손도 들어갈 수 있었다.

⑩ 율학(律學)

국가 행정에 관한 법률을 교육하기 위하여 중앙에서는 형조(刑曹)에서 담당하였으며, 지방에서는 관청에서 일정한 수의 학생을 대상으로 율학을 가르쳤다. 형조에는 교수 1명, 별제 2명, 훈도 1명을 두고 학생은 40명이었다. 율관이 되면 병역(군역과 향역)이 면제되었기 때문에 이를 이용하는 사람이 많아지자 국가에서는 이들에게 바로 취직하게 하고 취직하지 않을 경우 향역을 다시 부과하거나 군역에 종사하도록 하였다.

⑪ 화학(畵學)

국가에 필요한 도서의 삽화, 도면 제작, 초상화, 중국화의 모사(模寫) 등의 작업을 담당하는 사람을 양성하기 위해 도화서(圖畵署)에서 담당하였다. 화학의 생도는 신분에 제한 없이 그림에 소질이 있으면 서인뿐 아니라 천인도 입학할 수 있었으며 3품 이상의 첩자손도 입학 가능했다.

2) 사학(私學)

(1) 서원(書院)

서원은 지방에 세워진 향교 수준의 사학(私學)이다. 사학은 16세기 중반에 등장하였는데 그 이유는 첫째, 성균관과 사학(四學), 향교와 같은 관학이 유학교육기관으로서의 역할을 제대로 수행하지 못했기 때문이다. 둘째, 새로운 지식 집단인 사림(士林)이 성리학에 대한 연구를 통해 학문적 성장이 이루어졌고 그 기반 위에 지식인 사회가 형성되기 시작했기 때문이다.

최초의 서원은 중종 38년(1543) 풍기군수였던 주세붕(周世鵬)이 고려 말 성리학 도입에 공헌한 안향(安珦)을 추념하기 위하여 세운 백운동서원(白雲洞書院)이다. 백운동서원이 세워지기 전 중종 37년에 지방 유학자들의 연구 풍토와 사기를 돋우기 위해 안향의 사묘를 먼저 지었고, 그 이듬해에 그 옆에 서원을 지었다. 백운동서원의 특징은 사묘가 먼저 지어졌고 학교로서의 서원은 부수적 기구로 출발하였다. 그 후 지방 유생들의 교육의 거점이 되면서 강학의 비중이 확대되었다. 백운동서원은 명종 5년(1550) 당시 풍기군수였던 이황(李滉)의 건의로 국왕으로부터 친필로 쓴 '소수서원(紹修書院)'이라는 편액을 하사받아 최초로 국가 공인 '사액서원(賜額書院)'[62]이 되었다.[63]

서원은 선현에 대한 존경심을 기르고 백성을 유교적으로 교화시키는 것을 교육의 목적으로 두었다. 그러나 서원은 후기로 가면서 입신출세의 지름길인 과거 시험 준비의 장이 되었다. 서원의 교육내용과 교과목은 과거의 시험과목과도 관계가 있다.

교육내용은 『소학』, 사서오경, 『심경』, 『근사록』 등 성리학 위주의 교과를 가르쳤다. 또한, 선현에 대한 제사를 통한 의식교육에 중점을 두었다. '백운동서원'의

62) 사액서원이란 면세와 면역의 특권이 주어지고 국가에서 토지와 서적, 노비 등을 제공하는 서원을 의미한다.

63) 백운동서원이 사액을 받는 과정에서 주도적 역할을 했던 이황의 영향으로 서원을 사림이 공부하는 학교로 규정하고 사묘는 부수적인 기구가 되었다.

원규에 의하면 입학자격 생원과 진사, 생진과의 초시 합격자, 생진과의 시험에 합격하지 못했지만 향학열이 높고 행실이 바른 자를 유사가 유림이 승인을 받아 허락하였다.

서원에는 사우(祠宇), 강당(講堂), 동재(東齋)와 서재(西齋), 정자(亭子)가 있었다. 사우는 서원의 가장 뒤쪽, 가장 높은 곳에 위치하여 돌아가신 스승의 위패를 모시고 제사를 지내는 곳이다. 강당은 서원의 가장 중심 건물로 공부하는 곳이다. 동재와 서재는 강당의 오른쪽과 왼쪽에 위치하여, 서원의 원생들이 기거하는 기숙사로 책을 읽으며 그 의미를 심사숙고하는 곳이다. 정자는 서원 원생들의 휴식이나 여가를 위한 공간이다.

서원과 다른 교육기관과의 차이는 다음과 같다(장덕삼, 2003: 129-130).

첫째, 세속을 떠나 산수 좋고 한적한 곳에 위치해 수양과 학문을 하기에 적합한 환경을 가지고 있었다.

둘째, 관학에 비해 나이나 학칙의 규제를 받지 않고 자유롭게 학문을 연구할 수 있었다.

셋째, 성균관이나 향교가 공자를 비롯한 4성 10철 6현과 문묘향배자를 모셨다면 서원은 우리나라의 명유공신(名儒功臣) 중 특정한 한 사람의 이름난 선현을 모셨다.

넷째, 향교의 교육적 기능이 쇠퇴하면서 서원이 이를 대신하여 지방의 문화와 교육을 진흥시키는 데 기여한 바가 크다.

서원은 17세기 말부터 급격히 증가하면서 서원의 성격이 변질되었다. 즉 서원이 사림의 강학 장소이기보다 그들 중심의 사회기구로 변모해 갔다. 중앙 정계의 집권세력들도 서원 건립 등을 통해 정치적, 학문적 입장을 공고히 하고 사림 세력의 확장을 도모하여 당쟁의 온상이 되었다. 고종 1년(1864)에 서원의 모든 특권을 철폐하고, 고종 8년(1871) 대원군이 서원을 철폐함으로 697개소에서 47개로 축소되었다.

(2) 서당(書堂)

서당은 고구려의 경당에서 비롯하여 고려시대를 거쳐 조선시대에 크게 발전한 사립 초등교육기관으로 유학의 기초교육과 향풍순화의 기능을 담당했다. 초기에는 개인적인 서재서당이 대부분이었으나 중·후기에는 공동체적 성격의 향촌서당이 주류를 이루었고, 서당에는 제사가 없었다.

서당에서는 『소학』 단계에 있는 8~9세에서 14~15세의 남자 아동들을 대상으로 하였으나 20세 내외 또는 25세 이상의 학생도 있었다. 서당에서는 문자 교육을 겸한 한문교육과 유학의 입문교육이 이루어졌고 도덕적 향풍을 수립하는 데 기여하였다.

① 서당에서 사용한 교재와 교육방법

서당에서 사용한 교재는 『천자문(千字文)』[64], 『소학(小學)』[65], 『훈몽자회(訓蒙字會)』[66], 『동몽선습(童蒙先習)』[67], 『신증유합(新增類合)』[68], 『아희원람(兒戱原覽)』[69] 등이 있으며 주로 책을 읽고 그 내용을 해석하였다. 특이한 점은 계절에 따라 교과 내용을 달리하였는데, 봄이나 가을에는 사기나 고문을 썼다. 여름에는 머리를 쓰지 않는 학습으로 시나 율을 읽고 지었으며 겨울에는 경서를 읽었다.

② 서당의 교육내용

서당의 교육내용은 강독, 제술, 습자가 있었다. 강독은 『천자문』부터 시작하여 『동몽선습』, 『통감』, 『소학』, 『명심보감』, 사서, 삼경, 『사기』, 『당송문』, 『당률』

---

64) 주흥사(470~521)가 엮은 것으로 오랫동안 서당의 입문서로 활용되었다.

65) 『동몽선습』이 보급되기 전 매우 중요한 책으로 주자가 감수하여 편찬하였다.

66) 중종 22년(1527) 최세진이 어린이들의 한자 학습을 위하여 지은 책이다.

67) 중종 36년(1541) 박세무가 인간의 다섯 가지 도리인 오륜(五倫)과 우리나라와 중국의 역사를 간단하고 쉽게 익히도록 만든 아동용 윤리교과서이다.

68) 천자문에 나타난 중국의 역사와 도덕에서 벗어나 우리 실정에 맞는 인륜을 유목화한 것으로 선조 9년 유희춘이 증보·수정한 책이다.

69) 조선 말기 장혼이 아동교육을 위해 만든 책으로 순조 3년(1803) 간행되었다. 다른 윤리서와는 달리 '일반 서민을 대상으로' 구성되어 있다.

로 점차 강도를 높였다. 서당에 따라서『춘추』,『예기』,『근사록』을 읽히기도 하였다. 제술은 오언절구, 칠언절구, 사율(四律), 십팔구시, 작문(作文) 등을 가르쳤으나 벽촌에 있는 서당에서는 제술을 전혀 가르치지 않는 곳도 있었다. 습자는 처음에 해서(楷書)를 연습시켜 어느 정도 익숙해지면 행서, 초서를 익히게 하였다.

서당에는 훈장, 접장(接長), 학도가 있었다. 훈장은 서당의 대표자이며 교사이고 접장은 연령이 높고 우수한 학생을 접장으로 선정하였다. 이들은 훈장에게 먼저 배우고 학력 수준이 낮은 어린 학생을 가르쳤다. 훈장을 도와 학습지도나 생활지도를 담당하였으나 규모가 작은 서당에는 별도로 접장을 두지 않았다.

③ 서당의 종류

서당의 종류는 설립과 운영의 목적과 주체에 따라 분류할 수 있다.

① 훈장자영서당(訓長自營書堂): 훈장 자신이 생계를 위해서나 교육적인 의도로 설립하여 운영하는 서당이다.

② 가숙형서당(家塾型書堂): 양반사족이 자신의 자제들을 교육시킬 목적으로 운영하면서 이웃의 아동들도 함께 가르치는 서당이다.

③ 유지독영서당(有志獨營書堂): 양반사족이나 마을의 유지 가운데 자제를 교육하기 위해 훈장을 고용하여 이웃 아동들도 무료로 가르치는 유형의 서당이다.

④ 유지조합서당(有志組合書堂): 양반사족이나 마을 유지 가운데 뜻을 같이하는 사람들이 조합을 이루어 훈장을 초빙하여 공동으로 운영비를 분담하여 조합원 자제들만 교육시키는 서당이다.

⑤ 촌조합서당(村組合書堂): 마을 전체가 협력하여 훈장을 고용하고 마을 전체의 아동들을 교육시키고자 하는 서당이다.

서당이 초등교육기관으로 그 의미가 뚜렷해진 것은 19세기 후반 들어 근대 교육이 전개된 이후이다. 민간에서 자율적으로 서당교육을 근대식 학교체계로 개량하여 시대적 과제를 주체적으로 해결하고자 했다. 개량 서당은 한국어, 일어,

산술 등과 비교과 활동으로 학예회, 운동회 등 근대식 교육의 교과를 도입하고 민중교화에 목적을 두어 교육구국운동을 전개하였다. 이로써 서당교육은 간접적인 구국운동의 역할을 담당하였다고 볼 수 있다.

4. 조선시대의 과거제도

과거제도는 고려의 과거제도가 조선시대에서 계승 발전되어 갑오개혁(1894)때까지 존속되었다. 그러나 시험의 종류와 시행 방법에 있어 다소 변화와 발전을 가져왔다. 조선시대는 원칙적으로 과거를 통해 유능한 관료를 등용하였다. 그러나 국가의 유용한 인재선발이라는 근본취지와는 달리 여러 문제점이 나타났다. 즉 학교의 교육이 과거준비기관으로 전락하고 주자학 일변도의 사상 통제가 이루어졌다. 그리고 과도하게 문(文)을 숭상하여 기술을 경시하였으며 관존민비(官尊民卑)와 출세주의가 팽배하였다. 또한, 국가의 유공자의 자손을 특별 채용하는 문음(門蔭)이나 왕실의 친척을 대상으로 학문과 덕망이 뛰어난 자를 추천하는 천거(薦擧)제도를 통해 관직이 주어지는 경우도 점차 증가하였다. 조선 중기 이후에는 과거를 통해 관직에 나가는 수보다 문음이나 천거로 관료가 되는 수가 많았다고 한다.

조선시대 과거제도는 문과와 무과, 잡과로 나뉜다. 문과와 무과는 균형 있게 운영되었다. 문과의 경우 대과와 소과의 응시과목이 성균관, 사학, 향교의 교과목과 일치하도록 하여 과거를 관학과 연계시켰다.

성균관, 사학, 향교에서 성적이 우수한 자는 소과나 대과의 초시(初試)를 면제해 주었다. 그러나 학교 생도가 아닌 일반 유생인 유학(幼學: 벼슬을 하지 않은 유학생)에게도 과거시험에 응시할 자격을 주었기 때문에 학교제도와 과거제도가 일직선상으로 연결된 것은 아니었다.

과거시험은 시행 시기와 형식에 따라 식년시와 특별시로 나눈다. 식년시(式年試)는 3년에 한 번씩 시행되는 정기시험으로 자(子), 오(午), 묘(卯), 유(酉)년의 봄에 보았다. 식년시 외에도 특별시가 있는데, 국가의 경축이나 필요가 있을 때 과거를 보는 별시(別試), 국가에 경사가 있을 때 실시했던, 증광시(增廣試), 왕이 성균관에 제사할 때 성균관 유생을 대상으로 하는 알성시(謁聖試), 10년마다 한 번씩 문무과에 실시하는 중시(重試), 시골 유생의 학문을 장려하기 위해 여는 백일장, 삼일제, 칠석제, 구일제에 실시하는 절일제가 있었다.

조선의 관리 등용은 과거를 통해 이루어졌으나 음직, 음서, 문음 또는 남행이라는 특별 임용이 있었다. 이는 공신이나 현직 당상관의 자손들이 과거시험을 거치지 않고 관리에 채용되는 것을 말한다.

과거시험의 평가방법은 강경과 제술이 있었다. 강경은 학습한 문장을 암송하고 그 뜻을 문답하는 시험이고, 제술은 주어진 시제에 맞춰 문장을 짓는 시험이다.

1) 문과(文科)

문과 시험은 소과(小科)와 대과(大科)로 나뉜다. 소과는 초급 문관 시험이면서 대과에 응시할 수 있는 자격을 얻는다. 대과는 고급 문관을 선발하는 시험을 말한다.

(1) 소과(小科)

생진과(生進科)라고도 하는 소과에는 생원과(生員科)와 진사과(進士科)가 있었다. 생원과는 유학의 경서를 시험 보는 명경(경전)의 시험이고 강경시의 합격자를 생원이라 하였으며 진사과는 제술의 시험으로 제술시의 합격자를 진사라고 했다. 합격자는 성균관의 입학자격과 하급 문관에 등용되는 자격과 대과에 응시할 수 있는 자격을 얻는다.

소과의 시험은 초시와 복시로 나눈다. 초시는 각 지방별로 실시되는 향시(鄕試), 한성에서 실시되는 한성시, 성균관 유생을 대상으로 하는 관시가 있다. 초시 합격 정원은 강경과 제술 각각 700명, 총 1,400명을 선발하였다. 복시는 식년(式年) 봄 한성에서 예조(禮曹)가 주관하여 실시하였으며 이를 회시(會試)라고도 한다. 강경과 제술에서 각각 100명씩 선발하였다.

생원시는 사서오경 중심의 경전시험을 보았다. 고사 과목은 조선 초에 사서의

의(疑) 1편과 오경의 의(義) 1편이었다. 2편의 문제에 답을 써야 하는데 먼저 작성하는 답안지를 상편(上篇) 또는 원편(原編)이라 하고, 뒤에 작성하는 답안을 하편(下篇) 또는 비편(裨編) 이라고 하였다. 두 편을 모두 작성하면 성편(成編)이라고 하였고, 성편하지 못하면 실격되었다.

진사시는 시(詩) 1편, 부(賦) 1편을 창작하는 시험이다. 세종 때는 부(賦)와 배율(排律) 10운 시를 한 문제씩 출제하였다. '경국대전'에는 부(賦) 1문제, 고시, 명, 잠 중에 1문제를 출제하도록 하였으나, 실제로는 고시만 1문제 출제하였다.

생진복시는 초시 합격자를 식년 봄에 한성에서 예조 주관으로 실시한다. 선발 정원은 생원, 진사 각각 100인이다. 이밖에도 소과 복시에는 사학과 향교의 유생으로 승보, 사학합제, 공도회에 합격자는 초시를 거치지 않고 바로 복시에 응시할 수 있었다.

(2) 대과(大科)

대과는 고급문관을 등용하는 최고 단계의 시험으로 이 시험에 합격하면 관리로 등용되었다. 합격자에게는 홍패(紅牌)와 어사화를 수여했다. 급제자는 합격자 발표 다음 날 왕에게 인사하고 알성하였다. 대과는 초시(初試), 복시(覆試), 전시(展試)로 진행되었는데, 응시자의 필적을 알지 못하게 초시, 복시, 전시의 제술(製述) 답안지를 관리들이 다시 옮겨 적었다.

초시는 소과와 같이 식년(式年)이 있기 전 해 가을에 실시하였다. 한성에서 실시하는 시험을 한성시라고 하며 40명을 선발하였고 성균관에서 실시하는 시험을 관시(館試)라 하고 50명을 선발하였다. 각 도에서 실시하는 향시에서도 240명을 선발하였다. 응시자격은 생원 · 진사로 성균관에서 300일 공부한 자나, 경향 유생 및 통훈대부(通訓大夫)[70] 이하의 문관이다. 현직 관원은 향시를 볼 수 없었고 죄를 범하여 영구히 임용할 수 없게 된 자, 장물죄로 처벌된 관리, 재가한 부녀의 아들

70) 조선시대 문관의 정삼품 당하관의 관직. 정삼품에는 당상관(통정대부)과 당하관(통훈대부)이 있다.

및 자손, 서자의 자손은 응시할 수 없었다.

초시와 복시는 삼장연권법(三場蓮卷法), 즉 1차(초장), 2차(중장) 3차(종장) 시험으로 나누어진다. 초장은 사서오경에 대한 지식과 이해 정도를 시험하였다. 중장은 부(賦), 송(頌), 명(銘), 잠(箴), 표(表) 등의 문예시험이었다. 종장은 책(策)이라는 제술을 통해 개인의 정치적 식견을 종합적으로 평가하였다.

복시는 초시 합격자를 대상으로 식년의 봄에 예조의 주관으로 실시한다. 초시 합격자 외에 '통독'을 통해 합격한 사람도 응시할 수 있었다. 복시의 선발 인원은 33명이었고 복시도 삼장연권법으로 나뉘었다. 복시의 초장에는 사서삼경의 구독, 훈역, 강론으로 하고, 중장과 종장은 문과 초시의 중장과 종장의 과목과 같다.

전시는 복시에서 합격한 33인을 대상으로 하였으며 식년 가을에 궁 안의 전정(殿庭)에서 왕 앞에서 시험이 실시되었다. 전시에서 불합격자는 없고, 33인에게 서열을 정하는 시험이다. 갑과, 을과, 병과로 나뉘는데, 갑과에는 3명으로 1위를 장원, 2위를 방안, 3위를 탐화랑이라 하였다. 장원에게는 종6품, 2, 3위에게는 정7품의 관직을 주었다. 을과는 7명으로 모두 정8품을, 병과는 23명으로 모두 정9품의 관직을 주었다. 전시의 시험과목은 대책표, 전, 잠, 송, 제, 조, 론, 부, 명 중 1편을 제술한다.

2) 무과(武科)

무과는 고급 무관의 등용을 위해 태종 8년(1408)에 처음 설치하였다. 무과는 문과와 달리 소과와 대과로 구분하지 않고 초시, 복시, 전시의 3단계로만 실시되었다.

초시는 식년의 전년 가을 한성의 훈련원과 각도에서 병마절도사의 주재하에 실시되었다. 시험 장소에 따라 훈련원에서 실시하는 시험을 원시(院試), 각 도에서 실시하는 시험을 향시라고 하였다. 원시에서 70명을 선발하였고, 향시에서는 총 120명을 선발하였다. 시험과목은 목전(木箭), 철전(鐵箭), 편전(片箭), 기사(騎射), 격구(擊毬)이며 임진왜란 이후에는 조총, 사격 등을 중심으로 하였다.

복시는 초시 합격자들이 치렀으며 식년의 봄에 한성에서 병조와 훈련원의 주재로 실시되었다. 시험과목은 문예중심으로 사서오경 중 1서, 무경칠서 중 1서, 육서 중 1서였으며 28명을 선발하였다. 복시의 시험과목은 사서오경 중 1서, 무경칠서 중 1서, 육서 중 1서였다.

무과의 전시는 식년시의 가을에 왕의 친임하에 실시되었다. 불합격자는 없고 28명을 순위대로 갑과 3명, 을과 5명, 병과 20명으로 구분하였다. 합격자의 품계는 문과와 같다. 무과의 응시자격은 무관 자제들이 원칙이나 양반자제, 양인, 향리 자제도 가능하였다.

무과에도 식년시 이외에 증광시, 별시, 알성시, 춘당대시, 외방별과의 특별시가 있었다.

3) 잡과(雜科)

잡과는 국가가 필요로 하는 전문기술인력을 선발할 목적으로 만들어졌으며 양반의 서자 및 중인계급의 자제가 응시할 수 있었고 상민, 천인은 참여할 수 없었다. 시험은 주무관서의 주관 아래 3년마다 초시와 복시로 나누어 정원을 선발하였다. 잡과에는 역과, 의과, 음양과, 율과가 있었다.

역과(譯科)는 중국, 몽고, 왜, 여진의 통역을 담당할 관리를 선발하는 시험으로 한학, 몽학, 왜학, 여진학의 4분야로 구분되며 사역원(司譯院)에서 담당하였다. 의과(醫科)는 정부에 종사할 의원을 선발하는 시험으로 전의감(典醫監)에서 담당하였다. 음양과(陰陽科)는 천문, 지리, 명과학(命課學)을 담당할 관리를 선발하는 시험으로 관상감(觀象監)에서 담당하였다. 율과(律科)는 법을 담당할 관리를 선발하는 시험으로 형조(刑曹)에서 담당하였다.

잡과 역시 3년마다 실시되는 '식년시'라는 정규 과거시험뿐만 아니라 다양한 비정규시험도 있었다. 예를 들어 증광시, 별시, 알성시, 친시, 지방별시 등이 있는데, 그중 증광시는 문과, 무과, 잡과를 동시에 개설하였으며 그 절차나 규모도 식년시와 거의 동일하였다.

문과, 무과, 잡과의 과거 정원을 살펴보면 다음과 같다(장덕삼, 2003: 154).

〈표 4〉 문과, 무과, 잡과의 과거 정원

구분		식년		
		초시 정원	복시 정원	전시 정원
문과(대과)		240	33	33 갑과 3 을과 7 병과 23
생진과(소과)		생원 700 진사 700	100 100	- -
무과		190	28	28 갑과 3 을과 5 병과 20
잡과	역과	한학 45 몽학 4 왜학 4 여진학 4	13 2 2 2	주무관서 사역원
	의과	18	9	전의감
	음양과	천문학 10 지리학 4 명과학 4	5 2 2	관상감
	율과	18	9	형조

5. 교육사상가

1) 이황(李滉, 1501~1570)

이황은 연산군 7년(1501) 경북 예천에서 태어났다. 생후 7개월에 아버지를 여의고 어머니 슬하에서 자랐다. 중종 29년(1534)에 대과에 급제하여 여러 관직을 두루 거쳤지만 관직보다는 학문 연구와 후학 양성에 전념하였다. 정계 은퇴 후에는 도산서원(陶山書院)을 지어 후진 양성에 힘쓴 그는 조선시대의 대유학자로 교육가이며 정치사상가이고 영남학파의 대표자이다. 주요 저서로는『주자서절요(朱子書節要)』,『성학십도(星學十圖)』[71],『유사학사생문』[72],『도산십이곡』등이 있다.

교육목적은 인, 의, 예, 지를 갖춘 이(理)의 인간을 육성하고 성현의 말씀과 가르침을 통해 도리와 덕행의 참뜻을 깨달아 몸소 실행하는 사람을 양성하는 것이다. 이를 위기지학(爲己之學)이라고 하는데 위기지학이란 ① 도리와 덕행을 추구하는 공부, ② 이익과 공과를 계산하지 않는 것, ③ 깊은 산속의 향기 맑은 난초와 같은 인품, ④ 외적 영욕에 구애받지 않는 꿋꿋한 자세를 말한다(김태오, 2003: 31).

교육내용에 있어 이황은 바르게 학문하는 방법을 익히도록『주자대전(朱子大全)』을 추천하였으며, 이(理)와 기(氣)의 관계에 대해 익힐 수 있는『태극도설(太極圖說)』을 권하였다. 자녀를 교육하기 위해『효경』과『소학』등을 먼저 읽히고 글의 뜻을 대략 통달한 후에는 사서(四書)를 읽히되, 차례대로 공부해야 하고 뛰어넘지 말아야 한다(한기언, 1975, 202; 임채식 외, 2017: 57, 재인용)고 하였다.

위기지학의 공부를 하는 방법으로는 입지(立志), 세상과 사물의 이치를 탐구하는 방법인 궁리(窮理)와 마음의 공부를 하는 거경(居敬), 숙독(熟讀), 심득(心得), 궁행(躬行) 등을 강조하였다.

입지는 뜻을 세우는 것으로, 학문을 목표로 삼는 지학(志學), 도리 실천을 목표로 삼는 지도(志道), 어진 사람이 됨을 목표로 삼는 지인(志仁)으로 성인이 되는 것을 의미한다.

궁리는 세상과 사물의 이치를 탐구하는 것인데, 이와 기의 개념으로 심(心)과 성(性)과 정(情)의 관계를 탐구하는 것이다. 이와 기는 '우주 천지의 존재 근원을 설명하는 개념'으로 이(理) 위주로 설명하는 것을 주리론(主理論)이라고 하고, 기(氣)

---

71) 선조가 성군이 되길 바라며 성학을 강의하고 성리학자들의 도설(圖說, 그림을 넣어 설명한 책)에서 골라 책으로 엮고 각 그림아래 자신의 의견을 서술하여 왕에게 강론한 책이다. 이 책에는 성인이 되기 위한 성리학의 핵심사상을 10개의 그림으로 묘사하고 있는데 그 그림은 ① 태극도, ② 서명도, ③ 소학도, ④ 대학도, ⑤ 백록동규도, ⑥ 심통성정도, ⑦ 인설도, ⑧ 심학도, ⑨ 경재잠도, ⑩ 숙흥야매잠도이다. 제자 유성룡이 이 책을 중국에 전했다.

72) 사학의 교사와 학생의 관계에 관한 내용을 담고 있다.

위주 설명하는 것을 주기론(主氣論)이라고 한다.

이황은 이와 기가 서로 떨어져 존재할 수 없다는 이기이원론(理氣二元論)을 주장하였으나 이(理)가 더 우월하다고 하였다. 인간에 대해 심(心)과 성(性)의 개념으로 설명하였다. 심은 한 몸을 주재하는 핵심으로 도심(道心)과 인심(人心)으로 구분한다. 도심은 하늘의 명령에 따라 나타나는 마음이며 인심은 인간에게 일어나는 개별적인 마음이다. 도심은 선(善)한데 비해 인심은 선과 선하지 못함이 공존하는 상태이다. 이러한 인심이 선하지 못한 상태로 흘러버린 상태를 인욕(人慾)이라 하는데, 이황은 인욕을 경계하라고 하였다. 성(性)이란 인간과 사물의 본성을 의미한다. 성에는 본연지성(本然之性)과 기질지성(氣質之性)이 있다. 본연지성은 하늘로부터 누구나 부여받은 공통된 성품이며, 기질지성은 사람마다 차이가 있는 개별적 성품을 말한다. 공부를 하는 목적은 기질지성을 변화시켜 본연지성을 회복하는 것이다.

이황은 관학과 사학 발전에 기여한 바가 크다. 계상서당과 도산서당을 세워 강론하였고, 서원을 통해 인재 양성에 힘썼다. 특히 서원 교육 진흥에 열정을 가지고 있었으며, 안동 최초의 서원인 역동서원을 건립하기 위해 앞장섰다.

2) 이이(李珥: 1536~1584)

이이는 중종 31년(1536) 강릉 오죽헌에서 이원수와 신사임당의 셋째 아들로 태어났다. 13세에 진사시(進士試)에, 21세에는 한성시(漢城試)에 , 28세에는 대과에 장원급제하였다. 16세 되던 해 어머니 신사임당의 죽음으로 삼년상을 치르고 1년간 금강산에 들어가 불도를 공부했다. 1년 뒤 오죽헌에 돌아가 학문에 뜻을 두고 공부에 전념하였다. 29세에 호조좌랑을 거쳐 대사간, 대사헌, 이조판서, 형조판서, 병조판서 등의 벼슬을 하였다.

청주목사 시절 36세 때 서원향약을 제정하여 지방민들 간의 윤리적 행동과 협동정신을 높이는 등 민중을 교화시켰고, 43세에는 황해도 해주에 은병정사(隱屛精舍)를 세워 후진 양성에 힘썼다.

주요저서로는『학교모범』[73], 『성학집요』[74], 『격몽요결』[75], 『소아수지』[76], 『학교사목』[77] 등이 있다.

이이의 성리학적 사상은 주기론(主氣論)을 주장한다. 즉 이는 작용이 없고 기는 작용이 있기 때문에 기가 작용을 일으키고 이는 올라타는 것이라는 기발이승일도설(氣發理乘一途設)을 주장하였다. 이(理)는 형체도 없고 작용도 없지만, 기(氣)는

---

73) 이이가 왕명을 받들어『학교사목』과 함께 저술한 학교규범으로 학생 훈육과 수양에 관한 16개 조목의 훈규이며 청소년을 위한 교육지침 및 생활 지침을 담고 있다. '학령'의 미비한 점을 보충하였으며 유학 교육의 내용과 방법에 대한 포괄적이고도 심도 있는 사상이 깃들어 있다.
- 입지(立志): 배우려는 사람은 먼저 뜻을 세워야 한다.
- 검신(檢身): 몸가짐을 바르게 한다.
- 독서(讀書): 글을 읽음에 있어 넓게 배우고 진지하게 묻고 신중하게 생각하고 밝게 분별하도록 한다.『소학』으로 근본을 닦고『대학』과『근사록』으로 큰 틀을 잡는다.
- 신언(愼言): 말을 조심해야 한다.
- 존심(存心): 여러 가지 유혹 앞에서 흔들림이 없어야 한다.
- 사친(事親): 정성을 다하여 부모님께 효도한다.
- 사사(師事): 스승을 섬기는 뜻으로 스승과 제자 간의 인격적 만남을 의미한다.
- 택우(擇友): 좋은 친구를 택하여 사귄다.
- 거가(居家): 형제간의 우애, 부부간의 화목, 자녀교육 등을 강조한다.
- 접인(接人): 사람을 접대할 때 지켜야 할 예절이다.
- 응과(應科): 과거에 응시할 사람은 성심을 다해야 한다.
- 수의(守義): 의리를 지킨다.
- 상충(尙忠): 충직함을 숭상한다.
- 독경(篤敬): 공경을 돈독히 한다는 의미로 법도에 따라 행동한다.
- 거학(居學): 배우는 자가 학교에 있을 때에는 모름지기 학령에 의거하여 모든 행동거지를 바르게 하여야 한다.
- 독법(讀法): 학령의 내용을 간략하게 되풀이 한다.
- 존심(存心): 여러 가지 유혹 앞에서 흔들림이 없어야 한다.

74) 선조가 성군이 되기를 바라며 지은 책이다. 이는 사서삼경과『대학연의』등을 참고하고 고증과 설명을 곁들여 군왕교육을 위한 제왕학의 지침서이다.

75) 일반대중의 수양 및 생활지침을 제시한 것으로 국민교육에 대한 사상을 담고 있으며 조선 중기 이후 아동교육용 교재로 널리 읽힌 책이다.

76) 아동교육을 위한 소학학규로 17조로 구성되어 있다. '어린 아동이 반드시 알아야 할 일'을 기술한 것으로 특히 '하지 말아야 할 일'에 대해 거론하고 있다.

77) 교사와 학생의 인사 문제를 규정하고 있다.

형체와 작용이 있기 때문에 '기가 우위에 선다.'고 본 것이다. 도심(道心)과 인심(人心)의 관계에서도 이가 기를 지배하면 도심이고, 기가 이를 지배하면 인신이라고 하였다. 본연지성과 기질지성의 관계에서도 본연지성은 이(理)만을 지칭하는데, 실제 인간의 성(性)은 이와 기를 동시에 가진 '기질지성'일 뿐이라고 하였다.

이이는 성인(聖人)을 이상적인 인간으로 보고 이러한 이상(理想)을 실현하는 것이다. 성인이 되기 위해 군자가 되어야 한다고 하였다. 교육목표는 도(道)인데, 도는 먼 데 있는 것이 아니라 일상생활 안에 있다. 즉 집에서는 부모에게 효도하고 밖에서는 어른들을 공경하며 남을 대할 때에는 충으로써 하는 것이 도이다.

교육방법으로는 입지(立志), 성(誠), 경(敬)을 들 수 있다. 입지는 '뜻을 세운다.'라는 뜻으로 자의식(自意識)에서 출발하며 동기와 같은 뜻으로 모든 것을 배워 마침내 성인(聖人)의 경지에 도달할 수 있도록 노력하는 것이다. 성(誠)은 참이요 거짓이 없는 마음으로 자신에 대해 충실하며 동시에 남에 대하여도 정성을 다할 것을 의미한다. 경(敬)은 성의 외면적 행위규범이다. 성을 보존하기 위한 마음가짐과 몸가짐을 말한다. 이이의 교육방법 중 하나로 역행(力行)이 있다. 역행이란 위의 세 가지를 실제로 힘써 실천하는 것이다.

6. 조선시대의 실학과 교육

실학은 당시 정치적으로 대의명분에 따라 당쟁이나 사화로 비현실적 논쟁이 벌어져 파행적 정치 현상이 나타나고 지주제와 상업 발달로 농촌 사회의 붕괴 현상 등이 나타나면서 성리학에 기초한 신분제도의 동요와 같은 사회문화 질서가 무너지는 위기에 봉착하던 때에 등장한다. 이러한 사회 문제에 임진왜란이나 병자호란으로 피폐해진 민생을 외면하지 않고 여러 가지 사회문제를 타도하려는 시도들이 있었다. 비판적 유학 지식인들은 이에 대응하기 위해 사변적 성리학을 배격하고 현실적으로 사회를 구제할 수 있는 구체적 방안을 모색하게 되었다. 이들은 학문적으로는 서구 과학문물이 전래되고 청나라에서 영향을 받은 고증학(考

證學: 현실에 바탕을 두고 사실을 밝히고자 하는 학풍)에 영향을 받아 경험적이고 실증적인 방법에 의해 진리를 찾으려는 실사구시(實事求是)의 새로운 학풍을 받아들이게 된 것이다.

우리나라의 실학은 다음과 같은 4단계로 전개되었다(장덕삼, 2003: 188-189).

첫째, 선조부터 광해군 시기로 임진왜란과 정유재란을 겪으며 구질서의 해체에 대한 요구와 함께 중국으로부터 천주교 및 서구 과학문명의 전래로 실학의 기운이 북돋워진 시기이다.

둘째, 인조부터 경종 시기로 청나라의 고증학이 들어오면서 경전 고증, 역사, 지리, 천문, 역산(曆算), 의학 농법 등의 성과가 있었고, 안정복, 정약용, 박세당, 유형원이 중요 인물이다. 특히 유형원의 계승자인 이익은 경제적 측면에서 실학을 대성한 인물이며 이들의 제자들을 성호학파(星湖學派)라고 한다.

셋째, 영조와 정조 때로서 홍대용, 박지원, 박제가 등의 북학파(北學派)가 청나라의 문물을 우리 사회에 맞게 개량 응용함으로써 민생문제를 해결하려고 한 실학의 융성기이다. 특히 실학을 대성한 정약용은 서학, 고증학, 과학기술 연구 등에서 탁월한 업적을 남겼다.

넷째, 정조 이후의 시기로 고증학, 금석학, 실학에 탁월한 학자인 추사 김정희, 명남루문집 등 100여 권의 책을 집필한 최한기, 전국을 답사하여 약 15만 분의 1의 대동여지도(大東輿地圖)를 완성한 김정호 등이 대표적인 학자이다. 이들은 실학을 통해 백성들의 생활을 개선하고 실사구시(實事求是)를 실천하였다.

실학파에는 근기학파를 중심으로 하는 경세치용(經世致用)학파, 북학파를 중심으로 하는 이용후생(利用厚生)학파 그리고 실사구시(實事求是)학파가 있다(이문원, 1983; 1998). ① 경세치용학파는 유형원, 이익, 정약용과 같이 남인계에서 농촌을 배경으로 한 학자들을 중심으로 하여 토지제도와 행정구역 및 기타 제도상의 개혁에 관심을 두었다. ② 이용후생학파는 박지원, 박제가 등 소론계의 도시 배경 학자들이 중심이 되어 상공업의 유통 및 생산기술에 관한 연구와 혁신에 집중한 북학파였다. ③ 실사구시학파는 김정희 등 양반신분이면서 권력체계에서 이탈하였거나 소외된 서울 및 인근 지방 출신의 학자들이 중심이 되어 경서, 금석, 전고(典故) 등의 고증에 관심을 두었다.

1) 실학교육의 특징

실학사상은 사회적 기강의 문란과 경제적 빈곤을 극복하기 위해 구상된 사상으로 성리학에서 주장하는 개인의 수신(修身)보다는 생활의 실용과 복리를 우선으로 하였다. 실학자들의 사회개혁론 속에서 교육개혁론은 중요한 위치를 차지하였다. 실학자들의 교육개혁은 사회생활의 유용성을 교육의 목적으로 하였고 교육제도의 조직과 운영의 개선 문제에 집중하였다.

교육제도의 조직과 운영에 있어 학교의 조직은 국가의 행정조직에 입각하여 운영하여, 즉 신분제 타파를 전제로 모든 아동이 면 단위에서 기초교육을 받을 수 있도록 하여 교육의 기회를 균등하게 제공해야 한다고 강조하였다. 그러나 이러한 교육의 기회균등은 초등교육 단계에서만 제안하였으며 상·공·천민은 그 대상에서도 제외되었다. 교육내용은 기존의 경전과 중국의 사서(四書) 중심의 교과에서 실생활에 필요한 과학적 교과 교육과 우리나라 역사, 문학을 교육할 것을 구상하였다.

교육개혁을 위한 방안으로 과거제도의 개혁을 주장하였다. 과거제도가 지닌 폐단을 개선하고 그 대안을 마련하는 것이 학교교육을 정상화시키는 선결방안이라고 보았다. 유형원, 정약용, 홍대용 등은 공거제(貢擧制)를 과거제도의 대안으로 제시하면서 인재는 학교에서 배양하고 그 성과에 입각하여 추천할 수 있어야만 학교교육이 본래의 역할을 수행할 수 있게 된다고 보았다.

실학자들은 교육제도의 개혁과 과거제도의 개선을 통해 출세 지향적 사회적 관념을 타파하고자 하였다. 인간의 평등과 존엄성 강조, 기술 개발, 부국강병 등을 통해 민족 주체성과 실용적 실증 정신을 재확인하고자 하였다.

2) 실학사상가

(1) 유형원(柳馨遠, 1622~1673)

유형원은 광해군 14년에 서울에서 태어났고 조부의 명으로 과거에 응시하여 진사가 되었으나 벼슬에 뜻을 두지 않고 오직 학문 연구에만 몰두하였다. 유형원은 실학을 학문적으로 체계화한 사람이다. 당시 무능한 지배체제에 대하여 비판하고 인식의 변화와 제도의 개혁을 강조하였다. 이러한 시대 상황의 극복을 위한 그의 사상과 제도의 구상은 조선 후기 실학사상의 모태가 되었으며 유교적 이상사회를 지향한 개혁주의자이다.

유형원은 당시 유학교육이 단순히 과거준비에만 목적을 두고 있다는 문제점을 지적하고 이를 개혁하기 위해서라도 유학교육의 목적은 바뀌어야 한다고 주장했다. 아무리 학식과 도덕성을 겸비해도 과거에 합격하지 못하면 사람 구실을 하지 못하는 현실을 비판하였다. 관직에 오른 대부분의 사람이 서울 세력 가문의 자제들이기 때문에, 지방 학생들의 사기를 떨어뜨리고 학력이 저하되는 현상이 초래되었다. 유학교육의 목적은 유학의 근본원리를 탐구하여 본질을 밝히고 이를 실행에 옮길 수 있는 인물을 길러내야 한다고 하였다. 주요 저서로는 『반계수록(磻溪隧錄)』[78] 등이 있다.

유형원은 교육을 통해 덕행인과 능력인 양성을 주장하였다. 유학의 근본을 일깨워주기 위해 먼저 『소학』을 읽고 다음에 『대학』, 『논어』, 『맹자』, 『중용』, 『근사록』, 『시경』, 『서경』, 『예기』, 『주역』, 『춘추』, 『사기』 그리고 성현들의 성리에 관한 책을 순서대로 학습하도록 하였다.

교육의 내용을 깊이 있게 터득하기 위한 교육방법으로 자세히 묻고, 신중히 생각하며 사리분별을 잘하고 돈독하게 실행할 것을 주장하였다.

유형원은 신분제 타파를 전제로 한 교육의 기회균등을 주장하였다. 신분의 차이보다는 개인 가지고 있는 능력이나 연령에 따라 실시할 것을 제안하였다. 학교

78) 실학의 학문체계를 이룩하고 당시 사회의 부조리를 지적하면서 대안을 제시하고 있다.

의 입학대상을 평민의 자제까지 확대하고 능력 있는 학생을 위해 토지 제공과 병역면제제도를 실시할 것을 강조하였다. 그러나 학교 단계는 초등단계인 방상과 향상에서만 허용하였고, 대상자로는 농민의 자제는 허용하였지만 공(工), 상(商), 천민(賤民)의 자제는 허용하지 않았다.

유형원의 평등관과 능력에 따른 교육 구상은 학제개혁안과 인재 등용법인 공거제(貢擧制)에 잘 나타나고 있다.

조선의 학제는 서당, 향교와 서원, 사학, 성균관 등이 과거제로 이어지는 형태였으나, 유형원은 이와 같은 각 교육기관을 국가의 공교육 체제 속에 계열화하여 국가가 교육을 통제하자고 제안하였다.

학제는 행정단위를 중심으로 서울과 지방으로 나누고, 교육기관의 단계는 방상(坊庠)과 향상(鄕庠)에서부터 태학(太學)에 이르기까지 4단계 학제를 제시하였다.

방상과 향상은 동급의 학교로 각각 중앙과 지방의 군현에 설치된 초등교육기관으로써 정원의 제한이 없다. 사학과 읍학은 동급의 학교로서 각각 중앙과 지방의 군현에 설치된 학교로서 내사(內舍)와 외사(外舍)로 구성한다. 정원은 사학의 경우 각 100명이다. 중학과 영학은 동급의 학교로 중앙과 지방에 설치되었다. 태학은 중앙에 설치된 최고 학부로 중학과 영학에서 추천된 자들을 선발하여 가르쳤다. 태학에서는 이들의 능력을 살펴 조정에 천거하였다고 한다. 정원은 150명이었다.

학교에서 인재도 양성하고 관리도 선발하는 통합적 제도인 공거제를 제안하였다. 공거제는 학교교육과 인재 선발을 연계시키는 것이다. 각 학교 단계는 서로 연계되고, 최고교육기관은 관리등용과 연계시키는 것이다. 또한, 관리 선발에 있어 추천과 시험을 병행하는 제도이다.

유형원은 잡학 분야를 활성화시켜 기술교육과 실업교육을 강조하였다. 기술 분야의 계승자를 확보하고 전수체계를 갖추어야 한다고 주장하면서 습독관에게 일정액을 지급하여 생활의 안정을 기함으로 기술교육의 내실화를 추구하였다.

(2) 이익(李瀷, 1681~1763)

이익은 당쟁의 피해로 몰락한 남인 출신의 학자이다. 그는 숙종 7년(1681) 부친의 귀양지인 평안남도 운산에서 출생하였고 평생 관직에 나가지 않고 광주 첨성리에서 학문에만 몰두하였다. 이익은 유학자로서 실학사상을 전개하였다. 특히 유형원의 학풍을 이어받아 경세치용의 실학파를 성립시킨 인물이다.

그는 실증적이고 비판적인 학문 태도를 강조하였고 궁극적으로 실생활에 유용하며 국가 부흥에 기여하는 학문을 주장하였다. 주요 저서로는『곽우록(藿憂錄)』[79]과『성호사설(星湖僿說)』[80]이 있다.

이익은『곽우록』에서 당시 교육을 비판하면서 교육의 개혁을 주장하였다. 당시 과거제도가 당쟁으로 병들어 있으며 교육도 현실과는 괴리된 내용을 다루고 있다고 지적하였다. 새로운 교육개혁방안으로 공거사의(貢擧私議)를 제시하였다. 공거사의는 5년에 한 번 시험을 치르되 일시에 전 과목을 치르지 않는다. 매년 한 과목씩 치름으로써 수험자가 각 과목마다 착실하게 준비할 수 있도록 하자는 것이다. 또한, 유형원과 마찬가지로 인재를 천거하는 공거제를 병행할 것을 강조하였다.

교육내용으로는 중국의 경전위주의 독서에서 탈피하여 우리나라의 문화를 습득하도록 하였다. 이를 위해 한국의 역사서와 문집 읽기를 제안하였다.

교육방법으로는 자발성에 의한 교육, 즉 일신전공을 강조하였다. 일신(日新)은

79) 군왕이 정치할 때 유념해야 할 내용을 정리한 것으로 학교조(學校條)에서는 교육개혁 방안을 담고 있다.
80) 천지, 만물, 인사, 경사, 시문 등 5개 부문에 걸친 백과사전이다.

자기 수양의 방법으로 스스로 깨닫게 하는 것이며, 전공(全功)은 집중적으로 학문에 정진하는 것이다. 일신전공에서는 묻기를 즐겨해야 한다고 하였다. 즉 자신이 모르는 것을 질문을 통해 알아가는 것이다. 또한, 정밀하게 질의하고 정리하는 서독질의(書牘質疑)를 강조하였다. 책을 읽다가 의문이 드는 점이 있으면 글로 기록하여 질의하는 것으로 질의 자체를 기록으로 남긴다. 이는 의문점을 글로 표현함으로써 의문점의 핵심을 분명하게 파악하는 데 도움이 된다. 이익은 치지(致知)라 하여 지행합일의 정신으로 아는 것과 행하는 것을 함께하는 교육을 주장하였다.

(3) 정약용(丁若鏞, 1762~1836)

정약용은 영조 36년(1762) 경기도 광주에서 진주목사 정재원과 어머니 해남 윤씨의 넷째 아들로 태어났다. 22세 때 회시에 합격하여 진사가 되었고 28세 때에는 대과에 급제하여 여러 관직을 맡아 수행하였다. 16세 때 실학자인 이익의 책을 읽고 공감한 이후, 유형원과 이익의 뒤를 이어 실학의 학문적 체계를 완성시켰다. 주자학을 경계하고 실학적인 실증과 실용을 중시하는 학풍을 지향하였으며, 정치, 경제, 교육 등 사회의 전반적인 개혁을 추구하였다.

서학 문제로 34세 때 병조참의로 있다가 충청도 금정찰방으로 좌천되었고, 40세 때에는 신유사옥으로 전남 강진에서 장기간 유배생활을 하였다. 57세 8월 유배생활이 끝나고 다시 고향에 돌아와 학문연구와 저술활동을 하였으며 75세(1836) 일생을 마쳤다.

주요 저술로는 경집(經集)과 문집(文集)으로 나뉜다. 경집은 사서(대학, 논어, 맹자, 중용)와 육경(시경, 서경, 역경, 예기, 춘추, 악경)에 관한 연구로 주석서의 모음이다. 문집은 시와 잡문으로 되어 있는데 1표와 2서가 유명하다. 1표는 『경세유표(經世遺表)』[81]

81) 중앙의 행정제도 및 다양한 제도의 개혁에 관한 내용이다.

를 의미하고, 2서는 『목민심서(牧民心書)』[82], 『흠흠신서(欽欽新書)』[83]를 말한다. 『목민심서』는 교육에 대해 다루고 있는 책이다. 교육적으로 의미가 있는 책으로는 『아학편』 등이 있다.

『목민심서』에는 정약용의 교육사상이 담겨져 있다. "고을을 설치하고 수령을 두는 것도 앞으로 백성을 교육하기 위함이다(목민심서, 예전)"라고 했으며, '흥학(興學)'편에서는 스승이 있어야 배움이 있기 때문에 먼저 덕망이 있는 스승을 초빙하여야 한다고 하였으며, 목민관은 학교를 수리하고 재정을 지원하며 도서를 많이 구입하여 비치하도록 하였다.

정약용은 당시의 학문적 경향에 대해 비판하였다. 『오학론(五學論)』을 저술하여 실학정신에 입각하여 당시의 다섯 가지 학문인 성리학(性理學), 훈고학(訓詁學), 문장학(文章學), 과거학(科擧學), 술수학(術數學)에 대해 논의하면서 잘못 흐르고 있는 학문적 경향을 지적했다. 성리학은 공리공담(空理空談)의 이기설(理氣說)에 너무 편중되어 있으며, 훈고학은 경전의 자의(字義)와 훈독(訓讀)에 치중해 있다고 지적하였다. 문장학은 미사여구의 문자적 유희인 번거로운 문사에 치중해 있으며 과거학은 과거가 공정하지 못하여 우수한 인재를 등용하지 못하고 있다고 하였다. 술수학은 『도선비결』이나 『정감록』 등의 사설이 어리석은 백성을 미혹케 한다고 주장하였다. 이러한 풍토를 바로 잡기 위해서는 덕행을 근본으로 삼아야 한다고 주장하였다.

정약용이 주장했던 '불가독설(不可讀說)'을 바탕으로 그의 실학적 사고와 교육개혁적 사고를 엿볼 수 있다. 그는 전통적으로 유학에서 가르쳐 왔던 『천자문(千字文)』, 『사략(史略)』, 『통감절요(通鑑節要)』를 가르치지 말라고 하였다.

천자문은 아동의 이해 수준에 맞지 않고 문자들이 체계적으로 배열되지 않아 문자적 가치도 적을 뿐 아니라 학습하는 데도 효율적이지 않고 반드시 알아야 할 문자들조차 빠져 있다. 정약용은 대안교재로 『국학(國學)』과 자신이 저술한 『아학

82) 지방정치의 개혁과 공무원의 청렴 의무를 규정한 것이다.
83) 형벌 사무제도의 개혁에 관한 것이다.

편(兒學編)』[84])을 추천하였다. 『국학』은 국사와 우리나라의 성현들의 글로 우리나라 역사를 알기 위해서는 우리 선현들의 문집을 반드시 읽도록 제안하였다. 『사략』은 중국 역사책의 초록으로 믿기 어려운 전설과 신화 등이 실려 있어 신빙성이 없고 『통감절요』는 강용의 편저로 중국에서도 존재 가치를 인정받지 못하는데 우리나라에서는 과거시험용으로 널리 읽히고 있어 우리의 실정에도 맞지 않는 책이기 때문이다.

정약용은 수기(修己)와 위천하인(爲天下人)을 통해 사회적 자아실현을 이루는 것을 교육의 목적으로 하였다. 수기를 위해서 덕행(德行), 경술(經術), 문예(文藝), 기예(技藝)를 강조하였다.

덕행은 여섯 가지의 덕과 여섯 가지의 행을 강조한 것으로 효(孝), 제(悌), 자(慈)의 덕목을 특히 강조하였다. 효는 인(仁)을 실행하는 근본으로서 일찍부터 유학교육의 기본 덕목으로 강조되어 왔다. 아랫사람이 윗사람에게 취해야 하는 예의이다. 제는 형제간이나 동료 간에 갖추어야 할 예의이다. 여기에 자를 더하는데, 윗사람이 아랫사람에게 베풀어야 할 덕이다. 과거에는 아랫사람이 윗사람을 대하는 윤리만 강조했다면, 정약용은 자를 제시하여 윗사람이 아랫사람에게 대하는 윤리를 강조하였다.

경술은 자신이 제시한 십경(十經: 육경과 사서를 말함)의 지식을 실제에 응용하는 것이다.

문예는 육예(六藝) 중에서 예(禮: 예절), 악(樂: 음악), 사(射: 활쏘기), 어(御: 말타기)를 제외한 서(書: 글 읽기)와 수(數: 산수)를 말한다.

기예는 부국강병을 위해 농업, 방직, 군사, 의술 등을 강조하였다. 기예를 습득하는 것은 백성의 생활을 윤택하게 하며 국가를 부강하게 만든다. 기예의 습득

84) 이 책은 2,000자로 구성되어 있는데 형태가 있는 문자와 형태가 없는 문자로 구분하고, 유형자를 먼저 학습하도록 하였다. 사물의 성격과 종류에 따라 범주화하여 종류별, 분류체계에 따라 학습하게 하였다. 음양(陰陽) 대비적 배열에 의해 문자를 학습하도록 하였다. 따라서 상권은 구체적 명사 위주의 유형자(有形字)로, 하권은 추상명사, 대명사, 형용사 등의 무형자(無形字)로 구성하였다.

을 위해 유학하여 외국의 기예를 배워야 한다고 주장하였다.

정약용의 교육관을 살펴보면 다음과 같다(임채식 외, 2017: 70).

첫째, 새로운 학문을 통해 사회의 구조를 개편하려고 하였다. 실용성에 입각하여 직업의식을 개선하려 하였으며, 과학기술의 중요성을 일깨워 주고 있다.

둘째, 이에 부합하는 교육제도를 확립하고 동시에 사회윤리를 쇄신하려 하였다. 또한, 과거제도의 모순점을 개선하고 당면한 현실의 문제를 교육과 학문과의 관련을 통해 해결하려고 하였다.

셋째, 새로운 인간관, 즉 평등사상에 기초한 근대적인 민권의식을 토대로 교육의 효과를 높이려고 하였다.

넷째, 합리적인 사고의 틀 위에 우리 민족의 주체성을 확립하여 애국·애족의식을 일깨우고 자아의식을 심어 주고자 하였다.

8장

근대의 교육

1. 사회적 배경

19세기 후반 조선은 내부적으로 탐관오리의 수탈과 지배계급의 학정, 가뭄으로 인한 흉년과 농촌의 폐허화, 서교와 서학의 번창으로 인한 갈등, 무능한 정부에 대한 불신감, 일본의 침략 징후와 이에 편승한 일부 반민족적 관리의 횡포가 팽배하였으며 이에 대한 반발로 홍경래의 난(1811), 진주민란(1862), 동학혁명(1894)[85]이 발생하게 되었다.

외적으로는 19세기 후반 동북아의 국제질서에 큰 변화가 있었다. 조선에 앞서 청과 일본의 서양 제국에 대한 개방정책은 조선의 전통적 외교정책에 영향을 주었다. 임오군란과 갑신정변 등 외국의 조선에 대한 침입이 빈번하고 국가의 권익이 침식당하게 되었다. 조선은 급변하는 주변 정세에 대응하기 위해 수신사(修信使)를 청일 양국에 파견하여 군비강화책 추진, 무기도입 및 무기 제조기술 도입과

85) 동학은 1860년 천주교에 대립하여 최제우가 창설한 신흥 종교로 최시형과 손병희가 계승 발전시킨 민족 종교이다. 동학사상은 유·불·도의 사상을 융합하여 '사람이 곧 하늘(인내천)'이라는 사상으로 집약하고 인간의 존엄성과 만민평등의 원리를 확립함으로 근대적 인간해방을 문제 삼았던 의식개혁운동이며 사회개혁운동이었다. 동학사상의 주요 특징은 인간존중교육, 평등교육, 전 생명계 존중의 교육이다.

외국 문물을 익히기 위한 유학생의 해외 파견을 하는 등 개화정책을 실시하였다.

1882년 5월 미국과 정식으로 국교를 수립한 이후 왕은 전통적 신분제를 완화하여 양반의 상업 활동을 허용하고 평민이 성균관과 향교에 입학할 수 있게 하였으며, 갑오개혁을 단행하여 과거제를 폐지하고 새로운 임용제로 대체하였다. 이러한 교육개혁을 통해 교육 기회를 확대하고 능력 위주의 인재를 선발하게 되었다.

조선의 개방정책으로 인해 몇 가지 현안 문제가 발생하게 되었는데, 조선의 의도와는 관계없이 청, 러시아, 일본 등의 주권 침해가 빈번하게 이루어졌다. 이에 조선의 국방력 강화, 교역 담당 기구 설치, 외교관 양성 및 외교교섭에 필요한 외국어 연수 등 신교육 도입의 필요성이 대두되었다. 이로 인해 정부는 서양식 군사훈련, 영어 연수는 물론 새로운 교육과 제도를 수용하게 되었으며 선교사들에 의한 기독교계 학교가 설립되기도 하였다. 또한, 기울어져 가는 국운을 바로잡고 교육을 통한 국가의 재건을 위해 민족선각자들의 민족교육도 활발하게 전개되어 이 시기에 근대교육[86]이 실시되었다.

86) 우리나라 근대교육이 시작된 때가 언제인지에 대한 논의를 살펴보면 다음 네 가지의 입장이 있다. 첫째, 배재학당설이다. 1885년 설립된 배재학당을 통해 신교육이 처음 들어왔다는 것이다. 그러나 우리의 근대교육에 일정 부분 기여한 바도 있지만 민족의식을 고취시킨 역할을 했다고 보기 어렵다. 둘째, 원산 학사설이다. 1883년 원산에서 원산 주민들이 중심이 되어 외세에 저항하기 위해 설립한 '원산학교'를 최초의 근대학교로 본다. 원산학교는 일반 대중들이 자발적으로 기금을 모아, 기존의 서당을 개량서당으로 발전시켰다가, 이를 다시 근대학교로 발전시킴으로써 역사적 계승을 하고 있다는 점에 의의가 있다. 그러나 경서(經書)나 병서(兵書)를 교육의 주요 내용으로 했다는 점에서 전통학교와 다르지 않다는 비판도 있다. 셋째, 18세기 서당설이다. 정순우는 18세기에 이르러 서민들에 의해 설립된 서당이 근대교육의 시작이라고 하였다. 기존의 양반 중심의 학교체제에 대신하여 소농민이나 서민들이 주체가 되어 자신의 자녀교육을 위한 교육기관을 세웠다는 것이다. 교육내용도 삼강오륜과 같은 윤리서 중심이 아니라 각 계층별 현실생활에 밀접한 내용으로 바뀌게 됨으로써 서민 계층의 개별적 교육구조가 형성되었다는 점이다. 넷째, 근대교육, 즉 식민지 교육설이다. 일제 식민지 교육에 의해 우리나라 교육이 근대화되었다는 주장이다. 그러나 일제 강점기인 1906년경에 이미 우리나라의 근대교육이 정착단계에 있었다고 보기 때문에, 일제 식민지 교육에 의해 우리나라 근대교육이 시작되었다는 주장은 불합리하다.
근대교육을 정의하는 준거로는 교육기회의 보편화, 교육의 세속화, 교육의 민족주의화가 있다.
교육기회의 보편화: 서양은 1789년 프랑스 대혁명의 사상적 여파로 교육기회가 시민계급, 노동자계급까지 확대되었다. 우리나라는 1894년 갑오개혁으로 모든 계층에 대해 교육의 기회균등이 천명되었다.
교육의 세속화: 서양은 신(神) 중심의 지식에서 벗어나 실용적, 과학적 지식을 중시하였다. 우리나라는 성리학적 지식에서 벗어나 실용적, 과학적 지식을 중시하였다. 교육의 민족주의화: 서양은 자본주의 발전과 함께 민족의식을 고양하기 위한 공교육 체제를 정비하였고 모국어와 모국의 역사 중심의 애국교육이 보편화되었다. 우리나라는 우리의 국어와 국사를 강조하였다.

2. 갑오개혁과 교육

구한말 조선은 동학혁명을 통해 조선사회의 모순이 표출됨으로써, 전근대적 봉건체제가 한계에 달했음을 인식하게 되었다. 일본의 강압에 의해 조선 사회를 지배하던 구질서를 배척하고 근대화를 지향하고자 갑오개혁(1894년 7월)을 단행하게 되었다.

갑오개혁은 평등 원칙에 입각하여 문무존비(文武尊卑) 제도 폐지, 노비제도 폐지, 적서차별 폐지 등 신분 질서를 기반으로 하는 봉건적 잔재를 청산하고자 하였다. 또한, 과거제도 폐지, 학제 개편, 교육의 기회균등 원칙을 마련하였다. 갑오개혁이 교육에 미친 영향으로는 학무아문(學務衙門)이 설치되고 고종의「홍범 14조」가 발표되었으며 교육입국조서가 내려졌다는 점이다.

학무아문은 종래의 교육을 담당하던 예조를 폐지하고 설립된 국내의 교육과 학무를 담당하는 기관으로 의정부에 소속된 관청이다. 이는 종래의 6조를 개편하여 8아문을 설치하면서 교육의 독립된 행정기관으로 학무아문을 두었다는 점에 큰 의미가 있다(김일호, 1981: 61). 학무아문이 고시한 내용으로는 영재교육의 강조, 소학교와 사범학교의 설립, 교육의 기회균등, 대학교육과 전문학교 설립 취지를 제시하였다.

고종은 1894년 김홍집 친일 내각의 압력으로 국정개혁의 일환으로「홍범 14조」를 공포하였다. 이는 우리나라 최초의 헌법적 성격을 띤 법령으로, 이를 기반으로 하여 개혁안을 제정하고 실시하였다. 그중 홍범 11조가 교육에 관한 것으로 '나라 안의 뛰어난 자제를 널리 찾아 외국에 파견하여 외국의 학술과 기예를 전습시킨다.'라고 명시함으로써 인재들의 외국 유학을 통해 서양의 근대 문명을 수용하고자 하였다.

교육입국조서는 근대정신에 부응하여 교육목적과 필요성을 밝힌 것으로 1894년 갑오개혁의 영향으로 1895년 2월 고종 32년에 공포되었다. 교육입국조서에는 조선의 근대 국가로의 체제를 향한 새로운 정치윤리와 사회윤리를 도모하고 서양의 근대적 국민교육제도를 공식적으로 채택하기 위한 조서이다. '교육입국조서'의 전문을 소개하면 다음과 같다.

"짐(朕)이 생각하건대 조종께서 업을 시작하시고 통을 이으사 이제 504년이 지냈도다. 이는 실로 우리 열조의 교화와 덕택이 인심에 젖고 우리 신민이 능히 그 충애를 다한 데 있도다. 그러므로 짐이 한량없이 큰 이 역사를 이어나가고자 밤낮으로 걱정하는 바는 오직 조종의 유훈을 받들려는 것이니, 너희들 신민은 짐의 마음을 본받을지어다. 너희들 신민의 조선은 곧 우리 조종의 보유한 어진 신민이었고 너희들 신민은 또한 조선의 충애를 잘 이었으니 곧 짐이 보유하는 어진 신민이로다. 짐과 너희들 신민이 힘을 같이 하여 조종의 큰 터를 힘쓰지 아니하면 나라가 공고하기를 바라기 심히 어렵도다. 우내(宇內)의 형세를 살펴보건대 부강하여 독립하여 웅시(雄視)하는 모든 나라는 모두 다 인민의 지식이 개명하였도다. 이 지식의 개명은 곧 교육의 선미(善美)로 이룩된 것이니, 교육은 실로 국가를 보존하는 근본이라 하리로다. 그러므로 짐은 군사(君師)의 자리에 있어 교육 책임을 지노라. 또 교육은 그 길이 있는 것이니 헛된 이름과 실제 소용을 먼저 분별하여야 하리로다. 독서나 습자로 옛 사람의 찌꺼기를 줍기에 몰두하여 시세의 대국(大局)에 눈 어둔 자는 비록 그 문장이 고금을 능가할지라도 쓸데없는 서생에 지나지 못하리다. 이제 짐이 교육의 강령을 보이노니 헛 이름을 물리치고 실용을 취할지어다. 곧 덕을 기를지니, 오륜의 행실을 닦아 속강(俗綱)을 문란하게 하지 말고, 풍교를 세워 인세(人世)의 질서를 유지하며, 사회의 향복(享福)을 증진시킬지어다. 다음은 몸을 기를지니, 근로와 역행(力行)을 주로 하며, 게으름과 평안함을 탐하지 말고, 괴롭고 어려운 일을 피하지 말며, 너희의 근육을 굳게 하고 뼈를 튼튼히 하여 강장하고 병 없는 낙(樂)을 누려 받을지어다. 다음은 지(知)를 기를지니 사물의 이치(理致)를 끝까지 추궁함으로써 지를 닦고 성(性)을 이룩하고, 아름답고 미운 것과 옳고 그른 것과, 길고 짧은 데서 나와 남의 구역을 세우지 말고, 정밀히 연구하고 널리 통하기를 힘쓸지어다. 그리고 한 몸의 사(私)를 꾀하지 말고 공중의 이익을 도모할지어다. 이 세 가지는 교육의 강기(綱紀)이니라. 짐은 정부에 명하여 학교를 널리 세우고 인재를 양성하여 너희들 신민의 학식으로써 국가 중흥의 대공을 세우게 하려 하노니 너희들 신민은 충군하고 위국하는 마음으로 너희의 덕과 몸과 지를 기를지어다. 왕실의 안전이 너희들 신민의 교육에 있고 국가의 부강도 또한 신민의 교육에 있도다. 너희들 신민이 선미의 경지에 다다르지 못하면

어찌 짐의 다스림을 이루었다할 수 있으며, 정부가 어찌 감히 그 책임을 다하였다 할 수 있고, 또한 너희들 신민이 교육의 길에 마음을 다하고 힘을 다하였다 하리요. 아비는 이것으로써 그 아들을 고무하고, 형은 이것으로써 아우를 권면하며, 벗은 이것으로써 벗의 도움의 도를 행하고 분발하여 멎지 말지어다. 나라의 분한(憤恨)을 대적할 이 오직 너희들 신민이요, 국가의 모욕을 막을 이 오직 너희들 신민이니, 이것은 다 너희들 신민의 본분이로다. 학식의 등급으로 그 공효(功效)의 고하를 아뢰되 이러한 일로 상을 쫓다가 사소한 결단(缺端)이 있더라도, 너희들 신민은 또한 이것이 너희들의 교육이 밝지 못한 탓이라고 말할지어다. 상하가 마음을 같이하기를 힘쓸지어다. 진실로 이와 같을진대 짐은 조종의 덕광(德光)을 사방에 날릴 것이요, 너희들 신민 또한 너희들 선조의 어진 자식과 손자가 될 것이니, 힘쓸지어다."

'교육입국조서'에 나타난 내용을 정리해 보면 다음과 같다.

첫째, 교육은 국가 보존의 근본임을 강조하였다.

둘째, 교육의 3대 강령으로 덕육(德育), 체육(體育), 지육(智育)을 제시함으로써 교육이 지향해야 할 전인교육을 강조하였다.

셋째, 종래의 경전 중심 교육을 지양하고, 실용적 교육의 보급을 강조하였다. 근로와 역행의 정신과 습성을 육성하고 교육을 국가 중흥의 수단으로 인식함으로써 교육의 사회개조 기능을 중시하고 있다.

넷째, 교육을 위한 학교설립과 이를 통한 인재양성을 시급히 실시해야 한다고 주장하였다.

교육입국조서가 공포된 후 교사양성을 위한 한성사범학교의 관제가 마련되었으며 외국어 학교 관제, 소학교령, 중학교 관제 등 학교 관제가 마련되었다.

3. 근대학교의 설립

우리나라 근대학교는 세 가지 방향으로 설립되었다. 첫째, 정부에 의한 근대적 교육체제가 수립되고 학교가 설립되었다. 둘째, 선교사들에 의한 기독교학교가 설립되었다. 셋째, 애국자들에 의한 사학이 설립되었다.

1) 정부에 의한 근대학교

정부에서 설립한 근대학교는 전통교육에서 벗어나 근대적인 교육과정을 수용하였고 소학교, 중학교, 전문학교[87]라는 학제의 기본 틀을 마련하였다. 초등교육을 의무화하였으며 외국어 교육, 실업교육, 교육양성에 심혈을 기울였다. 정부가 학교 관제를 공포하고 이와 관련하여 설립한 근대학교는 다음과 같다.

(1) 동문학(통변학교, 1883)

동문학(同文學)은 청나라 주재 독일 영사관 직원으로 조선의 외교와 세관 업무를 하던 묄렌도르프(Moellendorf)가 건의하여 영어통역관을 양성하는 기관으로 설립되었는데, 동문학은 우리나라 최초의 영어교습기관인 동시에 근대적 학교의 효시 중 하나이다. 개화에 앞장설 수 있는 청년 40명을 선발하여 오전, 오후반으로 나누어 교육하였다. 영어를 중심으로 가르쳤으나 일어와 글쓰기도 가르쳤다. 1884년 졸업생 20명을 배출한 후 1886년 육영공원이 설립되면서 폐교되었다. 근대적 교육을 지향하였으나 전통성이 강한 특권층 자제들만 입학하여 구교육에서 완전히 탈피하지 못했다.

(2) 육영공원(育英公院: 1886)

육영공원은 민영익, 헐크 등의 건의로 고종이 미국 정부에 도움을 요청하여 영어교수를 목적으로 설립된 우리나라 최초의 관립 근대학교이다. 육영공원은 양

87) 전문학교에는 사범학교와 실업학교가 포함되었다.

반층 자제를 대상으로 하였다. 좌원(左院)과 우원(右院)으로 구성되었는데, 좌원에는 과거에 합격한 연소한 관리 10명, 우원은 과거에 합격하지 못한 15~20세의 양반 자제 20명으로 구성되었다. 우원의 학생들이 더 열심히 공부하였고, 성적 우수자에게는 대과의 2차 관문인 '회시'에 바로 응시할 수 있는 특혜를 주었다. 교육과정으로는 영어, 지리, 수학, 자연과학, 역사, 정치학, 경제학, 국제법 등을 가르치고 수업연한은 3년으로 하였다. 육영공원은 1894년 갑오개혁을 통해 한성영어학교로 개편되었다.

육영공원은 서구의 신문물을 학습하는 근대적 교육기관이기는 했으나, 양반의 자제들만 대상으로 하여 일반 평민의 자제는 그 대상에서 제외되었고 전통적인 구교육에서 완전히 탈피하지는 못했다는 한계가 있다. 그러나 근대적 신교육으로 발전하는 교량적 역할을 한 학교라는 점에서 큰 의미가 있다.

(3) 소학교(小學校)

내각 총리대신이었던 김홍집이 1895년 7월 19일 '소학교령'[88]을 공포함으로써 초등교육의 관제가 정립되었다. 소학교는 만 8세부터 15세의 아동을 교육하였으며 소학교의 목적은 '아동 신체 발달에 감하여 국민교육의 기초와 그 생활상 필요한 보통 지식과 기능을 수(授)하는 것'으로 국민 교육의 기초와 생활에 필요한 일반 지식 및 기능을 가르치는 것을 목적으로 한다.

수업 연한은 심상과(尋常科, 보통과)의 경우 3년, 고등과의 경우 2~3년으로 규정하고 있다. 소학교는 설립 주체에 따라 관립, 공립, 사립으로 구분하였다. 1896년 '초등공립소학교규제'를 공포하여 공립 소학교에 대한 국고보조를 법제화하였다. 소학교(1895)는 그 명칭이 보통학교(1906), 소학교(1938), 국민 학교(1941), 초등학교(1996)로 변경되어 오늘에 이르고 있다.

---

88) 소학교령은 본령 4장 29조로 구성되어 있다. 제1장: 소학교의 목적, 종류, 경비. 제2장: 편제 및 남녀아동의 취학. 제3장: 학교의 설치 및 감독. 제4장: 교직원

(4) 중학교(中學校)

중학교령은 1899년 4월 4일 칙령(勅令) 제11호로 공포된 중학교 관제로 전문 17개조로 구성되어 있다. 우리나라 최초의 근대적 관립 중학교는 한성중학교(1900)이다. 중학교령을 공포한 목적은 실업세계로 나아가려는 사람에게 정덕(正德), 이용(利用) 및 후생(厚生)의 도를 가르치고 중등교육을 담당하기 위해서다.

수업 연한은 심상과 4년과 고등과 3년, 총 7년이지만 지방에 설립할 경우 먼저 심상과만 개설하였다. 교육과정으로 심상과는 윤리, 독서, 작문, 역사, 지리, 산술, 경제, 박물, 물리, 화학, 도화, 외국어, 체조를 가르쳤다. 고등과는 독서, 산술, 경제, 박물, 물리, 화학, 외국어, 법률, 정치, 공업, 농업, 상업, 의학, 측량을 가르쳤다. 을사늑약 이후 1906년 한성고등학교로 개편되었다(피정만·김영우, 1995: 243; 김태오, 2015: 107, 재인용).

(5) 사범학교(師範學校)

사범학교는 고종의 '교육입국조서' 이후에 설립된 최초의 관학이며, 1895년 4월 16일에 공포된 우리나라 최초의 현대 학교법규인 '한성사범학교 관제'에서 비롯되었다. 한성사범학교는 우리나라 최초의 교사양성기관으로 2년 과정의 본과(1899년에 4년 과정으로 개정됨)와 6개월 과정의 속성과로 구분된다.

본과는 20~25세 이하로 하고, 속성과는 22~35세 이하로 규정하였다. 입학정원은 본과 100명, 속성과는 60명이었다. 사범학교는 소학교의 교원양성을 목적으로 하여 설립된, 오늘날의 교육대학교 성격을 가지고 있다.

(6) 실업학교(實業學校)

정부는 관립 실업학교를 설립하기 위해 1899년 6월 상공학교 관제, 1899년 의학교 관제, 1904년 6월 농상공학교 관제를 공포하였다. 최초의 근대 관립 실업학교는 1899년 5월에 설립된 상공학교이며 수업 연한은 4년으로 예과 1년과 본과 3년이다. 상공학교는 지방에도 설치되었고 관립, 공립, 사립을 모두 설치할 수 있었다. 입학자격은 만 17~25세이다.

의학교의 입학 자격은 중학교 졸업자로 20~30세이며 수업 연한은 속성과 3년이었다. 교육내용으로는 동물, 식물, 화학, 물리, 해부, 생리, 약물, 진단, 내과, 외과, 안과, 부영, 위생, 법의, 종두, 체조가 있었다. 그러나 관립 의학교를 지원하는 사람이 많지 않았다고 한다(김영우 외, 1996: 252; 김태오, 2015, 108 재인용).

2) 선교계 사립학교

1882년 한미수호통상조약 이후 기독교 선교사들이 들어오게 되었다. 선교사들은 선교와 외교, 교육과 의료사업 등을 병행하였고 민주주의와 근대적 교육을 보급하였다. 1885년부터 1910년까지 구교와 신교가 세운 학교의 수가 796개나 되며, 그중 신교에서 세운 학교가 666개나 되었다. 선교사들은 인간평등과 인권존중 그리고 교육의 기회균등 등을 강조하면서 서양의 교육제도를 소개하고 신학문을 정착시켰다. 선교계 학교의 성격과 특징을 살펴보면 다음과 같다(장덕삼, 2003: 211).

① 기독교적 민주주의 교육과 기독교적 국가의 인재양성
② 자주정신에 입각한 한국인의 양성
③ 평등사상에 의한 교육활동
④ 근대식 교육과정의 구성
⑤ 학기와 시간 배정에 의한 근대 학제의 설립

(1) 광혜원(廣惠院, 1885)

광혜원은 우리나라에 처음 입국한 선교사 알렌(Allen)이 세운 한국 최초의 근대식 국립병원으로 우리나라 근대적 병원의 효시이다. 이곳에서는 의료뿐 아니라 서양 의학과 기술을 가르쳤으며 세브란스 의전의 모체가 되었다. 설립 다음 해인 1886년에 국립의료학교를 만들어 의학교육을 전문적으로 실시하였다.

(2) 배재학당(培材學堂, 1885)

배재학당[89]은 미국 북감리교 선교사 아펜젤러(Appenzeller)가 설립한 최초의 근대학교로 중학교 수준의 남자학교이다. 배재학당은 육영공원이 실패하면서 1895년부터 1902년까지 정부 파견 위탁생을 받아 가르친 당시의 교육적, 지적, 도덕적 영향력을 가진 학교가 되었다. 설립목적은 '우리는 통역관을 양성하거나 우리 학교의 일꾼을 기르려는 것이 아니라, 자유의 교육을 받은 사람을 내보내려는 것이다(Paik, 1929: 119; 장덕삼, 2003: 220, 재인용).'라고 하였다.

학당훈은 '욕위대자(欲爲大者) 당위인역(當爲人役)'으로 '큰 인물이 되려는 자는 남을 위해 봉사할 줄 알아야 한다.'는 의미이며 기독교의 진리를 실천하며 교회와 국가에 봉사할 수 있는 지도자를 양성하는 것이다.

교과목은 성경, 한문, 영어, 지리, 천문, 수학, 생물, 공작, 체육 등이 진행되었고 체육시간에는 야구, 축구, 정구, 농구 등을 함으로써 우리나라 신식 스포츠의 발원지가 되었다. 그밖에 연설과 토론회 등을 개최하기도 하였다. 학년을 두 학기로 나누고 수업료는 물건 대신 돈으로 받았으며 입학과 퇴학 절차를 엄격히 하고 근로를 장려하였다.

(3) 장로교와 감리교 선교사들이 설립한 학교

장로교 선교사들이 세운 학교는 제중원 부성 의학교, 언더우드 학당, 정신여학교 등이 있다. 언더우드는 1885년 4월에 입국하여 광혜원에서 화학과 물리학을 가르치다 1886년 고아원 겸 고아학교로 기숙제 학교를 설립하였는데 이것이 언더우드 학당(1886)이다. 언더우드 학당은 1902년 예수교중학교라고 하였고 1905년 경신학교라고 개칭하였다. 1915년에는 YMCA 회관을 빌려 경신학교 대학부를 창설하였는데, 이것이 연희전문학교의 시작이다.

감리교 선교사가 설립한 학교는 서울에 이화학당(1886)과 지방에는 1894년 평

89) '배재학당'이라는 이름은 1887년 고종이 친히 이름을 지어 교명으로 하사한 것이다(손인수, 1971: 21).

양에 광성학교, 숭덕학교, 정의여학교 등이 있다. 1906년에는 숭실학교에 대학부가, 1910년에는 이화학당에 대학부가 각각 설립되어 고등교육의 임무도 담당하였다.

이화학당은 감리교 선교사인 스크랜턴(M. F. Scranton)의 부인이 지금의 서울 정동 자택에서 한 명의 학생을 데리고 설립한 최초의 여성교육기관이다. 중등 수준의 학교였으며 1887년 7명의 학생으로 늘어났을 때, 명성황후가 '이화학당(梨花學堂)'이라는 교명을 하사하였다. 교육목적은 '한국 여아를 그들이 생활을 영위하여야 하는 조간 밑에서 모범적인 주부로 만드는 동시에, 그들의 친척과 동료 사이에서 기독교의 선교자가 되도록 만드는 데 있다(오천석, 1964: 58).'고 하여 조선의 여아를 주부로 만드는 동시에 기독교 선교사를 양성하는 것이었다. 교과목으로는 처음에 주기도문과 찬송가를 영어로 가르쳤으나 후에 성경을 가장 중시하였고 영어, 산술, 창가, 역사, 글쓰기, 영문법과 천자문과 동문선습 등 한문도 가르쳤다.

그밖에 정신학교(1886)가 있다. 정신학교는 광혜원 간호사로 내한한 엘러스(A. J. Ellers)가 세운 학교이다. 처음에는 고아를 대상으로 글을 가르치는 정동학당이었다가 여자중학교에 해당하는 정신학교(1895)로 발전하였다. 이 학교에서는 한국의 전통과 습관을 존중하여 상류계급에서 쓰이는 예의범절과 말씨 및 몸가짐을 가르쳤다.

3) 민족계 사립학교

민간 주도의 근대 사립학교는 개화사상의 수용과 민족개조를 위한 교육에 심혈을 기울였으며, 일제 침략 이후 자주 독립을 위한 교육에 힘썼다. 1905년 이전에 세워진 사학은 개화라는 이름의 근대화를 실천하기 위해 설립되었다. 이때의 사학은 개화된 선진 여러 나라의 문물과 기술을 습득하고 부국강병을 이루는 데 목적을 두었다.

일제 침략 이후 사학은 자주 독립을 위한 교육에 집중하였다. 즉 일제 침략 이후 교육을 통한 구국의 인재양성이라는 새로운 민족적 요망에서 많은 사학이 탄생하게 되었다. 당시 사학의 교육목적은 청소년을 지식으로 계몽하여 사회 폐습을 개혁하고, 민족의식을 고취시키고자 하였다. 또한, 민족 산업을 일으켜 국권회복을 위한 역군을 양성함에 있었다. 교육과 산업은 자강운동의 한 표방이며, 갈수록 강화되는 일제통치에 대한 저항의 한 형태였다.

민족계 최초의 사립학교는 1883년의 개항장 원산에 설립된 원산학사가 있다. 원산학사는 일본인 상인집단에 맞서 민족의 권익수호를 위해 덕원 읍민들이 기금을 모아 설립한 학교이다. 젊은 세대에게 새로운 지식을 교육하여 독립자강을 위한 인재를 양성함으로써 외세의 도전에 대응하고자 했다. 원산학사에는 문예반과 무예반이 있었다. 문예반의 정원은 50명으로 덕원 읍민으로서 연소하고 총명한 사람을 대상으로 하였으며 타읍민의 경우 수업료를 내면 입학이 허용되었다. 무예반의 정원은 200명이었으나 갑신정변(1884) 이후에 폐반되었다. 문무 공통과목으로 산수, 격치(格致), 농업, 양잠, 채광, 외국어, 법률, 지리 등을 가르쳤으며, 문예반은 경서(經書)를, 무예반은 병서와 무예를 더 가르쳤다. 갑오개혁(1894) 이후 소학교와 중학교의 기능으로 분화되었고, 1896년 문예반만 갖춘 원산소학교로 공교육에 편입되었다.

민족계 사립학교들이 본격적으로 설립된 것은 갑오개혁 이후이다. 갑오개혁부터 1905년까지 설립된 사립학교는 총 158개이다.[90] 이는 각종 신문 기사에 실린 학교 수가 실제로는 더 많았다고 한다.

갑오개혁 직후 설립된 사립학교는 외국어를 전문으로 하는 사립학교와 보통과를 둔 사립학교로 나눠 볼 수 있다.

민영환이 러시아 황제 대관식에 참여하고 돌아와 설립한 흥화학교(1895)는 영어와 일어를 가르쳤으며, 같은 해 설립된 한성의숙(후에 낙영학교)도 영어와 일어를 가르쳤다. 1895년에 설립된 시무학교(후에 중교의숙)에서도 영어, 일어, 한문을 가

90) 지역별로 서울 53개교, 경기 25개교, 평남 21개교, 함남 10개교, 함북 8개교, 충남 7개교, 전남 5개교, 경북 경남 각 6개교, 평북 충북 각 4개교, 황해도 3개교, 강원 전북 각 2개교이다.

르쳐 이 세 학교는 어학을 가르치는 학교로 이름이 있는 학교였다.

1899년 이후 사립학교는 특정 전문 인력을 양성하는 전문교육기관으로 바뀌었다. 흥화학교는 1899년부터 양지(量地) 속성과를 설치하여 측량 전문 인력을 양성하였고, 낙영학교는 1900년 5월부터 철도학과를 부설하고 10월에는 공업 제조과를 부설하였다. 광성학교는 1900년 2월부터 사립 광성상업학교로 교명을 변경하여 상업전문학교로 특화하였다.

이 시기에 설립된 사립학교들은 대부분 전·현직 관료나 지역 유지들이 주도적인 역할을 하였을 뿐 아니라 그밖에 철도회사나 운수회사 등도 학교 설립의 주체로 등장하였다. 갑오개혁기의 사립학교는 1905년까지 전국에 220여개에 이르렀다고 한다.

1905년 을사늑약(乙巳勒約) 이후 구국운동이라는 사립학교 설립운동이 전국적으로 전개되었다. 1910년까지 전국에 걸쳐 5,000여개의 민족계 사립학교가 설립되었다. 이들 사립학교의 설립 목적은 배일사상과 독립사상을 고취하는 민족주의 교육의 실천이었다. 대표적인 민족계 사립학교를 소개하면 다음과 같다.

안창호는 고향인 강서 지방에 점진학교(1899)를 세웠다. 이는 서도(西道)에서 민간이 세운 최초의 사립학교이다. 특징은 우리나라 최초의 남녀공학을 실시한 소학교라는 점이다. '점진'이란 꾸준히 힘을 기르자는 그의 신조에서 나온 것이다.

보성학교(1905)는 이용익이 설립하였고 고려대학교의 전신이다. 이 학교는 교육구국의 인재를 양성하기 위해 설립하였다.

대성학교(1907)는 안창호에 의해 설립되었다. 1907년 일본은 정미7조약을 맺어 황제를 폐하고 대한제국의 군대를 해산하였다. 이에 안창호는 자아혁신과 자기개조를 통해 민족혁신과 민족개조를 이룩할 생각을 가지고 대성학교를 설립하게 되었다. 이 학교는 건전한 인격함양, 애국정신이 투철한 민족운동가 양성, 국민으로서의 실력을 구비한 인재의 양성, 강건한 체력훈련 등을 목적으로 하였다.

오산학교(1907)는 이승훈이 평양에서 안창호를 만난 후 기울어져 가는 나라에 대하여 깊이 깨닫게 되면서 세운 학교이다. 1907년 8월에는 초등교육기관으로 강명의숙을 먼저 세웠고, 같은 해 12월에 오산학교를 설립하여 민족교육을 전개하였다.

여자학교로는 1906년 4월과 5월에 진명여자학교와 명신여자학교(오늘날 숙명여자 중·고등학교)가 왕실의 후원으로 설립되었고, 1908년 4월에는 동원여자의숙과 1909년에는 동덕여자의숙이 설립되었는데, 이 두 학교가 합병되어 오늘의 동덕여자 중·고등학교의 모체가 되었다(장덕삼, 2003: 228).

9장 현대의 교육

1. 일제강점기의 교육(1910~1945)

일본의 강압에 의해 1905년 체결된 을사늑약은 조선을 합병하려는 일본 제국주의의 침략적 야심을 노골적으로 드러낸 것이다. 1905년 12월 일본은 조선에 통감부[91]를 설치하고 이등박문이 부임한 후 1907년 서기관 표손일을 학부 차관으로 삼아 교육 업무를 맡겼으며 일본인 미쓰지에게 교과서 편찬 및 사무를 맡겼는데 이 당시 학부 직원 중 반 이상이 일본인이었다고 한다. 이후로 1910년 한일병합까지 조선통감부에 의한 교육정책이 실시되었다.

1) 통감부의 교육정책

(1) 우민화 정책

학제개혁을 단행하여 초등교육의 수업 연한을 6년에서 4년으로 하였고, 중등교육령만 내리고 고등교육령을 내리지 않았다. 1910년 3월에 보성학교를 대학으

91) 1910년 칙령 제319호를 발표하고 조선통감부를 조선총독부(朝鮮總督府)라 하고 정치적으로 경제체제의 유지를 위해 헌병과 경찰을 동원하여 탄압을 가하였다.

로 발전하려 한다는 보성대학기성설이 있자 이를 사전에 방해하여 인가하지 않았다.

(2) 점진적 동화정책

항일운동의 온상이었던 민간 사학은 억제하고, 관립 및 공립 보통학교를 확장하여 식민지 정책에 무조건 복종하는 인간을 양성하려 하였다. 그리고 각급 학교에서 일본어의 비중을 크게 높였다.

(3) 일본인 교원 배치 및 교과를 통한 친일 강화정책

소위 모범교육을 실시한다는 명목하에 각급 학교에서 일본인 교원을 초빙하게 하고 학교 운영의 실권을 장악하도록 하였다. 당시 학부가 편찬한 교과서 내용 가운데 은연중에 친일교육을 한 부분이 많았다.

(4) 사립학교령 공포

을사늑약 후 교육구국운동으로 고조된 우리의 교육열을 억누르기 위해 1908년 일제 통감부는 '사립학교령'을 공포하였다. 사립학교령에는 사립학교의 설립, 인가, 개교 및 폐교 등을 학부에서 관장하도록 하였다. 기존에 있는 사립학교는 6개월 이내에 학부의 재인가를 받도록 하였으나 대부분의 사학은 인가를 받지 못하였다. 그 결과 1908년에 5,000여 개였던 학교가 1910년에는 2,250개교로, 1919년에는 742개교로, 1920년에 617개로, 1940년에는 270개로 줄어들게 되었다.

또한, 같은 해 '교과용 도서검정 규정'을 공포하여 사학의 교과용 도서는 학부 편찬 혹은 학부의 검정을 받은 것만 사용하도록 하였다(정재걸, 1998: 1376-1377). 이는 우리 민족의식을 말살하고 일제의 이익에 부합하는 교육내용을 강조하기 위한 것이었다.

2) 일제의 교육정책 특징

(1) 동화주의 교육 추진

일제는 동화주의 교육을 추진하기 위해 민족정신과 국가 관념을 고취시키는 사학보다는 관립·공립학교를 육성하였다. 소학교를 '보통학교'라고 하고 연한을 6년에서 4년으로 단축한 통감부는 친일교육을 통한 동화정책의 방안으로 교육을 확충하였다. 학교교육에서 일본의 언어, 도덕, 역사, 지리 등을 강제로 가르치고 우리나라의 국어, 도덕, 국사, 지리 등의 내용을 탄압하였다. 문학, 법학, 의학을 장려하고 정치학, 경제학, 이학, 공학계 고등교육을 배제하였다(정재철, 1998: 2206).

(2) 우민화 정책

초등교육은 장려했으나 중등학교 설립을 극도로 제한하고 고등교육기관의 설립을 허가해 주지 않거나 방해하였다. 즉 일제는 민족교육자들에 의한 '민립대학' 설립 운동을 방해하고 대신 친일 관료를 양성하기 위해 '경성제국대학'을 설립하였다.

(3) 민족말살정책

일본어, 일본 역사, 일본 문화를 일방적으로 주입하였고 한글의 교수 학습을 사실상 금지시켰다. 한국을 일본의 병참기지로 만들고, 한국인을 전쟁에 강제 동원하였다.

(4) 항일운동에 의한 교육정책의 변화

일제의 식민지 정책이 본격화됨에 따라 항일운동이 일어나자 통치방법과 교육정책의 수정이 불가피하게 되었다. 일제 강점기의 교육정책은 세 번에 걸쳐 변화가 이루어졌다. 초기는 식민주의 교육 추진기로 한일병합에서부터 3·1운동이 일어난 시기(1910~1919), 중기는 문화주의와 동화주의 교육정책이 실시되던 시기로 '제3차 조선교육령'이 발표된 때까지(1919~1938), 말기는 전시체제의 황국신민화 교육정책이 실시되고 1945년 일본제국주의가 패망할 때까지(1938~1945)의 3단계로 구분할 수 있다.

3) 조선교육령(1911) 공포

1910년 한일병합이 이루어지고 일본은 우리 민족을 '일본제국의 신민'으로 동화시킬 목적으로 동화교육을 실시하였다. 이를 위해 네 차례의 조선교육령을 공포하였다.

(1) 제1차 조선교육령(1911, 무단통치기)

이 시기의 일본 식민주의의 교육정책은 '황국 신민으로서의 자질과 품성'을 갖추게 한다는 것이 기본방침이었다. 그러면서 '민도에 맞는 교육을 실시한다.'고 하여 학교제도 개편을 실시하였다. 보통학교 4년, 고등보통학교 4년, 실업학교 2~3년, 전문학교 3~4년으로 단축하였고 보통교육 위주로 정책을 수행하였다. 그리고 일본 통치자들은 민족주의의 온상인 사학에 대한 감시와 통제를 통한 탄압으로 민족정신을 말살하고자 했다. 1911년에는 '사립학교 규칙'을 만들어 교사, 교과서, 교과과정을 규제하고 법령 규정을 위반한 학교에게 폐쇄명령을 내렸다. 그 결과 사립학교들이 크게 위축되었다.

(2) 제2차 조선교육령(1922, 문화통치기)

제1차 조선교육령에 의한 무단 교육정책은 1919년 3·1운동으로 변화를 가져오게 되었다. 즉 3·1운동에 놀란 일제는 종래의 무단정치에서 문화정치로 통치정책을 바꿨다. 학교제도에 있어 보통학교의 수업 연한을 4년에서 다시 6년으로, 고등보통학교는 4년에서 5년으로, 여자고등보통학교는 3년에서 4년 또는 5년으로 연장하였고 한국인에게도 대학입학을 허용하였다.

유화정책으로 각급학교에서 폐지되었던 조선어를 필수과목으로 하였고 한국인과 일본인의 공학을 원칙으로 하였다. 사범학교와 대학의 설치의 길을 마련하고 실업교육, 전문교육, 대학교육은 일본의 제도를 따랐다.

이렇듯 표면적으로는 일제 학제와 동일하게 하는 융화책을 사용하였으나, 동화주의와 교육적 차별은 변함이 없었다. 오히려 일본식 교육을 강화함으로써 우리 민족의 사상을 말살하는 데 노력을 기울였다.

(3) 제3차 조선교육령(1938, 황국신민화기)

1931년 일본이 만주사변을 일으켜 중국 침략을 시도하면서부터 급격히 내선일체(內鮮一體), 황국신민화 정책을 추진하였다.[92] 황국식민화교육은 태평양전쟁 발발 이후 더 강화되었다. 학생들이 전쟁에 동원되었고, 1938년 한국인을 위한 교육제도의 수정이 이루어졌다. 학교의 명칭을 일본인 학교와 동일하게 변경하였다. 예를 들어 보통학교를 소학교로 개명하였다. 사학의 탄압은 극심해졌으며 조선어 과목을 선택과목으로 변경하였는데, 이는 사실상 폐지를 의미한다. 일본어 교육을 강화하고 강제로 사용하게 했으며, 한국인 교사를 일본인 교사로 대치하고 신사참배를 강요[93]하였다. 또한, 일본식 이름 사용의 교육방침을 실시하였다.

(4) 제4차 조선교육령(1943, 황국신민화기)

황국신민화 정책과 함께 한국인의 비한국인화(非韓國人化)를 자행하였다. '교육에 관한 전시조치령'에 의하여 한국인 학생의 전시사상 교육과 군사 목적에 합치되는 교육체제로 개편하였다. 교육의 군사체제화를 위한 '학생동원체제정비에 관한 훈령(1944)', '학도운동본부의 설치(1944)' 등 각종 법령을 공포하여 학교교육을 침략전쟁을 수행하기 위한 도구로 만들었다. 이러한 식민지 교육정책을 따르

---

92) 총독부 학무국의 한 관리는 일본의 대동아정책에 있어 "조선은 대륙 전진의 병참기지로서 군사, 경제상 임무를 완전히 수행할 뿐만 아니라 사상, 문화 방면에 있어서도 대륙 진출의 기지적 임무를 수행하지 않으면 안 되며, 근본적으로 그 실(實)을 올리기 위해 통일된 교육방침에 의한 황국 신민교육에 기대지 않으면 안 된다."고 강조하였다(오천석, 1975: 299)

93) 서울 남산에 '조선신궁', 서울과 나남에 '호국신궁, 부여에 '부여신궁'을 세우고 매달 1일을 '애국일'로 정하여 신사참배를 강요했다.

지 않는 사립학교는 폐교시키거나 공립학교로 개편하였다.

4) 교육사상가

(1) 이승훈(1864~1929)

이승훈은 1864년 평안북도 정주에서 태어났다. 본명은 인환(寅煥)이다. 생후 8개월에 어머니가, 10세에 아버지가 돌아가시자 학업을 중단하고 상업에 종사하여 성공하였다. 1907년 44세 때 평양 모란봉에서 연설하던 안창호 선생을 만나면서 나라를 위해 일생을 바치기로 맹세하고 자신의 삶을 교육 사업에 헌신하였다.

이승훈은 고향에 돌아와 서당을 개조하여 강명의숙(1907)을 세웠고, 1907년 12월 안창호의 대성학교와 같이 민족운동의 인재를 양성할 목적으로 중학교 과정의 오산(五山)학교를 설립하였다. 1911년(48세)에 남만주 무관학교 경영사건으로 제주도에 유배되었고, 105인 사건, 3·1운동 등으로 9년간 감옥에 갇히게 되었다.

출옥 후 조선인의 고등교육을 위한 '조선민립대학 설립운동'을 주도하였다. 오산 일대를 교육도시로 만들려는 '종합교육계획'[94]을 계획하고 차츰 실천에 옮기다 1930년 67세의 나이로 세상을 떠났다. 그는 유언으로 자신의 시신을 표본으로 만들어 오산학교 생리학 표본실에 비치하여 학생들의 생리학 공부에 활용하도록 하였지만 일제의 방해로 실현되지 못했다.

이승훈의 일생에 비추어 본 교육 정신은 다음과 같다(임채식 외, 2017: 141).

첫째, 민족과 민중을 발견하였다. 그는 고난의 민족, 버림받은 민중의 생활 양상에 힘을 모았다.

94) 오산 지역에 유치원부터 농과대학에 이르는 체계적인 교육기관을 두려는 계획이다.

둘째, 조국애를 헌신적으로 실천하여 모범을 보였다. 그는 일생을 진리와 정의를 추구하였으며 경(敬), 애(愛), 성(誠)을 실천하였다.

셋째, 교육, 학교, 산업을 공동전선으로 파악하고 서로 유기적인 교호작용에 힘썼다. 이승훈은 교육으로 민중의 무지를 깨우치고, 학교로 교육을 일으켰으며 산업으로 나라를 근대화하는 데 힘썼다.

(2) 안창호(1878~1938)

안창호는 평안남도 강서군 초리면에서 1878년에 태어났다. 17세에 서울로 올라와 경신학교의 전신인 구세(救世)학당에 입학하여 신학문을 배우면서 기독교인이 되었다. 기독교와 신학문을 통해 안창호는 인생관과 세계관의 기틀을 마련하였다.

1896년 미국에서 돌아온 서재필 등에 의해 창설된 '독립협회'에 가입하여 만민공동회를 개최하여 민중교육운동에 관심을 갖게 되었다. 그러나 1899년 독립협회가 강제 해산되면서 고향인 강서에 돌아와 최초의 남녀공학인 '점진학교'를 설립하였다. 점진학교는 지방에 세워진 최초의 사립초등교육기관이며 남녀공학이었다. 신민회의 사업으로 평양에 중등 정도의 근대식 학교인 대성학교를 설립하였다. 대성학교의 교육방침을 살펴보면 다음과 같다(오천석, 1975: 185; 임채식 외, 2017: 129, 재인용).

① 건전한 인격의 함양
② 애국정신이 강한 민족운동자의 양성
③ 국민으로서의 실력을 구비한 인재의 육성
④ 건장한 체력 유지를 위한 훈련

이 네 가지 중 인격의 함양에 가장 힘을 쏟았다. 그러나 안중근 의사가 이토 히로부미를 저격하자 안창호는 대성학교에서 체포되었고, 이후 중국으로 망명을 떠났다가 미국으로 건너갔다. 1913년 미국에서 인재양성 운동인 '흥사단(興士團)'을 조직하였다. 그 후 상해 임시정부의 요직을 담당하였고, 1932년 윤봉길 의사의 거사 이후 체포와 복역을 거듭하다가 1938년 세상을 떠났다.

교육의 목적은 건전한 인격 형성과 자아혁신에 두었다. 자아혁신은 자기개조와 연결된다. 자기개조를 위한 4대 정신을 강조하였는데, 무실(務實)[95], 역행(力行)[96], 충의(忠義)[97], 용감(勇敢)[98]이 그것이다. 무실은 참되기를 힘쓰자는 것으로 자기 개조의 내용이며, 역행은 행하기를 힘쓰자는 것으로 자기 개조의 실천이다. 자기개조는 민족개조이며 민족개조는 인간개조와 연결된다.

안창호의 근본사상은 다음과 같은 개념으로 정리할 수 있다(한기언 외, 1974: 154; 임채식 외, 2017: 134-135).

① 3대 자본: 지식(정신적 자본), 신용(도덕적 자본), 관전(경제적 자본)

② 3육: 덕육, 체육, 지육

③ 3대 수련: 건전한 인격훈련, 공고한 단결훈련, 민주적 공민훈련

④ 5대 공약

- 무실, 역행, 충의, 용감의 정신으로 부단히 자아를 혁신하자(自己)
- 동지를 사랑하며 신의를 중시하여 환난상구하자(同志)
- 단결을 위하여 일심하여 복종하며 희생하자(團結)
- 범사에 청백하며 맡은 책임을 완수하자(職業)
- 대공복무의 정신으로 국가 민족을 위하여 헌신하자(民族)

⑤ 6대 사업: 군사, 외교, 교육, 준법, 재정, 통일

95) 거짓을 버리고 참을 사랑하는 정신, 실질을 존중하는 정신이다.

96) 말보다 실천을 강조하고 목표를 위해 꾸준히 노력하는 정신이다.

97) 충성되고 신의를 지키는 정신이다.

98) 굳은 의지를 가지고 진취적이며 능동적인 정신을 발휘하는 것으로 탐구와 진리에 사는 정신이다.

(3) 방정환(1899~1931)

방정환은 1899년 서울에서 태어났으며 호는 소파이고 아동 문학가, 사회사업가이며 교육사상가이다. 15세 때 미동보통학교를 졸업하고 선린 상업학교와 1918년 보성전문학교를 거쳐 일본 도요대학에서 아동예술과 아동심리학을 공부하였다. 1921년 '천도교 소년회'를 조직하여 본격적으로 소년운동을 전개하였다. 이는 천도교 사상을 토대로 아동존중사상을 체계화한 것과 관계가 있다.

1922년 5월 1일 '천도교 소년회' 주최로 제1회 '어린이날' 행사를 열었다. 천도교만의 행사를 넘어서기 위해 소파를 중심으로 '조선소년운동협회'를 결성하여 김기전과 함께 1923년 5월 1일 제1회 어린이날 행사를 거행하였다.[99] 그는 민족

99) 이날 배포된 '선언문'에는 '소년운동의 기초조건', '어른들에게', '어린 동무들에게' 의 실천사항을 제안하였다. 이는 '아동권리에 관한 제네바 선언'보다 1년 전에 발표한 것으로 세계 최초의 어린이 헌장이라 할 수 있다(김태오, 2015, p. 126, 재인용).
- 소년운동의 기초 조건
  - 어린이를 재래의 윤리적 압박으로부터 해방하여 그들에게 대한 완전한 인격적 예우를 허하게 하라.
  - 어린이를 재래의 경제적 압박으로부터 해방하여 만 14세 이하의 그들에 대한 무상 또는 유상의 노동을 폐하게 하라.
  - 어린이 그들이 고요히 배우고 즐거이 놀기에 족한 각양의 가정 또는 사회적 시설을 행하게 하라.
- 어른들에게
  - 어린이를 내려다보지 마시고 치어다보아 주시오.
  - 어린이를 가까이 하시어 자주 이야기하여 주시오.
  - 어린이에게 경어를 쓰시되 늘 보드랍게 하여 주시오.
  - 이발이나 목욕, 의복 같은 것을 때맞춰 하도록 하여 주시오.
  - 잠자는 것과 운동하는 것을 충분히 하게 하여 주시오.
  - 산보와 원족 같은 것을 가끔가끔 시켜 주시오.
  - 어린이를 책망하실 때는 쉽게 성만 내지 마시고 자세자세 타일러 주시오.
  - 어린이들이 서로 보여 즐겁게 놀만한 놀이터와 기계 같은 것을 지어 주시오.
  - 대우주의 뇌신경의 말초는 늙은이에게 있지 아니하고 젊은이에게 있지 아니하고 오직 어린이들에게만 있는 것을 늘 생각하여 주시오.
- 어린 동무들에게
  - 돋는 해와 지는 해를 반드시 보기로 합시다.
  - 어른들에게는 물론이고 당신들끼리도 서로 존대하기로 합시다.
  - 뒷간이나 담 벽에 글씨를 쓰거나 그림 같은 것을 버리지 말기로 합시다.
  - 꽃이나 풀을 꺾지 말고 동물을 사랑하기로 합시다.
  - 전차나 기차에서는 어른들에게 자리를 사양하기로 합시다.
  - 입을 꼭 다물고 몸을 바르게 가지기로 합시다.

주의를 바탕으로 한 최초의 아동 문화운동가로서, 또 사회운동가로서 어린이들을 위해 일생을 바쳤다.

방정환은 1923년 우리나라 최초의 순수 아동잡지인『어린이』를 창간하였고 윤극영 등과 함께 색동회를 창립하여 본격적으로 아동문제를 연구하였다. 1957년 그의 정신을 기리기 위해 '소파상'이 제정되었고, 1978년 금관문화훈장, 1980년 건국포상이 수여되었다. 저서로는 생전에 발간된『사랑의 선물』과 사후에 발간된『소파 전집』,『칠칠단의 비밀』,『글벗집』,『소파 아동문학 전집』등이 있다.

방정환은 19세기 말 동학의 2대 교주인 최시형의 아동관에 영향을 받았다. 전통 유·불·도 사상에 기반을 둔 천도교의 아동관과 신학문에서 영향을 받은 서양적 아동관을 모두 체득하여 우리나라에서 처음으로 아동 중심의 사상과 아동 중심 교육을 1920년대에 소개하고 실천에 옮겼다.

방정환의 아동관을 살펴보면 다음과 같다.

첫째, 아동은 참되고 선하며 아름다운 존재이다.

둘째, 아동은 창조력을 지닌 존재로 새 세상을 만들 새싹으로 보았다.

셋째, 그 당시 아동은 천대받는 존재였다. 당시의 아동은 일제하에서 어른들의 통제를 받는 이중적인 억압을 받는 존재로 보았고 방정환은 이를 바로 잡고자 하였다.

마지막으로 아동은 기쁨으로 성장한다고 보았다. 기쁠 때 아동은 가장 잘 자라고 몸과 생각이 클 수 있기 때문이다.

방정환의 아동교육관은 성장과 자율성의 교육원리에 기초하고 있다.

첫째, 성장의 원리이다. 아동은 진선미의 존재로 그들이 싹이 나고 성장하기 위해서는 아동에게 기쁨을 주고 그들의 뜻을 존중하는 사회를 만들어야 한다.

둘째, 자율성의 원리이다. 어린이를 어른의 생각이나 사회의 필요에 맞추어서는 안 된다. 방정환은 아동교육에 있어 흥미와 표현을 강조하였다. 그는 아동 세계의 고유함을 인정하여 아동의 생각뿐 아니라 글, 그림, 노래에는 어른들의 것과는 다른 세계가 있으며, 어른들의 관점이 아닌 아동의 관점에서 자신들의 세계를 표현하는 것이 성장에 중요하다고 보았다. 이러한 자기표현은 아동으로 하여금 자신의 성장에 가장 필요한 기쁨을 줄 수 있고, 이 기쁨은 어른의 방해 없이 자유로이 활동할 수 있을 때 가능하다고 하였다.

방정환은 어린이를 교육할 때의 실천사항을 다음과 같이 제안하였다.

첫째, 어린이는 어른보다 더 새로운 사람이며 새로운 시대의 새 인물임을 알아야 한다.

둘째, 어린이를 어른보다 더 높게 대접하라. 어른은 뿌리라면 어린이는 싹이다. 뿌리는 싹을 위해야 그 나무가 뻗쳐 나갈 수 있다.

셋째, 어린이를 윽박지르지 마라. 윽박지를 때마다 뻗어 가는 어린이의 기운이 줄어들기 때문이다.

넷째, 어린이의 생활을 항상 즐겁게 해 줘라. 그래야 그 마음과 몸이 활짝 커갈 수 있다.

다섯째, 어린이는 항상 칭찬해 가며 길러라. 그래야 어린이의 용기와 자신감이 늘어난다.

여섯째, 어린이의 몸을 자주 주의해 보라. 어린이가 무엇을 즐기나, 몸과 마음이 어떻게 변해 가나 주의하여 보라.

일곱째, 어린이에게 잡지를 자주 읽혀라. 그래야 생각이 넓고 커지며 부드럽고 고상한 인격을 가지게 된다.

2. 미군정기의 교육

1) 미군정의 교육정책

미군정기란 1945년 9월 7일 태평양 미국 육군 총사령관 맥아더의 포고령 제1

호에 의해 설치되어 대한민국 정부가 수립된 1948년 8월 15일까지 존속했던 '재조선 미육군사령부 군정청(United States Army Military Government in Korea)'이 지배했던 3년간의 시기를 말한다.

미군정의 성격은 마치 점령군[100]의 자세로 임했고, 군정이 시행됨과 동시에 1089명의 장교가 각 부서의 책임자로 임명되었다. 이 시기 중앙 교육행정 부서인 학무국의 책임자는 미군 장교 락카드(E. N. Lockard)였다.

(1) 교육정책 목표

미군정은 '민주적인 독립국가에 필요한 적합한 교육제도의 수립을 향한 한국인들의 노력을 돕는 것'을 강조하여 한국 교육의 민주화를 통한 민주적 독립국가의 수립을 표방 목표로 삼았다. 그러나 이러한 교육목표와 실제 교육정책에는 괴리가 있었다. 미군정이 교육정책을 통해 추구한 목표는 다음과 같이 정리될 수 있다(이길상, 1998, 1243; 이길상, 1992).

① 교육을 통해 미국의 선의를 보여 줌으로써 군사적 지배를 합리화하고 한반도에서의 미국의 입지를 강화하려고 했다.

② 교육 분야에서 미국지향적인 인물들을 선발하여 키움으로 미국식 교육을 한국에 이식하려 했다.

③ 미국의 반공 이데올로기의 확산으로 장차 남한을 미국의 자본주의 시장 경제에 예속시킬 수 있는 기반을 형성시키는 것이다.

(2) 주요 교육정책(이길상, 1998; 손인수, 1992)

① 학교교육에 대한 재개

1945년 9월 17일, 일반명령 제4호 학교교육의 재개에 관한 결정 발표에서 공립

100) 맥아더의 포고문에 '점령군에 대한 모든 반항운동 또는 보안 질서를 교란하는 행위를 하는 자는 엄벌에 처한다(제3조)'고 했으며 '군정 기간 중에 영어를 모든 목적에 사용하는 공용어로 한다(제5조)'고 명시하여 해방군이 아닌 점령군의 자세가 그대로 반영된 것을 볼 수 있다.

국민학교는 1945년 9월 24일에 개학할 것, 사립학교는 학무국의 허가를 받아 개학할 것, 교육에 있어서 인종 및 종교에 따른 차별을 철폐할 것, 교수 용어는 한국어로 전환할 것, 한국의 이익에 반하는 교육내용의 교수는 금지할 것, 미군 점령 시설 이외의 교육 시설에 대한 교육목적으로의 전환을 명시하였다.

② 교육이념 결정

홍익인간의 건국이상에 기하여 인격이 완전하고 애국정신이 투철한 민주국가의 공민을 양성함을 교육의 근본이념으로 삼았다.

③ 학제 개편

학제를 일제 강점기의 복선형 학제에서 미국식 단선형 학제로 개편하였는데, '조선교육심의회' 등의 심의를 거쳐 학교계통을 학령전 교육, 초등교육, 중등교육, 고등교육, 특수교육의 5종으로 하였고, 교육연한은 6-3-3-4제에 따른 16년과 유치원 교육 및 대학원 각 2년, 합하여 20년으로 하였다. 그중 중등교육은 초급과 고급으로 이원화하였으며 전문학교 제도는 순차적으로 폐지하고 대학에 흡수시켰다. 1년을 2학기로 하고 1학기는 9월부터 2월까지, 2학기는 3월부터 8월까지로 할 것이며 남녀공학을 원칙으로 하였다.

학제 개혁 중 국립 서울대학교 설치 문제가 가장 쟁점이 되었다. 문교부는 서울과 그 주변의 관공립 전문학교와 일부 전문 사립학교를 통합하여 1946년 9월에 국립 서울대학교를 설치하겠다는 정책을 발표하자 이를 반대하는 '국대안 반대 운동'이 14개월에 걸쳐 진행되었다.

④ 교육과정 및 교과서 정책

미군정 초기부터 새로운 커리큘럼 편성과 교과서 편찬 작업을 실시하였다. 일제의 잔재를 청산하고 진정한 민족교육을 실시하기 위해 우리말로 새롭게 편찬된 교과서가 있어야 했다. 1945년 9월 조선어학회를 중심으로 초등용과 성인용 국어 교과서를 편찬하기 시작하여 1947년 12월 군정청이 발표한 교과서 편찬 수가 총 134종으로 이 중 초등교과서 41종, 중등교과서 70종, 대학 및 전문학교 교과서가 23종에 달했다고 한다.

⑤ 초등 및 기초교육 정책

군정 초기의 교육적 과제 중 하나는 77%에 달하는 문맹자를 해소하는 일이었는데, 이를 위해 학무국에 성인교육과를 설치하여 학령을 초과한 아동을 수용하여 기초교육을 실시하도록 하였다.

미군정기의 교육정책 중 가장 눈에 띄는 부분은 초등교육이었다. 일제에 의해 우리 교육이 황폐화되었기 때문에, 이 당시는 초등교육에 관심을 기울일 수밖에 없었다. 미군정은 초등 단계의 전 학령 아동을 취학시킬 계획으로 의무교육을 도입하였다. 그러나 당시의 재정적 어려움과 교사의 부족 등으로 의무교육이 실시되지 못했다.

2) 미군정하에서의 교육운동

미군정하에서의 교육개혁을 추구했던 교육운동은 세 가지 방향으로 진행되었다.

첫째, 사회주의 이념에 기초한 진보적 민주주의 교육운동이다.

둘째, 자유민주주의 이념에 기초한 새교육 운동이다. 새교육 운동은 1946년부터 문교부와 일선 교사들 사이에서 전통적 교육을 개혁하기 위해 식민지 교육을 지양하고 민주주의 이념 위에 교육을 새롭게 정립하려는 교육운동이었다. 새교육 운동은 민주주의 교육이념을 소개하고 미국의 진보주의 교육사상을 배경으로 교육의 민주화를 추구하였다. 교육내용에 있어서 경험 중심 교육과정과 생활 중심 교육과정을 소개하였다. 교육방법에 있어서 아동의 개성과 자발적 활동을 중시하는 아동 중심 교육과 경험을 통한 학습방법을 도입하였다. 새교육 운동은 전통적 교육의 계급주의와 차별주의를 배격하고 인간의 자유에 기반을 둔 교육을 추구하였다.

셋째, 민족주의에 기초한 민족주의 교육운동이다. 세 방향의 교육운동의 특성을 몇 가지 기준에 따라 소개하면 다음과 같다.

〈표 5〉 **미군정기 교육운동 세력의 특성 비교**

구분	진보적 민주주의 교육운동	새교육 운동	민족주의 교육운동
미국에 대한 태도	적극적 반미	친미	관념적 반미
미군정 참여정도	참여 거부	적극적 참여	부분적 참여
주요관심분야	교육이념과 목적(왜)	교육방법(어떻게)	교육내용(무엇을)
교육과 정치의 관계	불가분성	절대 분리	분리는 불가(그러나 교육 당파성 배제)
학제 개혁안	5-4-4-제(복선형)	6-3-3-4제(단선형)	-
교육내용의 중심	정치, 노동, 과학교육	사회생활과, 영어	국어, 국사
교육방법	의식화 교육	아동 중심 교육	-
주요 교육운동	· 국대안 반대운동 · 남조선 교육자협회조직 · 야학 운동	· 민주주의 교육 강조 · '새교육' 등 교육잡지 간행	· '조선교육' 발간 · 교과서 편찬·보급

출처: 이길상(1998). 미군정기의 교육. 1215.

3) 학교교육

(1) 초등교육

미군정의 신교육제도 도입과정에서 가장 노력을 기울인 분야가 초등교육이다. 초등교육은 6년제로 공립과 남녀공학을 원칙으로 하였다. 문교부와 각 시·도·부·군·읍·면 단위로 '의무교육제도실시 촉진위원회'를 설치하는 등 많은 노력을 기울였다. 재정적 어려움과 교사의 부족으로 의무교육이 완전히 실시되지는 못했으나 초등 단계의 취학률은 상당히 높아졌다.

(2) 중등교육

중등교육은 미군정하에서 제도적으로 가장 변화가 많은 분야이다. 종래의 4년제 공립중학교를 6년제로 하고 초급과정과 고급과정으로 구분하였다. 일제하에서의 3년제 공립중학교 및 실업중학교는 초급중학교로 하고 신설되는 중등학교는 고급 중학교로 하였다. 초등교육 인구의 팽창으로 중등학교에서 입시경쟁의 문제점이 발생하고 이를 극복하기 위한 방안이 모색되었다. 입시제도의 개편, 야간제 중학교 신설, 학급 증설 등 해결 방안을 모색하여 양적 발전이 있었으나 재정의 어려움, 교사와 교재부족 등으로 질적 발전에는 한계가 있었다.

(3) 고등교육

과거의 전문학교, 사범학교 2계열과 대학의 예과와 본과를 없애고 4년제 대학으로 일원화하였으며 의대는 6년제로 하였다. 1946년 4월과 6월에 고등교육에 관한 임시조치가 발표되었는데 주요 내용으로는 전문학교를 대학으로 승격하고 예과를 단계적으로 폐지하였으며 전문학교의 재학생 및 졸업생의 진로, 입학시험을 실시하였다. 미군정은 고등 교육에 대한 효율적 통제를 위해 1946년 7월 13일 국립서울대학교설립 계획을 발표하고 8월 22일 법령 제102호로 정식 공포되면서 학생, 교원, 사회단체 등의 '국대안반대운동'으로 미군정하에서의 최대의 교육 혼란이 있었다.

III

서양교육사

10장 고대의 교육

1. 그리스와 로마 문화의 특징

서양 문화는 그리스의 헬레니즘과 기독교의 헤브라이즘 문화를 바탕으로 이루어졌다. 시대적으로 구분해 보면 고대는 인류의 기록이 나타나던 때부터 기원 후 5세기경 서로마 제국의 멸망한 때까지로 본다. 교육의 역사 서술에서는 주로 고대 그리스와 로마가 다루어진다.

그리스는 오리엔트 문명과 크레타 섬을 중심으로 한 에게 문명의 영향을 받았으며 기원전 5세기경 폴리스(polis)라는 도시국가를 중심으로 발전되었다. 그리스인들은 인본주의를 바탕으로 철학, 과학, 문학, 예술, 정치 등 거의 모든 분야에 걸쳐 모형을 제시하였으며 그들만의 독특하고 탁월한 사고체계를 수립하였다. 그리하여 그리스 문화는 서양문화의 기초를 제공하였고 인류 문화에 공헌하였다.

1) 그리스 문화의 특징

(1) 인본주의(humanism) 강조

그리스인들은 인간을 중심으로 세계를 설명하였다. 인간이 세계에서 가장 중요한 존재로 그리스의 신들조차 인간과 성정이 같은 존재로 묘사되었다. 그리하여 인간의 의식을 바탕으로 인간의 이성과 개성을 존중함으로써 인간성을 높이고 발전시켜나가려고 했다.

(2) 완전성 추구

그리스인들은 세계를 아름다운 조화의 실제로 보았으며 모든 면에서 조화와 균형을 중시하였다. 예술에서도 조화와 균형을 이룬 완전미를 추구하였고 인간상에 있어서도 정신과 신체의 조화를, 지혜와 행동을 겸비한 사람을 이상적 인간으로 여겼다. 또한, 개인주의와 국가주의의 조화 등을 강조함으로써 완전성을 추구하였다.

(3) 폴리스를 바탕으로 한 발전

'도시국가'라고도 하는 폴리스들은 각각 그들만의 정치적 형태를 갖추고 있었으나 공통적인 것은 자유 시민을 중심으로 국가가 유지되었다는 것이다. 폴리스에서 자유 시민인 개인의 자유가 보장되긴 하였으나 원칙적으로 도시국가의 공동체 일원으로서의 개인이었다. 도시국가는 군사적 공동체인 동시에 정치, 경제 공동체였고 시민들은 국가 공동체를 위한 군복무의 의무와 시민으로서의 권리를 동시에 부여받았다. 시민들은 아고라(agora) 광장을 중심으로 종교, 정치, 경제활동과 정보교환 등의 모든 사회활동을 하였고 특히 이곳에서 민주주의적 토론이 이루어졌다.

2) 로마 문화의 특징

그리스인들이 예술적이고 철학 및 이론적 태도를 지니며 심미적이었던 반면 로마인들은 군사적, 정치적 조직에 뛰어나고 현실적이며 실제적인 민족이었다. 따라서 문학과 학문, 예술과 철학에 있어서 창조적이기보다는 모방하거나 동화하는 능력을 발휘했다.

(1) 실제적이고 실용적인 문화

로마인들은 실제 생활에 필요한 지식과 기술을 중시하여 제도, 수단 등을 탐색하고 현실적 해결방법인 과학기술과 정치, 군대 조직, 도로정비, 건축물, 법률 등 객관적이고 유용한 것들을 발달시켰다.

(2) 절충적 성격을 지닌 문화

로마의 문화는 독자적으로 만들어낸 것이 아니라 이집트, 특히 그리스와 헬레니즘의 문화를 모방하고 수용하여 융합시키고 체계화하였다.

2. 그리스 시대의 교육

1) 영웅과 무사의 교육

그리스 초기 교육에 대한 역사적 자료나 기록을 찾아보기는 어렵다. 이 시기의 교육에 관하여는 호메로스(Homeros)의 작품인 서사시 『일리아스(*Ilias*)』와 『오디세이(*Odyssee*)』를 통해 유추할 수 있을 뿐이다.

호메로스 시대의 교육은 영웅과 무사를 양성하는 교육으로 교육의 목적은 귀족적인 영웅을 양성하는 것이었다. 귀족적 영웅이란 무사로서의 용감하고 기개가 있으면서 윤리적으로 완전한 수준에 이른 사람을 말한다. 이러한 영웅과 무사를 양성하기 위한 교육내용으로는 기술적 교육과 윤리적 교육 모두를 중시하여 두 교육의 조화를 강조하였다. 기술적 교육은 무기 다루기, 스포츠와 경기, 노래와 춤, 시 짓기 등이 있다. 윤리 도덕적인 면에서도 아름다움과 선함이 조화로운 상태에 이르게 하는 것을 교육이념으로 삼아 체육교육과 음악교육을 조화롭게 가르쳤다. 교육방법은 지속적인 훈련을 통해 귀족적인 영웅과 무사를 기르는 것이었다.

2) 폴리스의 교육

폴리스의 형태로 도시국가들이 형성되면서 영웅과 무사를 기르는 교육에서 시민이 되는 교육으로 바뀌게 되었다. 도시국가마다 추구하는 이념이나 지향하는 인간상이 다양하고 고유한 성격을 가지고 있다. 스파르타와 아테네는 문화, 정치제도, 시민 교육의 성격 등 거의 모든 면에서 대조적이다.

(1) 스파르타의 교육

스파르타는 북방에서 남부로 이주해 온 도리아(Doria)족이 세운 폴리스이다. 기원전 9세기 중엽 리쿠르구스(Lykurgus)가 정한 헌법에 기초하여 교육이 이루어졌다. 이 법에 의하면 정복계급인 스파르타 시민만을 위한 교육이 제시되었다.

스파르타를 구성하는 계급은 세 종류였다. 첫째, 스파르타 시민(귀족계급)은 지배 계급으로 정치적 권력을 지닌 계급이다. 둘째, 페리오이코이(Perioikoi: 변두리 사람)로 정복 당시 스파르타의 지배를 받아들이고 농업이나 상공업에 종사하면서 시민권은 없지만 비교적 자유롭게 사는 계급이다. 마지막으로 헬로트(Helot: 노예)는 원주민들 중 스파르타의 지배를 거부한 계급이다.

스파르타는 토양이 척박하여 자급자족을 할 수 없었고 다른 민족을 정복함으로 생필품을 조달해야 했다. 이 과정에서 스파르타에 저항했던 많은 사람들이 국가에 속하게 되었는데 스파르타 시민의 약 20배에 달했다고 한다. 반면 스파르타 시민은 인구의 약 5~10% 정도였기 때문에 노예 반란을 통제하기 위한 엄격한 군국주의적 교육을 할 수밖에 없었다.[102)]

스파르타 교육의 목적은 강인한 신체를 지닌 군사를 양성하는 것이었다. 이러한 군사를 양성하기 위해 강력한 육체 훈련과 함께 인내심, 용기, 국가에 대한 복종심과 충성심을 함양시키며 실전과 같은 군사훈련을 실시하였다.

---

102) 기원전 550년부터 군사교육 성격으로 교육의 체계가 세워졌으며 개인보다는 국가의 절대적 우위를 둔 군국주의적 성격의 교육을 강조하였다.

스파르타는 국가의 통제하에 교육이 행해졌다. 교육 단계는 출생에서 7세까지 가정교육기, 그 이후는 국가 교육기로 나뉜다. 그러나 신생아가 허약할 경우 부모가 아이를 키울 수 없고 내다 버려 죽게 하거나 유기하였으며 건강한 아이만 양육하게 했다. 7세가 되면 부모를 떠나 국가의 공동 훈련소인 아고게(agoge)에서 엄격하고 혹독한 집단훈련을 받게 된다. 주로 강한 체력을 연마할 목적으로 달리기, 검술, 씨름, 승마, 수영, 수렵 등을 가르쳤고 군사훈련도 이루어졌다. 음악교육도 행해졌으나 신체훈련이나 군사훈련과 관련된 범위 내에서만 이루어졌다. 여성들도 건강한 아이를 낳고 노예들을 통제해야 하기 때문에 남자와 같은 교육이 이루어졌다. 18세에서 20세까지 전문적인 군사훈련을 받고 20세에서 30세까지는 특별 병영생활을 하며 전방에서 복무하였다. 30세가 되면 모든 군사교육을 마치고 결혼할 수 있었다. 스파르타 교육은 시민으로서 생활하는 데 최소한의 지적교육만 시켰고 군사적 목적을 달성하기 위한 신체훈련을 강조하였다.

(2) 아테네의 교육

아테네는 이오니아(Ionia)족이 아티카(Attica)에 세운 폴리스이다. 아테네는 페르시아 전쟁[103] 이전인 초기 아테네 시대, 그 이후인 기원전 5세기에서 기원전 38년의 마케도니아 정복까지의 후기 아테네 또는 과도기, 그 이후 5세기까지의 헬레니즘 시대로 구분할 수 있다. 아테네는 페르시아 전쟁이 끝날 무렵 그리스의 가장 강력한 폴리스로 자리매김하면서 정치 · 경제적으로 그리스의 중심이 되었다.

초기 아테네의 정치 형태는 원시적 왕정이었다. 그러나 폴리스의 형성과정에서 귀족들이 정치, 군사적 권력을 차지하며 귀족들에 의한 정치가 이루어졌다. 귀족의 권력 독점에 대한 평민들의 불만이 고조되고 갈등이 일어나자 기원전 594년 집정관인 솔론(Solon: B.C. 639~559)이 개혁을 단행하고 헌법을 제정하였

103) 페르시아 전쟁(B.C. 490~479)은 그리스의 도시국가와 동방의 대국인 페르시아와의 전쟁으로 최초의 동서 전쟁이다. 이 전쟁에서 아테네가 승리한다.

다.[104] 아테네 교육은 솔론 헌법에 기초하여 이루어졌다. 기원전 508년에 집정관이었던 클레이스테네스는 기존의 귀족의 힘을 약화시키고 평민의 권한을 향상시켜 민주주의의 기초를 세웠으며, 페르시아 전쟁 이후 페리클레스(약 B.C. 457~429)가 아테네의 민주주의를 완성시켰다.

아테네에서도 스파르타와 마찬가지로 건강하지 못한 아이를 내다 버리는 관습이 있었다. 그러나 국가의 통제하에 이루어진 것이 아니라 부모가 결정하였다. 건강한 아이일 경우 7세까지 가정에서 부모나 보모 또는 노예인 교복(敎僕)[105]에 의해 양육되었다.

초기 아테네 교육은 국가를 위한 유용한 시민 양성에 목적을 두었다. 그러나 페르시아 전쟁 후 아테네의 교육은 지혜로운 인간 양성을 강조하였다. 여기서 지혜(sophia)란 주어진 상황 안에서 무엇이 최선의 행동인가에 관한 지식이다(신득렬 외, 2005). 아테네 교육의 궁극적인 목적은 주어진 상황에서 현명한 판단과 행동을 할 수 있는 심신이 조화된 자유 시민 양성에 있었다. 스파르타와는 달리 아테네에서는 정신의 도야를 위한 음악교육과 신체 훈련을 위한 체육교육을 강조하였다.

7세까지는 주로 가정에서 어머니에 의해 일화나 신화 등을 통한 정신교육, 신체도야와 생활습관 형성이 이루어졌으며 8세부터 16세까지 음악학교와 체육학교를 다녔다. 이러한 교육은 국가의 통제로 이루어지기보다는 가정의 영향력이 컸다. 음악학교에서는 노래와 악기 연주뿐 아니라 일상생활에 필요한 읽기, 쓰기 셈하기, 역사, 도덕 등을 배웠다. 체육학교인 팔라이스트라(palaistra)에서는 신체 균형에 필요한 올바른 자세와 신체 동작 등을 배우고 12세경이 되면 넓이 뛰기,

104) 솔론은 시민의 모든 남자 아이들이 수영과 읽기를 배우도록 법으로 정하고 기존의 학교와 소년 체육관(palaistra: 씨름장) 운영에 관한 규정을 제정하고 특별 임명된 관리에게 이를 시행토록 했다. 또한, 교과나 교육방법을 간섭하지 않고 학생의 연령과 등급, 등하교 시간, 학교 구역 내의 성인의 출입금지 등을 법률로 제정하였다(최미리 · 박성혜 · 강봉규, 2015).

105) '교복'이란 파이다고고스(paidagogos)로 불렸는데 paidos(어린이)와 agogos(인도하다)의 합성어이다. 즉 교복은 '교육을 책임지는 노예'라는 의미로, 노예 중에 나이가 많고 유순하고 덕망이 있는 자가 귀족의 자녀를 학교에 데리고 다니며 보호하고 감독하였다. 여기서 pedagogy(교육, 교육학)라는 말이 유래되었다.

달리기, 씨름, 창던지기, 원반던지기의 5종 경기를 하여 체력을 단련시켰다.

15, 16세가 되면 아카데미아(academia)에서 지식교육을, 퀴노사르게스(cynosarges)라는 성인을 위한 공설체육관에서 파이도트리베스(paidotribes: 체육교사)로부터 전문적인 체육교육을 받았다. 이때부터 아테네 소년들은 공공집회장을 참석하거나 극장과 법정을 출입할 수 있었다.

18세가 되면 청년무사단인 에페베(ephebe) 입단식을 거쳐 시민으로 등록하고 신전에 맹세한 후, 2년 동안 무기 다루는 법과 전투 훈련을 받은 후 변방에서 군복무를 하였다. 20세가 되면 완전한 시민의 자격을 얻게 되어 시민으로서의 특권을 누리고 정치활동에 참여하며 자유로운 생활을 했다.

3) 소피스트의 교육

페르시아 전쟁에서 승리한 후 아테네는 정치, 군사적으로 안정되었고 전쟁에 참가한 사람들의 정치적 발언권이 커지며 급속히 민주주의가 발전하게 되었다. 이러한 사회적 변화는 많은 젊은이들에게 정치적 입신출세의 기회로 여겨졌다. 당시 아테네는 그리스의 정치, 경제의 중심지로 아테네의 번영을 함께 누리려는 사람들이 모여들었다. 고급교육에 대한 새로운 열망을 가진 젊은이들과 고급교육을 희망하는 젊은이들에게 문학과 수사학, 웅변술을 가르치는 소피스트[106]들이 아테네로 몰려들었다. 소피스트들은 고급교육을 필요로 하는 곳에 가서 수업료를 받고 지식을 가르친 최초의 직업 교사였다. 이들은 젊은이들에게 삶의 지혜를 가르칠 수 있다고 하였으며 입신출세에 필요한 사람을 설득하는 기술에 관한 학문에 관심을 가졌다.

소피스트의 교육목적은 개인의 정치적 출세와 관련된 지도자 양성에 있었다. 따라서 당시 정치·사회적으로 유용한 내용을 중시하였다. 교육내용은 개인의

106) 소피스트는 현자, 교사, 지혜로운 사람이라는 의미였다. 그런데 이들의 가르침이 상대방과의 언쟁에서 무조건 이길 수 있는 방법을 강조하다 보니 내용의 진위와는 관계없이 기교만을 가르치게 되어 궤변이 되었다. 이러한 이유에서 소피스트들이 궤변론자로 불리게 되었다.

정치적 출세를 위한 '말'에 초점이 맞추어졌다. 교육의 내용을 보다 충실히 하기 위한 교육과정을 수립했다. 즉 기존에 그리스에서 가르쳤던 음악과 체육을 기초과목으로 가르친 후 문법, 수사학, 변증법(웅변술)을 개발하여 고급과목으로 가르쳐 이전과는 다른 체계적인 교육의 기초를 쌓았다. 이들이 수립한 일반적이고 정신적인 기초교육을 엔키클리오스 파이데이아(enkyklios paideia)라고 한다. 그러나 이들의 학문은 정치적 논쟁에서 이기기 위한 기술에만 관심을 가짐으로써 극단적 상대주의, 주관적 인식을 강조하여 개인주의적 생활태도를 부추긴 점이 문제가 되었다.

소피스트 이전의 교육은 가정의 일이거나 국가의 일로 자유 시민을 양성하고 사회적 봉사에 목적을 두었다. 소피스트들의 교육활동은 교육을 자기중심과 개인주의화 시켰다. 또한, 소피스트는 최초의 직업 교사로 전문적이고 직업적인 활동으로서의 교육을 실시하였다(오인탁, 2001: 82-103).

4) 헬레니즘 시대의 교육

기원전 338년 마케도니아의 필립 왕이 그리스 세계를 정복한 때부터 로마가 그리스를 정복한 2세기까지를 헬레니즘 시대라고 한다. 아테네가 페르시아 전쟁에서 승리한 이후 일시적인 평화시대가 있었으나 그리스에서 아테네의 세력(델로스 동맹)이 지나치게 확장되자 이를 견제한 스파르타(펠로폰네소스 동맹)와의 대립이 초래되어 펠로폰네소스 전쟁(B.C. 431~404)이 일어났다. 이 전쟁에서 스파르타가 승리하였으나 폐쇄적인 체제를 갖춘 스파르타는 세계를 제패하는 데는 역부족이었으며 결국 B.C. 371년 테베와의 싸움에서 패배하였다. 페르시아 전쟁과 펠로폰네소스 전쟁 이후 그리스는 폴리스 상호 간의 전쟁이 계속되었고 그리스 북쪽에 위치한 마케도니아가 새로운 권력의 중심으로 부상하였다.

마케도니아의 필리포스가 B.C. 338년에 그리스를 정복하였고, 그의 아들 알렉산드로스는 기원전 336년 그리스를 통일하고 원정 10년 만에 페르시아부터 인도 국경에 이르기까지 영토를 확장했다. 알렉산드로스는 그리스적 요소와 동방적 요소를 혼합하여 새로운 유형의 문명인 헬레니즘 시대(B.C. 323~B.C. 30)를 열게 되었다.

헬레니즘 시대의 교육적 특징은 학교제도와 고등교육기관의 발달이다. 세계 정복과 함께 세워진 도시에 그리스의 학교제도를 받아들이고 언어와 문학 중심의 지식교육을 강조하였다. 학교에서는 그리스어와 그리스식의 교육을 실시하였다. 도시들은 자체적으로 초등학교를 조직하여 읽기, 쓰기, 셈하기와 같은 기초교육을 하였다. 기원전 3세기에는 초등 교육의 상급과정이 분화되어 문법학교로 확장되었다. 문법학교에서는 3년 동안 그리스어와 고전시대의 작가들의 저술을 통해 문법 지식을 심화시키고 훌륭한 문체를 가르쳤다. 또한, 고등교육에 대한 관심의 고조로 고등교육기관이 발달하였다. 고등교육기관에서는 기원전 2세기부터 우아하고 노련한 웅변가를 양성하기 위한 수사학 학교가 설립되어 운영되었다.

5) 교육사상가

(1) 소크라테스(Socrates, B.C. 469~399)

소크라테스는 석공인 아버지와 산파인 어머니를 둔 최초의 아테네 출신 소피스트이다. 그는 소피스트들에 의해 아테네의 전통적 삶의 방식과 가치체계가 무책임하게 무너져 내리고 보편적 진리를 부정하는 상대주의와 회의주의가 강조되는 것을 안타까워하면서 이를 극복하기 위한 방안을 찾았다.

소크라테스는 다른 소피스트와 마찬가지로 인간을 사유의 중심에 놓았다. 그러나 소피스트들은 돈을 벌기 위해 지식과 기술을 가르쳤다면 소크라테스는 청년들에게 진리를 깨우치기 위해 가르쳤다. 이에 소크라테스는 보편적 이성을 가진 인간이 보편적이고 절대적인 진리가 무엇인지를 묻고 아테네 청년들과 대화를 통해 아테네 시민들의 무지와 도덕적 타락을 공격했다. 이에 소피스트와 아테네 시민들의 미움을 사 법정에 기소당하고[107] 사형을 선고받았다.

소크라테스는 인간이 보편적 이성을 가진 존재로 보고 영원불변의 보편적 진리와 가치를 묻고 탐구할 수 있다고 확신했다. 그는 그리스 시대에 중시했던 덕은 무엇이며 덕을 가르친다는 것은 무엇인가를 고민했다. 소크라테스는 덕, 즉 용기, 분별, 정의, 경건, 지혜 등을 가르칠 수 있는 것으로 보았다. 그러나 교육은 지식의 전달이 아니라 참된 덕을 형성하는 것이다. 지식은 주관적 소유가 아니라 모두에게 적용될 수 있는 보편적인 것이어야 한다. 소크라테스에게 참된 지식은 말과 행위의 규범을 아는 것에서 그치지 않고 그에 따른 실천을 요구한다. 따라서 이러한 지식을 자기의 것으로 만들기 위해서는 다른 교육방법이 필요했다. 소크라테스가 사용한 방법은 문답법[108]이었다.

학습자에게 필요한 것은 '너 자신을 알라'는 것이다. 소크라테스는 학습자에게 무엇을 가르쳐 주는 것이 아니라 질문을 함으로써 학생으로 하여금 스스로 생각해 보고 스스로 진리에 도달하도록 유도한다. 질문에 질문을 거듭함으로써 학습자가 알고 있다고 생각했던 것이 실상은 아무 것도 모르고 있다는 데 이르게 한다. 교육은 무지의 자각에서 시작된다. 즉 내가 아무 것도 모른다는 무지(無知)의 세계에서 참 진리를 알고 싶다는 애지(愛知)의 세계로 나아가게 하는 것이다. 소크라테스는 대화를 통해 편견과 선입견을 깨고 진리의 세계로 이끌 수 있다고 확신했다.

---

107) 소크라테스가 기소당한 이유는 첫째, 독신죄(瀆神罪)이다. 그는 아테네의 신을 믿지 않고 '다이몬(Daimon)'을 믿었다. 둘째, 청년들을 타락시키고 선동한 죄이다. 셋째, 전래의 시인들을 모독한 죄, 특히 호메로스를 모독한 죄였다(신득렬 외, 2005: 43).

108) 문답법에는 반어법과 산파술이 있다. 반어법은 상대방이 사용하는 개념이 명료하지 못하고 그들의 주장이 논리적으로 일관성이 없도록 깨닫게 하는 것이다. 즉 학습자의 무의식적 무지에서 의식적 무지로 이끈다. 산파술은 상대방이 이미 가지고 있는 개념이나 지식을 토대로 보다 정확한 개념 정의에 이르도록 하는 도와주는 방법이다. 산파술은 의식적인 무지에서 합리적이고 보편적 진리로 인도하는 것이다(최미리 외, 2015: 125-126).

(2) 플라톤(Platon, B.C. 427~347)

플라톤은 아테네의 귀족 가문에서 태어났다. 그는 정치가가 되는 것이 꿈이었다. 8년 동안 소크라테스에게 가르침을 받았으며 위대한 스승인 소크라테스가 억울하게 사형당하는 것을 본 후 정치에 환멸을 느끼고 동료들과 함께 메가라로 망명한 후 이집트와 이탈리아를 여행하였다.

그는 현실정치에 대한 꿈을 접고 이상적인 국가를 건설하려는 꿈을 키웠다. 아테네로 돌아온 플라톤은 40세인 B.C. 386년 아테네 근교 아카데모스 체육장에 아카데미아라는 학교를 세워 82세까지 교육 사업을 하였다. 아카데미아는 529년 유스티아누스 황제가 폐교시킬 때까지 약 900여 년간 존속하였다.

플라톤의 철학사상은 '이데아론'에 근거한다. 이 세계는 이데아의 세계와 현상의 세계로 구분된다. 이데아의 세계는 이성의 대상인 초감각적·초경험적 세계, 불변의 세계, 이념의 세계이며, 현상의 세계는 감각의 대상으로 경험의 세계, 변하는 세계 생멸의 세계를 말한다. 현상의 세계에 존재하는 실체는 이데아 세계의 그림자에 불과하고 일시적인 것이다. 보편적이고 절대적이며 영원한 진리는 이데아의 세계에만 존재한다. 이러한 보편적 진리를 우리는 인식할 수 있을까?

플라톤은 현상의 세계보다 관념의 세계를 중시했다. 이러한 관념론적 사고가 교육관에도 나타난다. 교육은 학생을 이데아의 세계, 즉 진리의 세계로 인도하는 것이다. 이를 위해 이성적 능력을 계발하여 최고의 선을 실현하게 도와야 한다. 이는 정의로운 사회에서 가능하다고 보고 정의로운 사회, 즉 이상국가를 건설하기 위해서는 정의로운 인간, 즉 유능한 시민을 육성하는 것이 필요하다. 플라톤 교육의 목적은 이상국가를 건설하기 위한 유능한 시민 양성에 있다.

플라톤은 이러한 교육목적을 이루기 위한 교육과정을 수립했다(이명준, 2001). 이상국가에는 지배자 계급, 전사계급, 생산자 계급 세 계급이 존재한다. 이러한 계급은 그 사람의 영혼이 무엇에 지배를 받느냐에 따라 결정되고 교육받는다. 인간의 영혼은 이성과 지혜, 의지와 용기, 감각적 욕망과 절제의 세부분으로 구성되어있다. 정의로운 사람은 이성이 최고 우위에 있으면서 다른 전체를 지배하는 사람이다. 이러한 사람이 나라를 다스릴 때 국가의 정의가 잘 실현될 수 있다고 생각했다. 인간의 영혼의 이성 부분에 해당되는 지배자 계급, 영혼의 의지 부분에 상응하는 전사계급, 욕구 부분에 해당되는 생산자 계급이 적재적소에 배치된다면 국가는 정의롭게 될 수 있다고 확신했다.

정의로운 국가를 건설하기 위한 교육과정은 자연의 법칙을 따르며 선의 이데아를 지향하고 있다. 사람이 타고난 능력에 근거하여 예비교육, 기초교육, 1차 선발과 1차 실습, 전문교육, 마지막으로 2차 실습교육을 받는다.

예비교육은 7세까지 정신과 신체를 조화롭게 발달시키도록 돕고 시민으로서 갖추어야 할 공동체 생활능력을 키우는 데 목적이 있었다. 이를 위해 고안된 교육과정은 신체를 위한 체육과 영혼을 위한 음악교육이 이루어졌다. 10세부터 16세까지의 기초교육 단계에서는 실생활에 필요한 유용한 지식, 즉 직업과 관련된 지식과 기술을 익힌다. 이 단계까지는 신분과 성별에 관계없이 배운다. 1차 선발과정을 통해 교육이 필요 없는 학생은 사회로 내보내 자기 영혼의 본성에 맞는 교육을 받게 한다. 1차 선발을 통과한 사람은 20세까지 체육과 군사 훈련 등 전사가 되기 위한 실습을 한다. 20세에 2차 선발을 통과한 사람은 30세가 될 때까지 10년간 전문교육을 받게 되는데 형이상학의 예비교과인 문법, 수사학, 산술, 기하 1, 기하 2, 천문학, 화성학, 변증법 등 이론 중심의 교육을 받는다. 30세가 되면 3차 선발을 통해 2차 실습을 받게 되는데 약 50세까지 국가의 정치에 참여하여 실제적인 경험을 쌓게 된다. 50세가 되어서야 철인 통치자로서 교대로 국정을 이끌어 가며 후진을 교육하였다.

(3) 아리스토텔레스(Aristoteles, B.C. 384~322)

아리스토텔레스는 18세 때 플라톤의 아카데미아에 입학하여 20년간 수학한 플라톤의 제자이다. B.C. 342년 마케도니아의 필립포스 2세의 초청으로 후에 알렉산더 대왕이 된 13세의 알렉산더를 4년간 가르쳤다. 알렉산드로스의 즉위 후 아테네로 돌아와 아폴론 신전 일부에 리케이온(Lykeion)이라는 학원을 세웠는데 이것이 페리파토스학파(Peripatos: 소요학파)[109]의 기원이 된다.

아리스토텔레스는 교육을 정치의 구체적 방안이며 개인의 자아실현으로 보고 시민의 행복 증진을 위한 것이라고 생각하였다(정치학 제 7권과 8권). 즉 교육의 목적은 행복한 생활(Eudaimonia)을 이룩하는 데 있다고 여겼다. 행복을 추구하는 삶의 형태에는 첫째, 쾌락을 추구하는 삶, 둘째, 명예와 평판을 추구하는 삶, 셋째, 선과 지혜의 삶이 있는데 진정한 행복은 선과 지혜를 추구하는 삶에 있다(최미리 외, 2015: 130).

인간은 육체와 영혼을 가진 존재이다. 영혼은 비이성적 영혼과 이성적 영혼으로 구분할 수 있는데, 발생학적으로 볼 때 육체, 비이성적 영혼, 이성적 영혼 순으로 발달한다. 욕망과 열정은 비이성적 부분이고, 이성은 이성적 부분이다. 이 세 부분은 발달하는 시기가 다르다. 교육의 순서도 이러한 순서를 따라야 한다.

교육과정은 이러한 아동의 발달단계와 일치하여야 한다고 하였다. 출생에서 7세까지는 신체적 성장이 이루어지는 시기로 신체 발육에 중점을 둔 건강교육에 주력한다. 7세부터 14세까지는 건전한 사회생활을 위한 습관형성 및 도덕교육을 실시한다. 이 시기에는 욕망의 만족이나 좌절에 따른 쾌락과 고통의 노예가 되지 않도록 좋은 습관을 형성시켜 인격교육에 집중한다. 15세부터 21세까지는 이성적 통찰력 훈련을 통해 이성적 진리추구 교육에 중점을 둔다. 이성을 도야한다는

---

109) 아리스토텔레스는 고정된 공간 안에서 가르치기보다는 광장, 회랑, 숲과 들을 거닐면서 학문적 대화와 토론을 통해 철학 강의를 하였기 때문에 소요학파라고도 한다.

것은 인간의 이성을 신적인 경지로 이끌어 올리기 위함이다. 즉 인간은 이성을 통하여 사물의 본질을 관조하는 사변적인 삶을 누릴 수 있고 이것이 인간으로서 완전한 행복을 누리는 길이다. 이러한 교육 단계에 따라 초등교육시기에는 도덕적, 신체적 습관을 형성하는 것이 중요하고, 중등교육시기에는 수학, 천문학, 음악, 문법, 윤리학 등을 통해 지적 학습을 시키며, 고등교육시기에는 과학, 수학, 논리학 등을 통해 시민적 훈련과 이성을 계발하게 하였다.

교육방법으로는 교수(敎授)와 연습이 있다. 아리스토텔레스는 지적인 덕(이론적 이성)과 도덕적 덕(실천 이성)의 연마를 통해 행복에 이르게 하는 것을 중시했다. 지적인 덕은 가르침으로 획득할 수 있고 도덕적 덕은 습관에 의해 계발된다. 이러한 덕은 가르쳐서 얻을 수 있는 것이 아니라 오직 습관에 의해 획득되는 것이다. 아리스토텔레스는 이 두 가지 덕이 조화를 이룰 때 행복해질 수 있다고 보았다.

3. 로마시대의 교육

기원전 753년에 로물루스(Romulus)와 레무스(Remus)에 의해 건국된 로마는 도시국가의 형태인 왕정시대(B.C. 600년경)를 거쳐 지중해 정복 전의 전기 공화정 시대(B.C. 509~B.C. 27), 지중해 정복 후 세계를 재패했던 후기 공화정 시대(B.C. 27~A.D. 284) 그리고 제정 시대(284~476)로 발전하였다.

왕정 시대의 교육에 대해서는 잘 알려져 있지 않다. 전기 공화정 시대에는 로마 고유의 교육을 가정에서 실시했던 시기이며, 후기 공화정 시대에는 그리스 문화의 유입으로 로마의 교육이 그리스화되기 시작하였고 학교교육이 나타난 시기이다. 제정 시대에는 그리스 교육이 정착된 시기로 국가가 교육을 관할하던 시기이다.

1) 공화정시대의 교육

공화정 초기의 교육은 로마 고유의 전통을 중심으로 가정교육이 이루어졌던 시기이다. 아버지가 자녀 교육에 대한 절대적 권한을 부여받았다. 12동판법(lex duodecim tabularum)[110]에 의하면 아버지에게는 자녀의 생사여탈권이 있었으며 자녀에 대한 지도감독권이 전 생애에 걸쳐 지속되었다. 이 시기의 교육목적은 국가에 유용한 시민을 양성하는 데 있었다. 로마인은 용감하고 애국심이 강하며 복종, 남자다움, 근면, 정직, 신중 등을 덕으로 여겼다.

로마인이 추구하는 이상적인 교육은 '신과 국가와 가족에 대한 의무를 훈련하는 것'이었다. 이를 위해 아버지는 아들이 7세가 되면 아이들을 데리고 다니며 로마의 전통과 모범을 직접 보여 주었고 농장에서 함께 일하였다. 종교 의례 행사나 종교생활에 참여하고 일상생활에 직접 참가함으로써 그들의 전통을 전수하고 사회생활을 통한 체험교육으로 애국적이고 유능한 로마인을 기르는 데 역점을 두었다.

공화정 후기의 교육은 그리스 문화의 침투로 로마 교육이 그리스화되었다. 당시 상류계층을 중심으로 그리스의 노예를 가정교사로 임명하여 자녀를 가르치게 하였고 그리스 교사에 의한 학교교육도 발달하게 되었다. 즉 로마의 교육이 그리스화하기 시작했을 뿐 아니라 그리스식의 학교교육이 시작되었다.

공화정 후기부터 학교교육이 서서히 진행되어 제정시대에 꽃피우게 된다. 먼저 초등교육기관인 루두스(Ludus)에는 6·7~11·12세까지의 아동이 다녔으며 교육내용은 읽기, 쓰기, 셈하기와 「12동판법」, 그리스 회화 등을 익힌다. 중등교육기관인 문법학교에는 12·13~16·18세의 아동이 다니며 초등교육을 받은 아동을 대상으로 한다. 로마 동방 지역의 그리스어 문법학교와 로마 서방 지역의 라틴어 문법학교가 대표적이었다.

---

110) B.C. 449년에 제정된 고대 로마의 최고의 성문법으로, 열두 장의 동판에 새겨져 있기 때문에, 「12동판법」으로 불리게 되었다. 이 법 제정의 목적은 귀족이 관습법을 악용하여 평민의 권리를 침해하는 것을 막기 위한 것이다.

교육내용으로는 문법과 문학을 공부했다. 여자 아이는 가정교사를 통해 개별적으로 공부했다. 세 번째 단계인 수사학학교는 14·16~18·19세의 정치가를 지망하는 청년이 다녔다. 로마에서 사회적으로 활동하기 위해서는 일상생활과 정치 활동에 필요한 다양한 형식의 웅변을 공부해야 했다. 유능한 웅변가가 되기 위해 문법, 수사학 이론과 웅변 기법, 변증법 등을 공부했다. 수사학학교를 마친 상류 계급의 로마인들은 교육의 최종 단계로 그리스의 아테네, 알렉산드리아, 로도스 대학 등에서 공부하였다. 이곳에서는 주로 철학, 법률, 의학, 건축, 수사, 수사학을 배웠다.

2) 제정시대의 교육

로마의 제정시대에는 교육에 대한 국가의 보호와 간섭이 뚜렷했다. 제정시대 이전에는 학교들이 모두 사립이었으나 대제국으로 발전된 로마를 유지하기 위해서는 교육이 중요하다는 것을 인식하면서 문법학교와 수사학교를 공립화하였다. 학교교육을 통하여 식민지의 다양한 민족을 로마화 시키고자 했던 황제들이 학교에 정부 보조금을 지급하기 시작했다. 수사학교의 교사와 학생들에게 국고에서 급여와 장학금을 주었고 안토니누스 피우스(Antoninus Pius, 138~161) 때에는 문법학자, 수사학자, 철학자들에 대한 조세와 면역 특권을 부여했다. 교육의 내용은 문법, 수사학 등이 강조되었고 교육의 목적은 넓은 교양과 유창한 언어능력을 갖춘 훌륭한 웅변가 양성에 두었다. 그러나 문학과 수사학의 내용도 훌륭한 웅변가 양성이라는 목적을 이루는 데 보조적 역할만 하여 기술적인 측면만 강조하였기 때문에 자유로운 학문의 발전에는 도움이 되지 않았다.

3) 교육사상가

(1) 키케로(Marcus Tullius Cicero, B.C. 106~43)

키케로는 아르피늄의 귀족 가정에서 태어났고, 아테네로 유학하여 플라톤학파인 필론(Phillon)과 스토아학파인 디오도로스(Diodoros), 에피쿠로스학파인 파이드루스(Paidrus)로부터 철학, 법률학, 수사학 등 포괄적인 교육을 받았다.

키케로는 공화정 말기 그리스 정신을 로마의 문화로 융합시킨 대표적 인물로 공화정 시대 제일의 웅변가이자 산문가이다. 그는 '모든 영역을 두루 섭렵한 학자, 영향력 있는 정치가, 뛰어난 웅변가요 작가였을 뿐 아니라 철학자 및 교육이론가로서 로마의 고유함을 그리스 정신과 완전히 융합'시킨 인물이다(Reble, 2002: 59). 안타깝게도 삼두정치의 혼란기에 안토니우스의 적이 되어 암살당했다.

그의 대표적인 저서로는 『최고의 선과 악에 관하여』, 『신들의 본질론』, 『법률론』, 『브루투스, 궤변, 웅변가』 등이 있으며 『웅변론(*De Oratore*)』은 최초의 교육이론서라고 할 수 있다.

키케로는 『웅변론』에서 전인교육, 순수한 국가 및 정치적 신념, 포괄적 사물지식, 내면의 교양과 철학교육을 요구하는 웅변가를 위한 교육을 강조했다. 그는 교양 있는 웅변가 양성을 교육목적으로 두었으며 웅변교육은 정계에 입문하려는 사람에게 필수과정이라고 생각했다.

이상적인 웅변가는 철학과 웅변을 다 갖추어야 하며 철학적 지식을 웅변으로 적절히 표현하는 능력이 있어야 한다고 보았다. 따라서 이상적인 웅변가는 박식한 지식과 인격, 풍부한 창의력과 지적 능력, 목소리, 태도와 같은 바람직한 능력을 지녀야 한다. 교육방법으로는 작문연습, 대중 연설, 찬반 토론, 설명과 시범 등이 있다.

(2) 쿠인틸리아누스(Marcus Fabius Quintilianus, 35~95)

쿠인틸리아누스는 북 스페인의 칼라구리스나시카에서 수사학 교사의 아들로 태어났다. 그는 로마 제정시대의 대표적인 수사학 교사로 베스파시아누스 황제의 신임을 얻어 국가로부터 보수를 받는 최초의 수사학 교사가 되었다. 로마에서 20년 동안 변호사와 수사학 교사로 경험을 쌓았으며 공직에서 물러난 후 20년 경험을 바탕으로 12권으로 된 『웅변교수론(*Institutio Oratoria*)』을 저술하였다. 이 책은 훌륭한 웅변가를 양성하기 위한 체계적이고 과학적인 세계 최초의 교육저서로 유아기부터 단계에 맞는 교육을 통하여 이상적인 인간 형성 과정을 기술하였다.

교육의 목적은 선한 인간으로서의 완벽한 웅변가(orator perfectus) 양성에 두었다. 그에게 훌륭한 웅변가란 훌륭한 시민이어야 하며 웅변은 공익에 부합해야 하기 때문에 덕스러운 실제 생활과 접목되어야 한다고 생각했다.

완벽한 웅변가 양성을 위한 교육과정을 다음과 같이 4단계로 구상했는데 학생 중심의 교육과정을 제시했다는 점이 탁월하다.

첫째, 7세 이전의 교육은 가정교육이 중심이며 심리적·물리적 환경의 중요성을 강조했다. 유아기에는 특히 부모의 고상한 인격과 높은 교양 그리고 정확한 언어 사용, 고상한 유모 선택이 중요하다고 보았다. 유아는 모방하는 것을 좋아하기 때문에 성품이 좋고 식견이 있는 사람이 지도해야 한다는 것이다. 쿠인틸리아누스는 도덕교육과 언어교육에 있어서 조기교육의 중요성을 강조하였는데 이 시기에 기억한 내용이 가장 오래 지속된다고 보았기 때문이다. 유아를 지도하는데 있어서 개인차를 고려하고 자질과 재능에 맞게 지도하며 유희적 방법으로 가르칠 것을 권했다.

둘째, 초등교육 단계로 감각, 기억, 모방력이 왕성한 시기이며 기본적인 읽기, 쓰기, 셈하기가 중심이 된다.

셋째, 중등교육 단계인 문법학교교육이다. 이 학교에서는 역사, 언어, 문학 연구가 중심이 되며 공공생활의 준비와 사회생활에 필요한 우정과 사회적 연대의식 형성에 중점을 둔다.

넷째, 고등교육 단계인 수사학 학교에서는 수사학을 주로 배우며 문제에 대한 토론, 강의, 논쟁 등의 훈련이 이루어진다.

쿠인틸리아누스 교육의 특징을 정리하면 다음과 같다.

첫째, 학생의 개성을 존중하는 아동 중심 교육이었다. 학생의 자질과 재능은 모두 다르기 때문에 학생 개개인이 가지고 있는 재능을 파악하고 학생의 능력에 맞게 수업을 조절하여 가르친다.

둘째, 이들을 지도할 때 체벌을 해서는 안 된다. 학생을 노예처럼 체벌로 다스리는 것은 자유민을 모욕하는 것으로 보았고 체벌은 학생에게 고통과 공포심을 조장하여 열등감과 정신적 불안을 심어 주게 된다고 하였다. 회초리를 맞는 아동의 공포는 다른 아동들에게도 영향을 미치며 회초리가 통하지 않는 청년기에는 방법이 없다. 따라서 체벌보다는 교사가 배우는 재미를 느끼게 하고 칭찬하여 공부에 흥미를 느끼게 해야 한다고 보았다.

셋째, 학교교육을 강조하였다. 당시 로마의 상류 계층에서는 가정교사를 고용하여 교육하는 것을 선호하였다. 그러나 쿠인틸리아누스는 가정에서 아이들이 사치스럽고 나약하게 길러지며 사회성을 키우지 못한다고 비판하면서 아이들의 자주성과 사회성을 기르고 친구들과의 우정을 기를 수 있는 학교교육의 우수성을 강조하였다.

11장

중세의 교육

1. 시대적 배경

중세는 역사적으로 고대문화가 몰락한 5세기부터 고대 문화가 회복된 15세기 말엽까지의 시기를 말한다. 즉 서로마 제국이 멸망한 476년부터 비잔틴 제국이 멸망한 1453년까지 약 1000년을 말한다.

중세를 유지했던 두 체제는 기독교와 봉건제이다. 기독교는 로마제국의 동방에서 형성되어 새로운 세계 종교로 부상하였다. 기독교회는 고대에서 중세로의 이행을 연속적으로 이어 준 유일한 제도였다. 또한, 기독교회의 성장으로 새로운 노동관을 갖게 되었다. 고대에서는 손으로 하는 육체노동이 사람의 체면을 손상시킨다고 보아 노동을 경멸하였다.[111] 그러나 자치 공동체였던 중세의 수도원에서는 기도와 예배, 단식뿐 아니라 농경작업과 학문 연구 등을 가치 있는 것으로 여겨 노동에 대한 사회적 변화를 이끌었다. 즉 수도사는 영적 단련과 지적 노동

111) 고대에서 노동은 노예와 여성에게 적합한 것으로 보았다. 또한, '고상한 여가'가 노동보다 훨씬 중요한 것으로 여겨졌다.

과 함께 손으로 하는 육체노동 또한 신성하게 여겼다.[112)]

중세의 통일성을 형성시킨 다른 하나는 봉건제이다. 정치적·군사적 측면에서 봉건제는 강력한 지배관계의 계급질서를 만들어 내었다. 봉건 영주는 봉토(封土)를 제공하고 하급 신분과의 봉신관계를 맺음으로 상호 간의 주종관계가 형성된다.[113)] 사회 경제적 측면에서 볼 때 중세는 자연경제체제였다. 장원이라는 특정한 공동체에 편입되어 직접생산자(농민)[114)]가 잉여 노동이나 잉여 생산물을 지대의 형태로 토지의 소유자에게 지불하는 생산형태였다.

중세의 교육은 5~11세기까지 중세 전기의 교육과 12~15세기 르네상스 직전까지의 중세 후기 교육으로 나눌 수 있다. 중세 전기 교육의 특징은 기독교 사상이 교육내용과 교육의 실제를 지배하던 종교교육의 시기와 수도원 교육의 금욕주의와 스콜라 철학이 구현된 시기이다. 중세 후기 교육은 기독교 문화가 꽃 핀 시기로 세속교육이 발달되었다. 기사교육과 도제교육, 11~12세기에 대학이 출현함으로 학문과 예술의 부흥이 이루어지기 시작하였다.

2. 중세 초기의 교육

1) 기독교와 교육

기독교는 근본적으로 중세의 삶의 질서를 통일한 중요한 권위로 중세 초기의

112) 6세기에 발생한 베네딕트 수도원을 보면 지적인 노동뿐 아니라 육체적 노동을 함께 강조하였으며 이는 신에 대한 봉사로 보았다. 이들은 '노동하는 것이 기도하는 것'과 같다고 보았고 이들을 통하여 중세의 기술이 개량되고 진보하게 된다.

113) 작은 영지의 봉건영주는 더 큰 영지를 지닌 봉건영주의 봉신(封臣)이었다. 이는 노예부터 하급 귀족, 낮은 계급의 기사, 자유인, 백작과 영주, 후작, 주교와 대수도원 원장, 그리고 최고의 봉건 영주인 황제에 이르기까지 많은 중간 권력이 나타났다(Reble, 2002: 71).

114) 1086년 Domesday Book 인두세 징수대장에 의하면 자유민(자유농)은 영주에게 재판·군역·납세의무가 있으나 토지와 신분은 예속되지 않는다. 반(半)자유민(serf: 농노)은 표준보유농민으로 약 30에이커를 부여받았다. 이후 자유민과 농업 노동자로 분화되었다. 부자유민(cottager: 농업노동자, 오막살이 농민)은 3에이커의 소경작지를 부여받았다. 예농(servant: 예속민, 노예)은 보유지를 부여받지 못하고 잡역에 종사하였다.

교육이념과 교육내용을 하나로 묶는 것이었다. 교육제도와 학교제도는 교회에 의해 규정되었다. 교회는 교육을 통해 종교적 교훈과 종교적 정서를 강조하였다. 더 나아가 교회의 예절, 학설 등을 가르쳤을 뿐만 아니라 고대 그리스와 로마에서 전해져 기독교에 의해 기독교화된 내용들을 심화시켜 교육의 내용으로 선정하여 가르쳤다. 기초적 지식과 기술들은 물론 '7자유학과'를 체계화하여 수도원과 대성당학교, 본산학교, 중세 후기에 가서는 대학에서 통일성 있게 가르치게 되었다.

중세의 교육은 '인간을 겸허함과 신앙과 기독교적 완성으로 이끄는 것 그리고 인간을 종교 및 교회공동체의 활발한 성원으로 만들어 하나님 나라의 시민이 되도록 하는 것'이었다(Reble, 2002: 75). 중세에는 로마시대에 국가나 도시가 설립하고 운영했던 공공학교가 사라지고 교회가 학교를 설립하여 운영하게 되었고, 교육의 주체는 전적으로 성직자들이었다. 중세 초기에는 이교도의 기독교화를 위한 문답학교가 있었으나 학교는 원칙적으로 성직자를 양성하는 교육기관이었다. 기독교 교회는 현세의 향락과 행복을 추구하는 욕망을 억제하고 영원불멸의 내세를 사모하는 내세주의를 강조하였다.

2) 기독교 학교제도

(1) 초급 문답학교

초기에는 이교도의 기독교화와 세례를 위한 교육이었으나 후에는 아동을 교육하는 것이 목적이었다. 이를 위해 간단한 교리문답과 찬미가 그리고 읽기, 쓰기, 셈하기를 가르쳤다.

(2) 고급 문답학교

고급 문답학교는 문답학교의 교사와 교회 지도자를 양성하기 위해 세워졌다. 이 학교는 주로 성직자의 자제들이 입학하였고 신학, 철학, 수사학, 천문학, 문학, 수학, 자연과학 등이 가르쳐졌다. 초급 문답학교와 고급 문답학교는 2~3세기경에 세워졌으나 5세기 로마의 멸망과 함께 사라졌다.

(3) 수도원 학교

수도원은 3세기경 은둔생활을 하려 했던 사람들에 의해 만들어졌고, 이들은 엄격한 규율과 금욕주의적 생활을 하였다. 수도원 학교는 내교(內校; schola claustri)와 외교(外敎; schola canonica)가 있는데, 처음에는 교단의 수도사를 양성하기 위해 7살이 되면 입학시켜 교육하는 내교가 있었다. 그러나 9세기 이후 일반 시민의 자제도 입학이 가능한 외교가 설립되었으며 수도원 내교와 구분하여 세워졌다. 수도원 학교는 6세기에서 11세기에 걸쳐 서유럽 교육에 크게 이바지한 교육기관이며 8세기까지는 수도원학교가 거의 유일한 교육기관이었다.

수도원학교는 첫째, 기독교의 신앙교육과 함께 그리스와 로마의 고전과 중세의 학문과 문화 보존에 힘썼다. 수도사들의 중요한 임무 중 하나가 그리스·로마의 고전이나 성경을 필사(筆寫)하는 일이었다. 둘째, 당시의 여러 기술 즉, 목공, 철공, 농업, 시계제조, 피혁 등의 기술을 연구하여 일반인에게 전수하였다. 셋째, 따라서 수도원은 도서관, 작업장, 병원 등의 역할을 수행하였다.

(4) 본산학교

주교가 있는 도시에서 필요한 평신도 사제를 양성하기 위한 대성당학교가 생겨났고, 중앙 성당에도 이에 상응하는 여러 본산학교들이 세워졌다. 수도원 학교나 본산학교에서의 수업은 수도사와 성직자 양성을 목적으로 기초단계에서는 쓰기, 읽기, 찬송가 학습, 노래 부르기, 습자(習字)를 가르쳤다. 다음 단계에서는 '7자유학과'를 가르친다. 그 후 성경, 신학, 철학, 수학, 그리스 문학 등이 추가되었다. 이 학교들은 수준 높은 교육내용을 바탕으로 스콜라(scholar) 철학[115] 발전에 이바지한 고등교육기관이다.

115) scholar란 학교를 의미하는 것으로, 본산학교 교사들에 의해 주도된 철학이다. 스콜라 철학은 아리스토텔레스의 논리학에 근거하여 이성의 능력 개발을 중요하게 여겼고, 기독교를 철학적으로 완성시키려고 하였다. 기독교 교리에 학문적 체계와 철학적 근거를 부여함으로써, 궁극적으로 기독교를 합리적 신앙으로 전환시켜 신앙적 권위를 회복하고자 했다.

3. 중세 후기의 교육

중세 초기의 교육은 성직자 양성을 목적으로 학교가 설립되었다면 중세 후기에 들어서면서 학교제도는 세속교육에 더 비중하게 되었다. 학교의 교육은 평신도 계급인 기사, 시민, 농민에까지 확대되었다. 이러한 성향은 십자군원정 이후 그 중요성이 더 부각되었다.

1) 기사교육

11세기에 지배계급으로서의 기사 계급이 나타났다. 기사를 양성하는 교육기관은 없었으나 기사 가문에서 신과 군주, 부녀자와 약자를 보호하기 위해 기사교육이 이루어졌다. 기사계급에 있어서 이론적 지식과 교육보다는 생활의 형식과 처세술, 마음가짐 등이 중요했기 때문에 그들만의 학교는 필요치 않았다. 만약 기사교육을 받은 사람이 학문을 배워야 할 경우에는 성직자 양성 기관에 보냈다. 기사교육의 목적은 기독교적 무인을 양성하는 것으로 영주와 교회 그리고 부녀자를 보호하는 데 있었다. 기사도 정신은 신사도(紳士道)로서 존중되어 유럽인의 도덕 생활에 주요 생활규범이 되었다.

기사교육은 가정 교육기, 시동(page)기, 시종(squire)기, 기사 입문식 단계를 거쳐 독립된 기사가 된다. 가정 교육기는 0~7세의 시기로 가정에서 도덕성을 도야하고 신체를 단련하였다. 순종과, 경건한 신앙심, 예의범절 등을 훈련받았다.

7세가 되면 궁정이나 영주의 저택에 기거하면서 군주와 귀부인의 시동 역할을 하는 시동기(侍童期)[116]를 거친다. 이는 13세까지 지속된다. 교육내용으로는 귀족들의 생활양식이나 예의범절을 익히고 노래, 악기 다루기, 종교의식, 기본적인 읽기, 쓰기, 셈하기, 씨름, 권투, 승마 등 교양과 무예를 익혔다.

14~20세에는 시종기(侍從期)로 기사 후보생이 된다. 영주의 시중을 들고 경호를 맡음으로써 기사가 되기 위한 경험을 쌓는다. 교육내용으로는 7예(藝)인 승마, 수

116) 귀인을 곁에서 모시는 시기를 의미한다.

영, 궁술, 검술, 수렵, 서양장기, 시 짓기와 궁정문화 전반에 대해 배웠다.

21세가 되면 기사 임명식의 엄숙한 절차를 거쳐서 독립된 기사가 된다. 이때 기사로서 열 가지의 계율을 지켜야 하는데 이를 기사 10계[117]라고 한다.

2) 대학의 교육

대학은 11~12세기에 하나의 연구 단체로 시작하여 설립되었다. 십자군 원정 이후 사라센 문화권의 지식[118]과 스콜라 철학의 영향으로 지적 탐구심이 확산되면서 대학이 설립되었다. 학문을 연구하고자 하는 학자들이 모여 교수조합을 만들었고 이들에게 배우고자 하는 학생들이 각지에서 모여들어 학생조합이 만들어지면서 대학이 설립되었다. 교수들은 학자로서의 권익을 보호하기 위해 조합을 만들었고 각 지역에서 모여든 학생들은 타 지역 출신으로 신변의 위협을 느꼈기 때문에 자신들의 안전을 도모하기 위해 조합을 조직하였다.

최초의 대학은 이탈리아의 살레르노 대학(1060에 설립되었으나 1231년 공인됨)이며 의학이 중심이었고 볼로냐 대학(1088에 설립되었고 1158년에 공인됨)은 학생 중심의 조합으로 설립된 학교로 법학으로 유명해졌다. 프랑스 파리 대학(1109년에 설립되었고 1180년에 교황의 인가를 받음)은 교수 단체에 의해 설립된 대학이다. 파리 대학은 학생 대부분이 성직자였으며 신학 공부와 종교적 문제를 해결하기 위한 변증법과 논리학을 중시하였다. 이 대학에는 문학, 의학, 법률학, 신학의 네 개 학부로 구성되어 있었다.

대학 교육의 목적은 법학, 철학, 신학 분야의 전문가를 양성하는 것과 대학교수를 양성하는 것이었다. 대학의 기능과 역할은 연구보다는 교육에 두었다. 중세 대학에는 여러 가지 특권이 주어졌는데 먼저 교수와 학생의 신분이 보장되었

117) 기사 10계에는 기도, 죄의 회피, 교회를 지킴, 미망인과 고아를 보호, 여행, 충성을 다한 전쟁 수행, 귀부인을 위한 싸움, 정의의 방어, 신을 사랑함, 선하고 진실한 사람의 말을 경청하는 것이다.

118) 기독교의 이단과 유대인들에 의해 이슬람권의 도서관과 학교에 전해졌던 아리스토텔레스, 에우클레이데스, 프톨레마이오스, 히포크라테스, 갈레노스 등의 저작들이 서양 기독교 세계로 다시 돌아왔다.

고 학문 연구의 자율성이 보장되었다. 또한, 교수와 학생의 병역, 부역, 세금을 면제해 주었으며, 대학에 자치권을 주었을 뿐만 아니라 대학 내에 독립된 법정을 설치하여 재판권을 부여하였고 학위 수여권도 주었다. 따라서 이러한 특권을 바탕으로 대학은 기독교부터 벗어날 수 있는 자유정신을 배양하게 되었다.

3) 시민교육

십자군원정 이후 장원제도가 점차 붕괴되고 사라센 문화의 유입으로 상업과 무역이 발달하고 도시가 형성되면서 시민사회가 성립되었다. 새롭게 형성된 시민계급[119)]은 그들에게 맞는 새로운 교육이 필요하게 되었다. 시민계급의 사람들은 자신들의 직업과 관련된 생산교육과 직업교육과 관계된 학교를 설립하게 되었다.

시민교육은 두 가지 형태로 발전하게 되었다. 상류계급을 위한 교육기관으로는 독일의 라틴어 학교, 영국의 문법학교, 영국의 공중학교가 있으며, 이들 학교에서는 지도자의 자질 향상을 목적으로 가르쳤다. 하류계급을 위한 학교로는 영국의 조합학교가 있는데 직업과 관련하여 생산적, 현실적인 교육이 필요하여 설립되었다. 독일의 독일어 학교와 습자학교, 그리고 목사가 교구의 아이들을 가르치기 위해 설립한 교구학교가 있다. 전자는 오늘날 중등학교의 기초가 되었고 후자는 오늘날 초등교육의 기초가 되었다.

4) 도제교육

십자군 원정을 거치면서 장원에 속했던 농노들이 해방되면서 상공업자들이 되었고, 이들 자녀들에 대한 직업교육이 이루어졌는데 이를 도제교육이라 한다. 이

119) 시민은 상업이나 수공업에 종사하는 자영업자들로 부를 축적한 사람들로 지배계급도 피지배계급도 아닌 제3계급이다. 시민계급은 도시의 영주나 국왕으로부터 재정, 사법, 군사상의 자치권을 얻어내어 자유도시를 형성하였다.

들은 학교가 아닌 생활의 장 속에서 그 분야의 최고 장인에 의해 상공업과 관련된 지식과 기술을 실천 중심으로 배우게 되었다.

도제교육은 세 단계를 거친다. 첫째, 견습공 시기로 7, 8세가 되면 약 7, 8년간 장인 밑에서 허드렛일을 하며 기술을 익힌다. 이 기간에는 숙식은 제공받지만 보수를 받지 않았으며 자유롭게 여행도 하지 못했다. 둘째, 직공기로 자신이 배웠던 장인을 떠나 다른 지방의 장인에게 더 높은 수준의 기술과 기능을 약 3년간 배운다. 셋째, 장인기로 자기 직업과 관련된 조합에 작품을 제출하여 심사를 받은 후 합격하면 장인(마이스터)로 인정받아 정식 조합원이 된다. 이들은 조합에서 정한 절차를 밟아 독립된 점포를 열게 되면, 새로운 도제를 들이고 직업생활을 하게 된다.

4. 교육사상가

1) 아우구스티누스(Aurelius Augustinus, 354~430)

아우구스티누스는 로마의 자치도시였던 북아프리카의 타가스테(Thagaste)에서 태어났다. 그는 타가스테에서 초등교육을, 마다우라에서 문법학교를, 카르타고에서 수사학을 공부했다. 19세에 키케로의 『호르텐시우스』를 통해 철학에 관심을 갖게 되었으며 세계와 인식에 대한 끊임없는 철학적 물음은 마니교를 접하면서 해결되는 듯 했다. 그러나 점차 마니교에 대한 회의를 느끼게 되었다.

384년 밀라노의 황실 수사학 학교에서 가르치면서 그의 사상에 결정적인 영향을 준 두 가지를 만나게 되었다. 첫 번째는 신플라톤주의 저서를 알게 된 것인데, 지금까지 고민했던 철학적 문제를 새로운 시각에서 해결하게 되었다. 두 번째, 밀라노의 주교였던 암부로시우스를 만나 기독교를 새롭게 조명하게 되었다. 아우구스티누스는 신플라톤주의를 수용하여 기독교 교리를 정립하였다. 이로써 그리스의 철학과 기독교 사상을 융합하였고 13세기경 아리스토텔레스 사상과 융합되기 전까지 지속적인 영향을 미치게 된다.

아우구스티누스는 인간을 영혼과 육체를 지닌 이성적 존재이면서 죽음의 존재로 정의하였다(아우구스티누스, 질서론; 김창환, 1996: 223-225, 재인용). 인간은 신적 특성인 이성을 지녔는데, 이성은 불멸의 영혼을 전제하고 있으며 육체는 물질세계에 속한다. 이성은 영혼의 행위로서 진리인 신을 인식하는 통로이다. 아우구스티누스에 따르면 인간은 육체적 상태를 벗어나 영적이고 이성적 존재가 되도록 노력해야 한다고 하였다. 이는 교육, 즉 이성적 훈련을 통해 이루어질 수 있다.

교육의 목적은 참 진리이신 신을 소유하는 것이다. 인간은 행복한 삶을 원한다. 행복은 인간의 영혼이 자유롭게 향유할 수 있을 때 누릴 수 있다. 영속적이며 다른 사람에게서 빼앗기지 않고 향유할 수 있는 것은 오직 '신' 밖에 없다. 그런데 유한하고 변하는 인간 정신이 영원한 진리에 도달하는 데는 감각적 경험으로는 불가능하다. 신의 계시를 통해 인간의 내면에 진리를 심어 놓았기 때문에 우리의 눈을 내면으로 돌려야 한다. 오직 신만이 내적 교사로 진리를 조명하게 하며, 신만이 절대적 향유의 대상이다.

2) 아퀴나스(Thomas Aquinas, 1225~1274)

아퀴나스는 1225년 이탈리아의 아퀴노에서 귀족의 아들로 태어났다. 어려서 베네딕투스 회의 수도원 학교에서 교육을 받았고 당시에는 금기시되었던 아리스토텔레스 철학을 가르친 나폴리 대학에서 수학했다. 또한, 청빈한 생활과 실천 중심의 복음을 강조한 도미니쿠스 회에서 신부가 되었다. 신학의 중심지인 파리 대학에서 알베르투스 마그누스를 통해 신플라톤주의와 아리스토텔레스 사상을 심층적으로 접하게 되었으며, 파리 대학에서 교수로 활동하며 '스콜라 철학의 대가'로 불리게 되었다.

아퀴나스는『신학대전(Summa theologiae, 1265~1273)』에서 그의 스콜라 철학적 사상을 집대성하였다. 이 책에서 아우구스티누스의 사상으로 대표되는 플라톤-기독교적 전통과 당시에 재발견된 아리스토텔레스의 사상, 그리고 이와 함께 도전적으로 다가온 아랍 철학을 조화롭게 종합하였다. 당시에는 인간의 능력을 중요하게 여기지 않았던 것과는 달리, 아퀴나스는 신의 전능한 능력과 인간의 고유한 능력의 긴장관계를 주장하였다. 진리에는 이성의 빛에 의존하여 파악할 수 있는 이성적 진리와 인간의 이성을 넘어가기 때문에 신의 은총의 빛에 의존하는 계시된 진리가 있다. 이 두 진리는 서로 다른 진리가 아니라 서로 보완적이라고 보았다.

아퀴나스는 인간을 영혼과 육체가 결합된 존재로 이해했다. 육체는 영혼에 대립되는 것이 아니라 영혼이 표현된 것이다. 육체는 선의 원천이며 영혼 구원을 위해 존재하는 것이다. 인간의 정신은 육체를 거쳐 진리를 발견할 수 있고 선을 사랑할 수 있다. 교육적 관점에서 볼 때, 인간은 육체의 감각적 경험을 통해 사물을 알게 되고 정신적 작용을 통해 지적 지식이나 보편적 지식으로 개념화한다고 보았다. 아퀴나스는 교육의 목적을 '행복'에 두었다. 그러나 지상에서의 행복에 그치지 않고, 진정한 행복이란 우주의 근거이자 최고의 선인 신의 본질을 인식하는 데 두었다. 이를 위해 지성의 실천적 가치를 인정하고 사색적이며 관조적 정신 활동을 중시하였다. 그러나 그 방법론은 질료의 세계에 대한 경험적이고 구체적 지식에 근거하여 우주나 신의 존재와 같은 순수 형상을 생각하는 추상적 형이상학의 세계를 알 수 있다고 주장하였다.

12장

르네상스와 종교개혁기의 교육

1. 르네상스 시대

1) 르네상스의 개념

르네상스는 예술, 학문, 교육에 있어 고대로의 복귀와 교회의 분열로 특징지을 수 있다. 먼저 르네상스(재생: 문예부흥)란 고대에 찬란히 꽃 피웠던 문화의 빛이 중세에 야만족의 침입으로 죽어 암흑기를 맞았다가 14, 15세기에 다시 살아났다는 의미이다. 지나치게 종교적이고 도덕적인 중세적 사고에 대한 도전과 새로운 사회와 새로운 인간에 대한 열망에서 르네상스가 발생하게 되었다.

르네상스는 중세의 기독교적 복음주의와 내세주의에서 벗어나 인간 본연의 상태를 되찾고 인간의 지적이고 창조적인 힘을 다시 부활시키고자 한 인문주의 운동이다. 지나칠 정도로 금욕과 은둔생활에 가치를 두었던 중세와는 달리 개인의 감정을 표현하고 자연미를 추구하는 인간성 회복을 강조하였다. 르네상스의 정신은 인문주의 정신이라 할 수 있는데 이는 인간을 인간답게 하는 본성인 이성, 자유, 박애, 행복, 욕구 등의 조화에서 찾았다. 이는 그리스와 로마의 언어와 문학, 예술 등의 연구를 통해 교회의 권위나 신 중심의 중세적 세계관에서 벗어나 인간적인 교훈을 얻으려 했다는 점에서 르네상스의 의미는 고대의 사상과 문화 그리고 자유교양교육을 부흥하는 인문주의를 포함한다고 볼 수 있다.

둘째, 르네상스는 종교개혁운동과도 밀접한 관계가 있다. 이는 16세기의 사회적 모순에 대하여 상공 자본계급과 시민계급을 기반으로 일어난 사상 표현 운동이라 할 수 있다. 종교개혁은 단순히 중세 교회의 타락에 반항하여 기존의 교회 조직과 교리의 개혁만을 이루려 한 것이 아니라 교육, 사회, 정치, 도덕 등 모든 제도상의 모순에 대한 철저한 개혁운동으로 국가의 재건의 의미가 있었다.

2) 르네상스의 배경

르네상스가 발생하게 된 배경을 살펴보자. 15세기 유럽은 십자군 원정 이후 아메리카 대륙의 발견, 인도로 향하는 활로, 세계 일주를 통한 생활공간의 확장으로 정치적, 경제적, 정신적 분야가 확장되었고 이로 인해 생활이 분화되고 복잡해졌다. 이러한 변화에 부응하여 기술과 과학이 발달하게 되었다. 특히 중세시대에는 학문이 교회의 권위에 지배를 받아 제한된 연구가 이루어질 수밖에 없었으나, 과학의 발달로 교회의 권위나 전통에 저항하면서 '전제조건 없이 연구해야 한다(Reble, 2002: 91).'는 주장을 하기에 이르렀다. 코페르니쿠스나 갈릴레이, 케플러와 같은 과학자들은 자율적이며 제한받지 않는 연구를 원했고 연구방법에 있어 경험을 중시하고 수학과 실험을 지향하는 성향이 나타났다.

14세기와 15세기에 상업이 확산되고 노동이 집약화되면서 중세의 자연경제 대신 화폐경제가 성장하였다. 이로써 경제적 힘의 이동이 가능하게 되었다. 이는 정치와 사회의 모든 분야에 변화를 가져왔다. 봉건국가가 몰락하고 기사계급이 붕괴되었다. 그 자리에 시민과 새로운 권력으로 제후가 서게 되었다. 중세의 종교와 교회의 권력으로부터 벗어나 정치와 세속권력을 향유할 수 있게 되었다. 르네상스 시대에 등장한 국가(중세에는 거대하고 초국가적이었던 개념에서 개별 민족국가로 이행됨)는 '순수한 권력 조직'[120]이 되었다.

세속권력이 교회 권위로부터 해방되면서 학문 연구도 교회 권위로부터 해방되었다. 이는 자연스럽게 인간 이성의 자율성을 추구하게 되면서 개성적 자아의 자율성에 눈을 뜨게 하였다. 문학과 예술 그리고 자연에 대하여 새롭게 이해하게 되었으며 이러한 생각은 교육 분야에 영향을 미쳤다. 스콜라 철학에 의한 지식 탐구 정신과 코페르니쿠스와 갈릴레이와 같은 과학자들에 의한 실험정신은 실증적이고 합리적인 인식 및 성과를 가져왔고 대학의 발달로 학문적 자유가 확대되었다.

외적 배경으로는 십자군 원정을 통해 문화교류가 확대되었다. 특히 르네상스가 이탈리아에서 시작된 이유는 정치적으로 통일되지 않은 도시들이 편재해 있었으며 이 도시들이 상류사회의 역할을 담당했기 때문이다. 또한, 경제적으로 대륙과 해양을 잇는 반도국가로서 동서 문물이 만나는 지역으로 문화 다원주의가 숨 쉬는 자유도시 발달과 더불어 새로운 시민 계급이 형성되었다. 이들은 상인으로 성장하는 데 필요한 읽고 쓰고 셈하는 능력과 공공분야와 관련된 지식을 교육받게 된다. 또한, 이탈리아는 고대 로마의 유적이 산재해 있었고 15세기 비잔틴이 몰락하면서 비잔틴 학자들이 종교적 탄압을 피해 이탈리아로 망명할 때 그리스 고전을 가지고 들어오게 되었는데, 이를 통해 이탈리아 학자들이 지적으로 자극을 받아 그리스 문헌을 탐색하고 고전을 유럽에 소개하게 되었다.

3) 르네상스의 특징

(1) 인간중심주의

중세의 구속에서 벗어난 인간은 자신을 개별적 자아로 인식하게 되었다. 중세시대에는 인간을 타락한 죄인으로 보고 죄인으로서의 길을 벗어나기 위해서는

120) 마키아벨리는 『군주론(1513)』에서 고대 로마 공화국의 전범에 따라 입헌주의 평등과 자유를 주장하였고 종교를 국가 이익에 종속시켜야 한다고 주장했다. 그는 지배자에게 주어진 최고의 의무는 국가의 권력을 안전하게 유지하는 것이라고 하였으며 군주는 권력을 유지하기 위해 법으로 싸울 수도 있지만 힘으로도 싸울 수 있는 이론적 정당성을 부여하였다.

교회의 가르침을 따라 인간적 삶에 대한 금욕과 절제를 강요받았다. 르네상스 시대가 되면서 사람들은 중세적 세계관과 질서로부터, 교회의 억압으로부터 벗어나고자 하였다. 인간을 죄인으로 보기보다는 이성을 가지고 자율적 판단을 하는 존재일 뿐만 아니라 개성적 자아를 지닌 존재라는 사실에 눈을 뜨게 되었다.

(2) 현세주의

인간은 자신을 깊이 들여다보는 과정에서 세계를 새로운 방식으로 보게 되었다. 개성을 드러내지 않던 중세와 달리 개인의 명성을 드러내기를 원했다. 위대한 건축가와 조각가들이 등장하였고 자서전이 집필되었으며 회화에서 초상화와 자화상이 등장하게 되었다. 문학작품에서도 자연을 수수께끼와 숭배의 대상으로 묘사했던 과거에 비해 새로운 자연체험을 언급함으로써 종교적 관점으로 인간과 세계를 이해했던 것에서 벗어나 인간의 현세적 삶과 세상에 대한 새로운 가치 평가를 하게 되었다. Reble은 현세주의에 대해 다음과 같이 말하고 있다.

> "이 시기의 기본적인 성향은 삶의 현세화, 삶의 즐거움 그리고 세상에 대한 기쁨이었다."
>
> Reble, 2002: 94.

사람들은 현세에서 경험할 수 있는 모든 것을 구체적이고 다채롭게 직접 경험하기를 원했다.

(3) 자연주의적 성격

현세적 삶을 긍정하는 데 추상적 개념이나 신학을 통해서가 아니라 새로운 방식으로 자연을 이해하는 데서 그 근원을 찾았다. 즉 인간 이해에 있어서 죄인으로서의 인간보다는 자연 그대로의 인간의 모습과 삶을 추구하게 되었는데, 이러한 모습을 고대에서 찾을 수 있었다. 그중에서도 고대의 예술과 문학에서 이러한 모습을 찾았다.

르네상스 시대의 사람들은 고대의 정신을 변형하거나 왜곡하지 않고 근원으로부터 온전히 이해하고 혁신하려고 하였으며, 문헌학적으로 정확한 본문을 발굴하여 출판하고 키케로식 라틴어와 그리스어를 진흥시키고자 하였다. 이 시대에는 이러한 정신을 훌륭하게 도야한 사람, 문학 과 예술에 깊은 식견을 지닌 사람, 철학적으로 열려 있으며 처세에 능한 사람을 이상적 인간으로 여겼다(Reble, 2002: 96).

2. 르네상스의 교육

르네상스 인문주의는 외부적인 권위와 형식의 구속에서 벗어나 순수한 인간 그대로의 모습으로 돌아가려는 해방운동이자 교육운동이었다. 초기에는 고대 로마의 고전을 가르치고 연구함으로써, 그 이후에는 인간 중심적이고 현세적인 고대 문화의 영향을 받아서, 인간의 개성과 능력을 강조하고 인간의 덕성과 존엄성을 강조하면서 그 사상을 발전시켜 나갔다.

인간은 이성적인 존재로 이성을 통해 완전한 인간으로 성장하려면 교육은 필수적인 요건이 된다. 교육은 '인간다움의 필수적인 조건'이 된다(윤재흥, 2014: 221). 인문주의 교육이 가지고 있는 특징을 살펴보면 다음과 같다.

첫째, 자연주의이다. 인문주의는 중세의 초자연주의적 교육을 비판하며 자연적인 인간 생활에 기초하고 있다. 또한, 중세의 내세주의를 강조하던 교육에서 인간 현실에 바탕을 둔 지식과 진리를 추구하였다.

둘째, 언어 중심의 교육이다. 인문주의는 고대 그리스와 로마의 문학과 예술을 통해 인간을 재발견하려고 했기 때문에 이들을 이해하기 위한 수단으로 그리스어와 라틴어를 이해하는 것이 매우 중요했다.

셋째, 개인주의이다. 중세의 보편적이고 전체주의적 정신으로부터 벗어나 개성의 자각을 이끌어 냈다. 개인을 중심으로 비판 정신이 싹트게 되었고 개성적 자아의 자율성에 눈뜨게 되었다. 이제 인간은 신에게서 벗어나 개인의 전인적 성장과 발달을 도모하게 되었으며 인간 자신이 세계의 중심이며 완전한 자아로 인식하게 되었다.

넷째, 귀족주의이다. 특히 이탈리아의 르네상스는 귀족적 교육의 특징을 보였으며 이는 초등교육이 아닌 중등교육 이상에 더 많이 작용한 것을 보면 알 수 있다.

이러한 인문주의 교육은 남부 이탈리아를 중심으로 개인적 인문주의, 북부 유럽을 중심으로 하는 사회적 인문주의 운동으로 전개되었고 키케로주의라는 언어의 형식을 중시한 독특한 형태의 인문주의를 탄생시켰다.

1) 개인적 인문주의

이탈리아를 중심으로 시작된 개인적 인문주의는 귀족층을 중심으로 전개되어 지덕체의 조화로운 발달과 개성을 존중하여 개인의 교양을 넓히는 데 중점을 두었다.[121] 현세에서 인간답고 교양 있는 삶을 누릴 수 있도록 준비시키는 교육으로 고대의 문학, 철학, 윤리학, 수사학뿐 아니라 자연과학도 가르쳤다. 교육방법으로는 교과서에 대한 강의와 논문작성, 개성과 흥미 중시[122], 자기표현과 자기활동의 학습을 강조했다.

개인적 인문주의의 영향으로 고전 및 교과 중심 교육과정으로 운영되는 중등교육기관이 발달하게 되었다. 그 대표적인 학교로는 이탈리아의 궁정학교, 프랑스의 콜레주와 리세, 독일의 김나지움, 영국의 라틴 문법학교 등이 있다.

2) 사회적 인문주의

개인적 인문주의가 심미적, 세속적, 귀족적 교육이념을 갖고 있었다면 사회적 인문주의는 북유럽을 중심으로 고전을 공부한 소수의 엘리트들이 다수 대중의 의

---

121) 개인적 인문주의는 이탈리아의 구아리노(Battista Guarino, 1434-1513)가 스콜라적 권위주의에 반대하고 라틴어 원전을 기반으로 한 교양인 양성을 주창함으로 시작되었다. 라틴어 원전을 통한 교양의 습득이라는 생각은 당시 상류층의 교육 요구와도 맞아 떨어졌다.

122) 쿠인틸리아누스와 키케로 같은 고전 작가들의 교육관을 기초로 하여 가혹한 학교 훈육과 체벌을 지양하고 즐겁고 활동적인 학습, 아동의 영혼을 고려한 학습을 강조했다.

식을 개혁하기 위해 사회 계몽운동으로 전개되었다. 개인의 교양을 넓히는 것에 초점을 두기보다는 도덕적, 종교적 관습과 제도를 개혁하는 데 그 목적이 있었다.

사회적 인문주의자들은 고대의 문학과 기독교 원전에도 관심을 보여 성서의 내용도 교육내용에 포함하여 가르쳤고 사회개혁과 인간 상호 간의 관계 개선을 교육목표로 삼았다. 이들의 교육내용은 상류층 교육의 성격에 대중적 교육의 성격이 포함된 것을 볼 수 있다. 대표적 인물로는 에라스뮈스(Erasmus), 비베스(Vives)[123], 라블레(Rabelais) 등이 있다.

3) 키케로주의

르네상스 시대의 이상적 인간은 '완벽한 연설가'일 때 자신을 입증할 수 있다고 생각했다. 따라서 고전에 포함된 정신과 사상보다는 고전의 문체만 강조한 나머지 과도한 언어표현법과 내용이 없는 말재주와 형식주의로 치닫게 되었는데, 이러한 경향을 키케로주의라고 한다.

키케로주의는 선정된 고전과 키케로의 문장을 중심으로 완전한 라틴문체와 정확한 표현 양식을 기르는 데 교육의 목적을 두었다. 교육방법은 선정된 문장을 암송하고 키케로의 문체를 모방하여 수사학적 아름다움을 배우는 것이었다. 라틴어의 연설에서 형식적인 결함이라도 나타나면 이것이 큰 문제라도 되는 것처럼 간주했다. 또한, 자국어로만 말하고 알아듣는 사람은 고상한 사람과 고상한 정신세계를 지닌 사람과는 완전히 동떨어진 사람으로 간주되었다. 이렇게 되다 보니 교육에서의 순수성보다는 형식주의로 흐를 수밖에 없었다.

르네상스 초기의 인문주의가 지향한 전인적 인간도야라는 신념을 가졌던 키케로주의가 편협하고 형식주의적인 언어교육으로 변질된 것이다. 이는 키케로의 문체와 문장 등의 모방을 인문주의 교육과 동일시했기 때문이다.

123) 스페인이 낳은 최고의 인문주의자이다. 주요 저서로는 『기독교도 여성의 교육에 대하여(1623)』, 『소년의 학습법에 대하여(1623)』, 『학문교수론(1632)』 등이 있다.

〈표 6〉 인문주의 교육의 비교

구분	개인적 인문주의	사회적 인문주의	키케로주의
발달	· 남유럽의 귀족층 중심 · 개인적, 심미적, 귀족적 · 자유인문주의	· 북유럽 하류층 중심 · 사회적, 도덕적, 대중적 · 고전중심의 인문주의	· 언어주의(라틴어) · 극단적 형식주의 · 편협한 인문주의
교육목적	· 지덕체의 조화로운 발달 · 개인의 풍부한 생활	· 사회적, 도덕적 개혁 · 대중의 풍부한 생활	· 훌륭한 문체 · 정확한 표현 양식의 연마
교육내용	· 고전문학과 자연과학	· 고전문학과 성서문학	· 키케로의 문장 · 고전문학
교육방법	· 교과서에 의한 강의 · 개성과 흥미 중시	· 학생의 흥미와 요구 존중 · 반복학습	· 키케로 문체의 암송과 모방

3. 종교개혁과 교육

1) 종교개혁의 배경

종교개혁은 가톨릭교회 내부의 심각한 부패와 타락에 대한 저항운동으로 시작되었으며 당시의 정치, 경제, 사회적 변화와도 맞물려 있었다.

정치적인 변화는 이미 전개되고 있었다. 1500년경 절대적 정부의 주권이 확립되는 경향이 나타났고 왕과 제후들이 교황과 신성로마 황제로부터 벗어나 자기 국민에 대한 지배권을 강화하는 움직임이 있었다. 경제적 측면에서 보면 당시 교회의 재산과 토지에 대해서는 세금을 부과하지 않으면서 백성들에게는 교회와 국가가 세금을 이중적으로 부과하자 교회와 국가 사이에 갈등이 유발되었다. 또한, 국가는 돈이 로마로 흘러들어가는 것에 대해 불만을 가지고 있었다. 문화적으로 14세기에 이탈리아에서 시작된 르네상스 운동이 종교개혁에 영향을 미쳤다. 인문주의자들이 고전을 읽는 가운데 성경을 원래 쓰인 언어로 읽게 되면서 교회가 그동안 어떻게 변질되어 왔는지 알게 되었고 교회의 절대권위에 대해 의심하게 되었다. 그리고 15세기 중반 인쇄술의 발명으로 학문이 빠르게 전파됨으로써 루터의 종교개혁이 쉽게 전파될 수 있었다.

종교개혁의 결정적 원인은 교황 레오 10세(Leo X)가 성 베드로 성당을 개축하면서 면죄부를 판매[124]하였는데 루터가 이에 반발하여 종교개혁운동이 전개된 것이다. 당시 가톨릭교회는 부패는 극에 달하였고 신도들에게 세금을 강제 징수하였으며 성직 매매, 교회의 세속화 등에 대한 비판에서 시작되었다. 이후에는 종교적, 도덕적 신앙 회복운동으로 전개되었다.

루터의 종교개혁이 대중들에게 지지를 얻게 된 것은 시대정신에 부합되었기 때문이다. 루터의 종교개혁정신은 독일뿐 아니라 전 유럽에 전파되어 독일에 루터파, 제네바에는 칼뱅파, 영국에는 국교주의라는 새로운 정신적 지배권이 형성되었는데 이를 개신교라고 한다.

종교개혁운동은 성서의 원전 연구와 초대교회 정신으로 돌아가자는 운동이었다는 점에서 고전 문화를 되살리려는 문예부흥운동의 연장선상으로 볼 수 있다. 종교개혁자들은 성직자와 교회에 의한 구원이 아니라 오직 성서와 신의 은혜, 개인의 신앙에 의한 구원을 강조하였다. 신앙은 교회조직의 권위를 통해서가 아니라 우리가 성서를 읽음으로 키워나가는 것이라고 여겼기 때문에 모든 사람은 신앙생활을 하는 데 있어서 오직 성서만이 신앙의 규범이 되어야 한다고 본 것이다. 성서를 해석하는 데 있어서는 개인의 판단과 책임을 강조하였는데, 모든 인간은 이성과 양심을 가지고 있기 때문에 가능할 것으로 생각했다. 이를 위해 국가는 모든 시민이 교육받을 수 있는 의무교육을 실시해야 한다고 주장했다.

이처럼 종교개혁은 모든 사람을 가르쳐야 한다는 의무교육과 교회가 아닌 국가가 설립하고 관리하는 학교를 주장함으로써 근대교육제도의 발전을 가져오는 근간이 되었다.

124) 면죄부 판매는 11세기 말 십자군 참가를 독려하기 위해 시작되었다. 연옥에 간 사람에 대한 면죄, 형기를 단축하는 데 사용되기도 하고 14세기에는 성당이나 병원을 건립하기 위한 기금을 위해 남발되었다. 또한, 성직을 매매하기 위한 비용을 감당하기 위해서도 면죄부가 판매되었다.

2) 종교개혁과 교육

신교의 교육은 내세를 위한 종교교육과 현세의 생활을 위한 교육 모두를 강조하였다. 따라서 신교의 여러 교파들은 초등교육 보급에 힘썼다.[125] 성서를 모국어로 번역하여 모국어를 통한 종교교육뿐 아니라 시민생활에 필요한 모국어, 3R's, 음악, 체육, 공예, 가사 등을 가르쳤다. 이는 교회의 권한에 있던 교육기관을 시와 정부의 권한으로 들어가게 함으로써 공교육제도가 성립되게 하였다.

상류층을 위한 중등교육이나 대학은 인문주의적 성향이 나타났다. 중등교육은 대학을 준비하는 교육으로 고전 중심의 교육이 이루어졌고 대학은 신학, 법학, 의학부에 비중을 두었고 인문주의화되었다. 루터의 동료이자 지지자였던 멜란히톤(Philip Melanchton, 1497~1560)[126]은 인문주의자로서 인문적 교양을 갖춘 기독교인 양성을 위한 교육체제를 마련하여 인문주의와 개신교 정신을 잘 결합함으로써 중등교육과 고등교육을 개혁하였다.

개신교 세력의 확장은 가톨릭 내부에 자정운동을 일으켜 가톨릭 자체를 재정비하려는 내부적인 쇄신 운동이 일어났다. 개신교 세력의 확대에 대항하여 자체의 각성운동이 전개되었는데 이를 반종교개혁(count reformation movement)이라고 한다.

반종교개혁가들은 개신교가 교육 재건사업을 통해 교세를 확장하는 것을 보고 교육 보급을 통한 가톨릭 세력의 확장을 시도했다. 이 운동은 예수회의 설립자인 이그나티우스(Ignatius de Loyola, 1491~1556)[127]에 의해 발전되었다. 이 교단은 개신교 확장을 저지하기 위한 선교활동을 하였고 가톨릭교회의 교리를 향상시키기 위해 역량 있는 교육이 필요하다고 보았다. 그들은 가톨릭 세력권 안에 있는 중

---

125) 신교의 초기의 관심은 대중을 위한 초등교육기관 설립이 아니라, 기존의 대학이나 중등교육기관을 개신교 정신에 맞게 살리려는 것이었다.

126) 멜란히톤은 인문주의와 종교개혁을 결합하여 루터의 사상을 확장하였고 학교개혁을 시도하였다.

127) 스페인의 귀족 출신으로 전투에 참여했던 군인이었다. 스페인의 바르셀로나의 문법학교, 알칼라 대학과 프랑스 파리 대학에서 공부했다. 파리 대학 재학시절 1534년 5명이 모여 '예수회'를 창설하고 1540년 교황 바울 3세로부터 교단 승인을 받았다.

등학교와 대학을 세워 반종교개혁운동을 펼쳐 나갔다.

예수회는 학교를 군대식으로 조직하고 엄격한 규율을 갖추었으며 모든 회원은 상급자에게 무조건 복종하는 방식으로 조직하여 교육개혁운동을 펼쳐 나갔다. 자기 규율과 겸허함 그리고 복종을 기반으로 인격 형성과 의지교육을 강조하였다. 예수회 학교에서는 체벌이 엄격히 금지되었고 명예심과 경쟁심을 교육학적 수단으로 사용하였다.

예수회는 교사양성에도 특별한 관심을 기울였는데 교사양성에 관한 예수회의 원칙을 소개하면 다음과 같다.

> "만약 교사가 될 사람들이 그보다 더 유능한 교사에게 한 사람씩 배정되어 두 달 이상 읽기, 가르치기, 쓰기, 시험 점수 매기기, 학급 운영하기 등의 방법을 훈련받는다면 학교에 매우 유익할 것이다. 그러나 교사가 사전에 이러한 훈련을 거치지 않는다면 그는 그가 가르치는 학생들을 희생시키면서 혼자서 그런 것들을 배울 수밖에 없을 것이요, 그가 가르치는 일에 능숙할 때쯤 되면 이미 그의 명성은 땅에 떨어진 뒤일 것이다. 또한, 모르기는 해도 그는 이미 습득한 나쁜 습관을 평생토록 버리지 못할 것이다."
>
> Boyd, 이홍우 외 공역, 1994: 310.

예수회의 교육은 이렇듯 훌륭한 조직과 무상교육, 우수하게 훈련된 교사의 철저한 교육으로 이미 1616년에 372개의 학교와 일련의 대학교들이 있을 정도로 성공적이었다. 18세기 초에는 상급 교육기관(보통부와 고등부, 하급과와 상급과)이 612개가 되었다. 대학에서의 교육과정을 이수하면 석사학위와 함께 중등교사 자격증을 수여하였다.

〈표 7〉 **신교와 구교의 교육**

	신교의 교육	구교의 교육
교육목적	합리적, 자유적 신앙과 사회적 도덕적 도야가 조화를 이룬 근대적인 기독교인 양성	교화에 복종하여 구교를 전도하고 보급할 교회의 지도자 양성
교육내용	· 초등교육: 성서, 모국어, 3R's, 음악, 체조 등 · 중등교육: 라틴어, 희랍어, 히브리어, 수학, 논리학, 수사학 등 · 고등교육: 스콜라 철학, 성서연구	· 중등부: 라틴 문법, 그리스어, 역사, 고전문학, 수사학 등 · 고등부: 라틴어, 희랍문학, 지리, 역사, 과학, 수학, 논리학, 수사학, 문학 등
교육방법	· 자연의 법칙에 따르는 방법 · 직관적 교수의 경향 · 학년별 학급 조직 실시	· 엄격한 군대식 교육 · 강의와 반복의 2단계 교육 · 외재적 학습 동기 유발(상벌과 경쟁심)
특징 및 공헌	· 종교와 도덕 교육의 조화 · 초등 의무교육의 주장으로 교육의 대중화, 보편화, 세속화에 기여 · 공교육제도의 성립 촉진	· 교원양성제도의 실시(사범교육의 기원)
주요사상가	루터	로욜라

4. 교육사상가

1) 에라스뮈스(Desiderius Erasmus, 1466/1469~1536)

에라스뮈스는 네덜란드 로테르담에서 성직자인 아버지와 의사의 딸 사이에서 태어났다. 흑사병으로 부모님이 돌아가신 후 문법학교에 들어가 고대 문헌을 접하면서 인문주의적 교육을 받게 되었다. 1488년 아우구스투스 수도원에 입회하여 고대 학문에 몰두하게 되었고 본격적으로 인문주의자의 길을 걷기 시작했다. 1492년 사제가 된 후 캄브라이(Cambrai) 지역 주교의 비서로 일하였으며, 주교의 재정적 지원으로 파리 대학에서 고전과 신학을 공부하였다. 그 후 영국 캠브리지 대학에서 그리스어와 신학을 가르쳤다.

에라스뮈스는 기독교 원전에 관심을 보였다. 특히 1516년 그리스어 신약성서 원본을 라틴어로 번역하여 라틴어를 아는 사람들이 신약성서를 접할 수 있게 하였다. 에라스뮈스는 기독교 원전을 찾아 나섬으로 진정한 고대의 정신과 융합되는 신학을 정립함으로써 '기독교 인문주의자들의 왕'으로 불리게 되었다.

그는 가톨릭 신부이면서 당시 교회의 부패와 타락뿐 아니라 지나치게 강조된 성직자의 권위에 대해서도 비판하였다. 그는 복음주의적 입장에서 관용과 인간성을 존중하는 인문주의자로 교육학 저술들을 집필하였다. 『올바른 교수법에 관하여(1514)』, 『소년들에 대한 인간관계 교육에 대하여(1526)』, 『소년들에 대한 초기 일반교육의 필연성(1529)』 등은 그의 인문주의적 교육적 사고가 잘 담겨져 있다.

에라스뮈스는 기독교의 신앙과 고전문학에 대한 소양을 겸비한 사람을 추구했다. 그의 교육목적은 첫째, 경건한 신앙을 갖게 하는 것, 둘째, 자유학과를 사랑하고 배우는 것, 셋째, 생활 속에서 의무를 수행할 준비를 하는 것, 넷째, 어려서부터 올바른 예법을 몸에 익히는 것이다. 올바른 교육과 훈련을 통해 인간성(Humanitas)에 이르도록 하는 것이 교육목적이었다. 인간성이란 인간의 존엄성에 어울릴 가치가 있는 거동이나 태도를 의미하는데, 이는 천부적으로 주어진 것이 아니라 성취해야 하는 것으로 반드시 교육이 필요하다.

교육은 인간 성장에 지대한 영향을 미친다. 『소년들에 대한 초기 일반교육의 필연성』에서 아동 개인의 성장에 작용하는 세 가지 요인을 들었다. 이 세 가지 요인은 본성, 훈련, 연습인데, 먼저 본성은 훈련의 대상이 되는 생득적인 소질과 성향을 포함하여 사유능력, 언어능력을 의미한다. 그러나 개인의 고유한 능력이 있더라도 지도하지 않으면 개발될 수 없다. 따라서 훈련이란 개인의 고유한 자질과 능력에 따라 능숙한 수업과 지도를 받는 것을 의미한다. 연습은 본성적으로 주어지고 훈련으로 연마된 능력과 활동을 스스로 자유롭게 연마해 보는 것이다. 이 중에서 가장 중요한 것은 훈련이다. "본성은 힘이 강하나, 연습으로 보완된 훈련은 더욱 힘이 강하다."고 하면서 주어진 능력을 교육을 통해 극복할 수 있음을 강조했다.

따라서 에라스뮈스는 태아교육 및 조기교육을 강조하였다. 어려서부터 가르치되 강제적인 방법이 아니라 자유로운 존재인 아동의 본성을 고려하여 놀이나 이야기로 가르치는 교육을 강조하였다. 인간애를 기본으로 하는 아동의 자유를 존중하는 교육은 아동의 성장 단계에 맞춘 개인차의 능력에 따른 학습이 필요하며 성장 단계에 맞지 않게 지나치게 요구하거나 어려운 내용을 가르치지 말라고 하였다. 또한, 체벌에 의한 교육보다는 애정과 칭찬을 통한 교육을 강조하였다.

에라스뮈스는 사회적 인문주의의 대표자로 아동 중심의 교육방법을 중요시한 교육사상가이다. 교육은 부모의 의무일 뿐만 아니라 사회의 책임이라고 주장하면서 체벌이 없는 교육을 위해 공립학교를 창설해야 하며, 아동을 교육할 유능한 교사를 배출할 수 있도록 하는 체계적인 교사교육의 필요성을 강조하였다.

2) 루터(Martin Luther, 1483~1546)

루터는 1483년 독일 작센 주의 아이슬레벤(Eisleben)에서 광산 기술자의 아들로 태어났다. 가정의 분위기는 매우 엄격하고 경건하였다. 어려서 만스펠트의 시립학교와 마그데부르크의 공동생활형제단 학교를 다녔고 아이제나흐에서도 공부하였다. 1501년 에르푸르트(Erfurt) 대학에 입학하여 아리스토텔레스를 정통으로 배웠다.

그 후 아버지의 권유로 법학을 공부하였으나 결정적인 계기로 수도사의 길을 걸었다. 1505년 아우구스티누스 수도회에 입회하여 1507년 사제 서품을 받았다. 이 수도회에서 신학 연구를 위해 선발되어 1508년 비텐베르크 대학에 입학하였다. 1512년에 신학박사 학위를 받았고 그 대학 신학부 교수로 활동하였다.

루터는 성 베드로 성당 개축을 위해 면죄부를 판매[128]하는 것에 반대하는 95개조의 반박문을 비텐베르크 성당에 게시함으로 종교개혁운동을 촉발시켰다. 이 반박문으로 인해 교황청과 대립[129]하였으나 이를 계기로 로마 가톨릭으로부터 독립을 선언했다. 당시 교황의 권위에서 벗어나 정치적 독립을 원했던 독일의 제후나 교회의 간섭을 받지 않고 자유롭게 활동하기 원했던 도시민들, 과도한 세금으로 힘들어했던 농민들의 도움으로 종교개혁을 성공시킬 수 있었다.

루터의 종교개혁이 교육에 미친 영향을 살펴보자.

첫째, 인간 개인이 성서와 직접 접촉하므로 개인의 판단과 책임을 강조하였다. 루터는 교회가 개인과 하나님 사이에서 중재하는 행위를 거부하고 개개인이 오직 예수와 그의 말씀을 믿음으로 하나님의 은총을 깨닫게 된다고 하였다. 하나님 앞에서 모든 사람은 차별이 없으며 믿음으로써 하나님을 받아들일 수 있다고 하였는데, 이런 믿음의 근거가 되는 것이 성서이기 때문에 모든 사람이 성경을 스스로 읽고 이해할 수 있어야 한다고 여겼다. 이를 위해 그리스어와 라틴어로 기록되어 있는 성경을 독일어로 번역하여 모든 사람이 직접 성경을 읽고 이해할 수 있도록 하였다.

둘째, 여기에서 교육의 대중화와 모든 사람을 대상으로 하는 공교육제도의 확립을 위한 이론적 토대를 만들었다. 루터는 현명한 부모의 자녀교육을 강조했다. 그러나 부모가 만족스럽게 교육하기에는 한계가 있기 때문에 국가나 도시가 학교를 세워 운영해야 한다고 하였다. 부모는 자녀를 훌륭한 기독교인으로 만들기 위해 학교에 입학시켜야 하며, 국가나 도시는 모든 아동에게 교육받을 기회를 제

128) 교황청은 면죄부를 삼으로써 죽은 사람의 영혼이 구원에 이른다고 하였으나 루터는 영혼의 구원이 면죄부가 아닌 오직 성서와 오직 믿음으로만 가능하다는 95개조의 반박문을 게시하였다.

129) 루터의 95개 조항에 동조하는 사람들이 많아지자 교황청은 이를 철회할 것을 종용했지만, 이에 굴복하지 않자 교황청은 루터를 이단으로 규정하고 루터는 교황이 보낸 파문장을 사람들이 보는 앞에서 소각하였다.

공해야 할 의무가 있음을 천명하면서 초등보통 의무교육에 대해 제안하였다.[130] 이는 오늘날 개인의 교육에 대한 권리와 의무에 대한 사상적 토대가 되었다.

셋째, 루터는 교육과정을 구성하는 데 있어서 종교적·세속적인 것의 조화롭게 융합된 인간생활을 구현하고자 했다(양금희, 1999). 즉 합리적 신앙과 사회적, 도덕적 도야가 조화를 이룬 유용한 인간 양성을 교육목적으로 하였다. 성서를 바르게 이해하도록 고전어를 가르쳤으며[131] 성경을 보다 쉽게 이해할 수 있도록 돕는 문답식 교육방법을 통해 개념을 이해시켰다. 세속 학문으로는 언어와 인문주의의 자유교양교과와 역사를 가르쳤고 그 밖에 체육을 통한 건강 촉진과 음악을 통한 경건한 신앙심 배양을 강조하였다.

넷째, 교직을 성직만큼 중요하고 가치 있는 직업으로 인식했다. "만약 내가 성직자가 아니었다면 분명히 교육자가 되었을 것"이라고 하였고 "만약 내가 성직을 그만두고 다른 직업을 가져야 한다면 교사보다 더 좋은 직업이 없을 것(안상원, 1992; 신차균·안경식·유재봉, 2006, 217, 재인용)"이라고 하여 교직에 가치를 두었다.

루터는 교육을 국가와 사회의 번영을 위한 것으로 보고 보통교육과 의무교육을 주창함으로써 교육의 대중화를 이끌었고, 각 도시에 도서관을 설립할 것과 교사직의 중요성을 강조하였다.

130) 루터는 「취학 의무에 관한 설교」에서 국가는 학교를 세우고 국가 재정으로 운영해야 하며, 필요하다면 강제 수단을 써서라도 아동을 취학시켜야 한다고 하였다. 루터는 "만약 통치자가 그들의 신체 건강한 신민에게 창과 총을 짊어지도록 강요할 수 있다면, 그것보다 더 당당한 근거로 그들에게 자녀를 학교에 보내도록 강요할 수 있어야 한다. 악마는 우리로 하여금 교육을 게을리 하도록 하여 도시와 국가에 해를 끼치도록 은밀히 획책하고 있으며, 이 악마와 싸워야 하는 전쟁은 훨씬 더 지독한 전쟁이다(Boyd, 1994: 286, 이홍우 외 공역)."라고 말함으로써 아동이 취학해야 하는 것을 강조하였다.

131) 초등학교에서는 모국어, 성서, 음악, 체육을, 중등학교에서는 라틴어, 그리스어, 히브리어, 변증법, 수사학, 수학 등의 인문주의 교과를, 대학에서는 전문 직업훈련, 언어학, 아리스토텔레스의 저서 등을 가르쳤다.

13장

실학주의와 교육

1. 시대적 배경

1) 정치·경제적 배경

17세기는 적도 횡단, 아메리카 대륙 발견, 희망봉 도달 등으로 탐험과 영토확장주의, 제국주의, 중상주의 성향이 나타났다. 이 시기는 정치적으로 권력이 한 곳으로 집중되는 중앙집권적 절대주의 시대이다. 절대 군주들은 왕권을 지키고 영토를 수호하며 국가의 위용을 보이기 위해 국가의 행정을 체계화하고 재정이나 조세제도, 국방력 정비 등 통치와 관리 체계를 만들어 통제하였다. 경제 분야에 있어서도 중앙에서 통제하는 중상주의를 채택했다. 국가는 식민지 확장, 산업체와 상회 설립, 상업규제 및 독점제도 시행, 외국 상품에 대한 관세 부여, 수출장려, 외국의 전문 인력 수입 등을 통해 산업을 발전시켰다. 경제적 삶의 질이 높아지자 인구도 급증하게 되었고 국가는 백성을 경제적 측면에서 중요한 가치로 파악하게 되었다. 국가의 중상주의 정책은 백성을 경제적으로 유용한 지식과 기술을 가진 인물로 양성해야 한다는 과제를 갖게 했다. 국가는 각자의 신분에 따라 그에 필요한 지식과 기술을 습득하게 하는 직업교육에 관심을 두게 되었다.

2) 자연과학의 발달

르네상스 시대를 거치면서 변화된 시대정신은 17세기[132]에 이르러 질적인 변화를 가져왔다. 그 원인은 신항로와 신대륙 발견, 인쇄술과 나침반 그리고 망원경의 발견과 같은 자연과학의 발전과 과학적 방법론의 등장이다. 물질세계를 구성하고 있는 구체적인 대상에 대한 인간의 관심과 연구는 이미 고대부터 있어 왔지만 근대적 방법론에 입각한 자연과학은 16세기 중반부터 발전되어왔다. 특히 뉴턴(1642~1727)의 『제일 법칙』이 발표되면서 자연과학이 엄청난 속도로 발달하게 되었다.

자연과학의 발달은 자연과학 방법론이 체계화되면서 촉진되었다. 베이컨(Francis Bacon, 1561~1626)은 근대 과학의 방법론을 새롭게 정립하였다. 지식을 탐구하는 데 있어서 먼저 구체적인 사실들을 관찰하고 실험한 후 일반적인 법칙이나 원리를 이끌어내는 귀납법적 방법이 타당한 방법이라고 주장하면서 경험론 철학이 제시되었다.[133] 데카르트(R. Descartes, 1596~1650)의 합리론에서는 다른 관점에서 자연과학 발전에 기여했다(신차균·안경식·유재봉 공저, 2006: 224). 그는 인간의 경험이 사실성만 보여 줄 뿐 필연성과 보편성을 제시하지 못하기 때문에 참된 인식은 오직 이성에 의해서만 가능하다고 보았다. 따라서 과학적 방법은 수학에 기초하여 논리적 엄밀성을 따라야 한다고 생각했다. 자연은 수학적으로 이해되고 인간의 사고 또한 모든 영역에서 수학적으로 파악할 수 있는 사물의 질서를 추구하게 되었다.

자연과학의 발달과 사고방식의 변화는 자연세계에 대한 인간의 지배력을 강화시켰고 인간생활의 진보에 대한 관심이 증가하게 되는 계기가 되었다. 즉 과학적 탐구와 실제적인 생활에 대한 새로운 관심이 대두되었다. 교육에 있어서도 실학주의가 대두되었는데 이는 형식적인 키케로주의, 피상적 언어주의, 종교적 교의

132) 17세기를 '자연과학의 세기'라고 한다.
133) 이러한 자연과학의 발달과 과학적 태도는 실학주의 교육사상을 낳게 했다.

에서 벗어나려는 사조이다.

2. 실학주의 교육사상의 특징

1) 교육제도 정립에 대한 노력

17세기의 교육은 인간을 이성적이고 계획적으로 교육하려는 시도에서 모든 것을 체계화하려고 하였다. 국가는 학제를 제도화하고 일관성 있고 계획적으로 교육시키고자 했다. 정치나 경제체계처럼 교육제도를 정립하려는 시도가 있었고 모든 지식을 체계적으로 정리하려는 백과전서파가 등장하기도 했다. 교육방법에 있어서 인간 이성에 기초한 교수법을 개발하여 모든 것을 조정하려는 성향이 나타났다.

2) 교육의 이론과 실제

실학주의는 교육의 이론과 실제에 있어 관념적인 것보다는 실용성과 실천성을 중시하는 교육사조이다. 언어로 표현되는 추상적 관념의 습득보다는 구체적인 사물에 대한 직접적인 경험을 강조한다. 실학주의는 언어나 문학보다는 자연현상이나 사회제도를 연구대상으로 하여 현실생활에 대한 구체적이고 실제적인 학습을 강조하는 경험주의 교육사조이다.

3) 교육내용

교육내용에 있어서 다양한 실생활의 경험을 강조하는 실물중심의 교육이다. 이는 실학주의의 '언어 이전의 사물'이라는 구호 안에 함축되어 있다. 인문주의 교과목은 7자유학과처럼 몇몇 교과목에 불과했으나, 실학주의자들이 제안한 교과목은 자연과학, 근대 외국어, 모국어 등을 비롯하여 20~30개 정도 되었다고 한다.

4) 교육방법

교육방법에 있어서 '암송'보다 이해와 경험이 강조되었고, 새 교수법으로 직관, 실험, 여행, 관찰 등이 중시되었다. 인문주의는 고전의 '암송'을 위주로 했지만, 실학주의 입장에서는 언어적 '기억'이 그 언어가 가리키는 사실에 대한 올바른 이해와는 거리가 있다고 보았기 때문이다. 따라서 실학주의는 실물에 대한 직접적인 경험을 강조하여 오감을 폭넓게 활용하는 감각적 방법을 중시하였다.

인문주의에 대한 비판, 현실 강조, 지역 국가 및 민족 국가가 등장하면서 라틴어보다는 모국어를 강조하는 경향이 나타났다. 모국어 강조와 인간의 자연성, 현실과 실물의 강조 등의 영향으로 일반 초등교육사상이 등장하였다(윤재흥, 2014: 237).

3. 실학주의 교육의 유형

1) 인문적 실학주의

인문적 실학주의는 인문주의에서 실학주의로 넘어가는 과도기에 나타난 사조이다. 인문적 실학주의는 인문주의 교육이 본래 그리스와 로마의 고전을 통해 문학적 교양을 갖춘 신사를 양성하는 것이었으나, 키케로주의와 같이 형식주의로 흐르는 것에 반발하여 나타난 것이다. 인문적 실학주의는 고전 내용을 잘 이해함으로써 문학적 교양을 갖춘 신사 양성을 목적으로 하며 인간의 실제적인 생활의 준비를 강조하였다. 인문적 실학주의의 대표적인 인물로는 프랑스의 라블레(F. Rabelais, 1483~1553)[134], 스페인의 비베스(J. L. Vives, 1492~1540)[135], 영국의 밀턴(J. Milton, 1608~1674) 등이 있다.

---

134) 라블레는 가톨릭의 사제이면서 의사와 작가로 활동했다. 특히 그의 풍자소설『가르강튀아(*Gargantua*)』와『팡타그뤼엘(*Pantagruel*)』에서 당시 인문주의 교육을 신랄하게 비판하였다.

135) 비베스는 벨기에의 루벵과 영국에서 교육자로 활동했다. 파리 대학에서 에라스뮈스 저서를 읽고 인문주의자가 되었다.『소녀를 위한 공보방법』,『기독교도 여성의 교육』등을 통해 여성교육을 강조하였다.

인문적 실학주의에서는 고전 언어와 고전 문학을 가르쳤으나 고전을 실생활을 이해하기 위한 도구로 사용하였으며 세계 여러 나라의 현대 언어와 자연과학, 수학 등을 교육내용으로 삼았다. 비베스의 경우 교육을 심리학적 관점에서 이해하여 학습과정과 학습자의 흥미에 주목했다. 교사는 학습자의 개별성을 파악하고 그에 맞는 교육을 해야 하며, 교육방법으로는 감각 경험을 먼저 하게 하고 그 다음 지적 활동을 하게 해야 한다고 강조하였다.

2) 사회적 실학주의

사회적 실학주의는 인문주의 교육에 대한 비판에서 등장하였다. 고전 문학이나 서적을 통해 공부한다고 실제 삶의 문제를 해결하거나 살아가는 데 필요한 실제적 판단력을 기르는 데 도움이 되지 못한다. 학문의 목적은 지적 능력의 소유보다는 삶을 살아가는 데 필요한 실제적 지혜와 도덕적 인격을 갖추는 데 있다. 사회적 실학주의에서 추구하는 교육목적은 실제적인 생활인, 유능한 사회인을 양성하는 것이다. 즉 실제적 지혜와 도덕적 인격을 갖춘 교양 있는 신사를 육성(귀족교육)하는 데 있다. 이 시기의 이상적 인간상은 개방적이고, 실제 경험이 풍부하고, 실무능력이 완비된 예절 있는 인간, 즉 신사였다.

몽테뉴(M. de Montaigne, 1533~1592)는 교육의 목적을 자기 행위에 책임지고 서로 우호적이며 즐거운 생활을 적절히 하는 진실한 인간을 기르는 것이라 하였다. 따라서 아동에게 실제적 지혜의 기초가 갖춰지기 전에 학문적 지식을 가르치는 것을 보류하라고 권한다. 그는 이에 대해 "아이를 보다 지혜 있고 선량한 사람으로 가르치고 난 뒤에 우리는 그에게 논리학, 물리학, 기하학, 수사학에 관하여 설명해 준다. 그 전에 이미 판단의 훈련을 받은 바 있기 때문에 아이는 머지않아 자신에게 맞는 지식을 습득하게 될 것이다(신차균 외, 2006: 229)."라고 말했다.

삶의 지혜를 기르는 교육의 내용은 인간관계와 사회활동에의 참여, 여행, 역사, 체육을 제안했다. 특히 여행을 통해 세계를 경험해 봄으로써 여러 가지 판단능력을 키우고 자신의 불완전성과 약점을 인식하여 삶을 극복하도록 돕는다. 또한, 다른 나라의 언어를 접함으로 자기중심적 세계관에서 벗어나게 하여 건전한 판단능력을 획득할 수 있게 한다. 역사 공부는 다른 나라와 다른 시대에 살았던 영혼들과 교류할 수 있기 때문에 유용하다.

3) 감각적 실학주의

감각적 실학주의는 인문주의와 분명하게 구분되는 새로운 교육사조이다. 감각적 실학주의는 자연과학의 지식과 연구방법을 교육에 도입하였다. 이러한 의미에서 감각적 실학주의를 과학적 실학주의(scientific realism)라고도 한다. 베이컨의 경험론에 영향을 받아 감각 경험만이 올바른 지식을 획득하는 통로로 보았고 이를 교육에 적용하였다.

교육에 있어서 인간의 감각적 직관을 기초로 사물의 본질을 파악하고자 했다. 따라서 사물 관련 교과목이 교육과정의 중심에 놓이게 되었다. 이들은 '모든 지식은 감각으로부터 나온다.'고 생각했기 때문에 언어교육에서 탈피하여 언어와 사물의 상호관련성을 강조하고, 실물이나 그림, 표본 등 구체적 사물을 직접 관찰하는 데서 출발하여 추상적인 내용을 이해시키려고 하였다.

감각적 실학주의는 자연과학적 지식과 실생활의 결합을 꾀하였다. 또한, 교육방법의 원리를 자연 속에서 찾고 자연법칙에 따른 교육을 강조하며 감각에 의한 사물의 관찰을 중시하고 감각훈련을 교육의 중요한 과업으로 삼았다. 감각적 실학주의는 오늘날의 직관교육, 시청각교육의 토대가 되었다.

4. 교육사상가

1) 로크(John Locke, 1632~1704)

로크는 영국의 경험론을 체계화한 사람으로 『인간오성론(*An essay concerning human understanding*), 1689: 90』을 통해 우리가 아는 모든 것은 경험에서 비롯된다고 하였다.[136)]

(1) 감각을 통한 경험 강조

인간의 정신은 백지(tabula rasa)와 같다. 인간의 정신은 감각을 통하여 외부 세계를 경험함으로써 개별적인 관념이 들어가게 되고, 이 관념은 연상이나 감각의 연결을 통해 인식이 가능해진다. 즉 감각인상은 지식의 근원이기는 하지만 그 자체가 곧 지식은 아니다. 그것은 복합적인 연결로 구성되고 통합되어야 비로소 지식이 된다.

그런데 통합이 가능하기 위해서는 외적인 경험과 내적인 경험 즉, 이성(reason)의 작용인 반성(reflection)의 작용이 있어야 한다. 따라서 로크는 감각과 반성이 지식 구성에 있어 불가분의 관계에 있다고 봄으로써 '감각주의와 합리주의를 통합'하는 입장을 취했다.

(2) 건전한 인격을 형성한 신사 양성

로크는 『교육에 관한 몇 가지 고찰』[137)]에서 당시의 교육목표인 건전한 인격을 형성한 신사 양성에 교육의 목표를 두었다. 건전한 인격이란 이성을 통해 자기를 통제할 수 있는 사람이며 신사도, 즉 스스로 복종, 명예 존중, 세련된 예의 등을

---

136) 오성(understanding): 생각하는 힘, 지성, 사고능력을 말하는데, 개인의 경험에 따라 달라지는 속성이 있다.
137) 이 책은 '체육론', '더육론', '지육론', '속지육론'의 4부로 구성되어 있다.

갖춘 사람을 말한다. 이러한 사람은 체, 덕, 지의 균형 잡힌 유용한 신사이며, 유용한 신사란 경험을 통해 외부세계를 배우고 행복의 실현을 위해 노력하는 사람이다. 이러한 목적을 달성하기 위한 구체적 목표로서 미덕, 지혜, 품위, 그리고 지식[138)]을 제안하였다.

① **미덕**(virtue)

미덕이란 마음의 완성을 뜻하며, 본능을 억제하면서 이성이 지시하는 최선의 방향을 추구하는 능력을 말한다. '덕육론'에 해당하며, 이성이 발달되기 전 아동은 부모에게 복종하는 법을 배워야 하며 예법을 기르기 위해 체벌은 삼가야 한다.

② **지혜**(wisdom)

사물과 자기 자신의 힘을 올바로 판단함으로써 세상사를 잘 예견하고 해결할 수 있는 실제적 능력을 말한다. 로크는 이를 위해 많은 사람들을 만나고 상호 간에 서로 다른 기질, 습관, 생활양식을 가진 사람들과 교제하면서 지식과 분별력을 향상시키는 것을 권장했다.

③ **품위**(breeding)

사회적 관계에서 고상한 삶과 따뜻한 마음, 내적 자유를 잃지 않는 능력을 말한다. 사람들과의 교제를 통해 자신감을 얻고 첫 대면이라도 부끄러워하지 않으며 누구라도 정중히 응대할 수 있게 된다. 또한, 여행을 통해 신체훈련, 언어 및 회화, 시야가 넓어지고 신중하게 사물을 보는 습관을 들이며 예의 바른 정중한 태도로 원만하게 주변의 여러 사람과 교제하며 품위 있는 자세를 배울 수 있다.

④ **지식**(learning)

건전한 인격을 형성한 신사를 양성하기 위한 네 번째 목표는 지식(learning)을 습득하는 것이다. 이 중 지식을 상대적으로 덜 강조하였다. 수업을 통해 학식을 얻

138) 교육적 가치의 순서이다.

는 것보다 습관, 관계, 태도, 모범 등을 더 중시하였으며 의지를 형성하는 것이 지식을 습득하는 것보다 우선되어야 한다. 지식은 올바른 품성을 가진 사람에게만 의미가 있기 때문이다. 이러한 교육은 학교교육보다는 개인교사에 의해 이루어지는 개별 교육을 통해 더 개발될 수 있다고 보았다.

하류층들에게는 노동학교에서 직업교육을 시킴으로써 국가발전에 기여해야 한다고 하였다.

2) 코메니우스(Johann Amos Comenius, 1592~1670)

모라비아 형제단의 마지막 주교이자 체코의 신학자, 범지학자, 교육학자였던 코메니우스는 1592년에 모라비아 남동쪽 니브니체(Nivnice)에서 태어났다. 10세경 부모와 형제가 페스트로 사망한 후 고모 집에 있으면서 초등교육을 받았다. 15세경 프레라우(Prerau)에 있는 모라비아 형제단의 라틴어 학교를 다닌 후 독일 헤르본 대학에 입학하여 신학과 철학을 공부했다. 이 대학에서 라트케(Ratke)로부터 언어교육의 개선방안에 대한 새로운 교수법을 알게 되었다. 1613년 하이델베르크 대학에서 더 공부한 뒤 1614년 고향인 모라비아로 돌아왔다.

목사 안수를 받기 전 형제단에서 운영하는 학교에서 라트케의 방법[139]에 따라 가르쳤다. 1618년 목사 안수도 받고 결혼도 하였지만 30년 전쟁과 함께 코메니우스뿐 아니라 그의 교단도 어려움을 겪게 되었다. 1621년 가톨릭인 스페인이 모라비아를 점령하면서 개신교도인 모라비아 형제단은 보헤미아에서 추방당하게 되었다. 1628년 코메니우스는 모라비아 형제단과 함께 폴란드 리싸(Lissa)로 망명하게 되었고 그 곳에서 목사 겸 중등학교 교사로 12년간 일하게 되었다.

139) 라트케는 모든 정의나 법칙은 개별적 실례를 통해 가르치고, 보편적인 것은 개별적인 것으로, 전체적인 것은 부분적인 것으로 가르치며, 쉬운 것에서 어려운 것으로, 이해한 후에 암기를, 수업은 서서히 확실히 진행시켜야 한다고 하였다.

이러한 불행한 현실 속에서 교육에 대한 자신의 생각들을 정리하여 수많은 교육학 저서를 발간하였다. 교육에 대한 생각을 정리한 『보헤미아 교수학(이 책은 1628년부터 1632년까지 체코어로 집필되었고 라틴어로 증보되어 『대교수학』[140]으로 출판되었다)』, 유아기동안 가정에서 어머니의 자녀 양육을 위한 『어머니학교의 지침』, 라틴어 교과서인 『언어입문』[141]을 집필하였다. 코메니우스의 관심이 언어에서 사물로 바뀌면서 『사물입문』을 구상하기도 했다. 코메니우스는 자신의 교육적 관심을 신과 자연과 학문의 기본 개념들을 백과사전식의 체계적이며 전체를 이루는 지식의 총체를 기독교적 관점으로, 즉 기독교적 범지학(Pansophie)을 구상하였는데 그의 교육적 사유는 『범교육론(*Pampaedia*)』[142](정일웅, 1996)에 구체적으로 드러나 있다.

그의 범지학적 구상이 유럽에 알려지면서 영국, 스웨덴, 헝가리 등에서 초청을 받아 각국의 교육개혁에 이바지하였다. 스웨덴에서는 범지학의 주요저서인 『인간관계의 개선에 대하여, 일반담론』을 저술했고, 헝가리에서는 세계 최초의

---

140) 『대교수학(Didaktica Magna)』은 교육에 관하여 조직적으로 기술한 세계 최초의 체계적, 계통적인 교육학서이다. 교육목적, 교육방법의 원리, 단선형 학제 등 교육에 관한 종합적인 사상서이다.

141) 라틴어 교과서로 짧은 기간에 16개 국어로 번역되었다. 이 책의 특징은 먼저 사용 빈도가 높은 라틴어 단어 8,000개를 선정하고 각각의 단어가 한 번씩만 나오게 하면서 점점 문법구조가 어려워지는 1,000개의 문장을 구성하였다. 이 1,000개의 문장을 100개의 절로 구분하고, 각 절은 단일한 주제로 다루되 전체적으로 모든 지식의 백과사전식 요약이 되도록 배열하여 통일성을 주었다.

142) 『대교수학』에는 각 단계마다 6년간의 학습기간을 제안한 4단계의 학교를 제시했으나 『범교육론』에서는 8단계의 학교를 제시함으로써 평생교육을 주장하였다.
① 태아학교: 결혼이나 임신에 관한 교육
② 유아학교: 모든 사물의 이름 등을 노래, 악기연주, 장난감 놀이 등 활동을 통해 학습한다.
③ 모국어학교: 훌륭한 교사, 좋은 교과서, 적절한 환경이 갖추어진 학교에서 쓰기, 음악, 게임, 외국어 등을 학습하고 지혜, 명예, 경건함을 모델을 통해 학습한다.
④ 청년교육: 대화, 극화 등을 통해 언어, 예술, 신학, 도덕과 라틴어 등의 외국어를 학습한다.
⑤ 초기 성인학교: 도서관이나 실험실이 갖추어진 아카데미에서 이론적 훈련과 기술시범, 관찰, 여행, 성인으로서의 책임감 등을 학습한다.
⑥ 성인학교: 봉사와 자아실현, 직업, 행복한 생활 등 자기교육을 한다.
⑦ 노년학교: 성공적인 마무리, 적절한 일감, 죽음에 대한 준비 등을 교육한다.
⑧ 하늘의 아카데미

그림 교과서인『세계도회』[143)]와『유희학교』를 집필했다.

코메니우스는 모라비아 형제단의 마지막 감독이며 교육학자로서 그의 사상은 기독교 사상에 기초를 두고 있다. 신과 신의 창조세계에 대한 범지학적 지식을 체계적으로 정리하였고 교육을 통해 모든 사람에게(omnes) 모든 것(omnia)을 철저히(omnino) 범지적 지식을 가르치고자 했다. 코메니우스 범지학 체계의 목적은 신의 창조 작업과 인간의 타락으로 인한 세계 전체의 타락을 개선하는 것이며 그의 교육사상은 인간이 그 작업에서 어떻게 봉사할 수 있는가에 대한 생각에서 비롯되었다(H. Scheuerl, 2004b: 112-113).

인간은 신의 피조물로서 인간의 삶이 식물과 동물과 영혼의 삼중 방식으로 존재하며, 이는 각각 어머니의 태내 생활, 지상 생활, 하늘이라는 세 장소에 대응한다. 태내의 생활은 지상 생활을, 지상 생활은 하늘에서의 생활을 준비하는 과정이라고 생각했다.

지상에서의 생활은 인간에게 심겨진 지식, 덕성, 경건의 씨앗을 근거로 교육을 통해 신의 창조질서 안에서 인간의 바른 위치로 회복시키는 과정이다. 즉 지식을 개발하여 모든 사물을 알고, 도덕을 실천하여 자신과 다른 피조물에 그에 합당하게 사용하며 신에 대한 신앙을 통해 창조주의 기쁨이 되어야 한다. 지상의 생활은 지혜와 덕성과 신앙으로 올바로 감화되기까지 양육하는 것이다(안건상, 1986).

이와 같이 코메니우스의 교육 구상은 모든 사람을 대상으로 전개된다.

(1) 모든 사람

남녀, 노소, 장애인 비장애인, 가난한 자나 부자나 신분의 귀천을 불문하고 신의 피조물인 모든 사람을 교육 대상으로 삼았으며 인간발달단계의 교육을 제안하였다.

143) 이 책은 직관교수의 원리에 따른 세계 최초의 그림이 삽입된 책이다. 어학입문을 공부하기 위한 예비교과서이다. 150개의 주제들이 시각적으로 제시되어 있으며 세계에 있는 모든 기본적인 사물과 인간의 모든 기본적인 활동에 관한 라틴어 단어 목록을 눈으로 볼 수 있도록 그림을 삽입한 책이다.

(2) 모든 것

신이 만들어 놓은 창조 질서 안에 있는 가시적인 것뿐 아니라 비가시적인 것을 모두 알아야 한다. 왜냐하면 가시적인 것에서 비가시적인 것을 통하여 계시에 이르고, 신에게 다가가는 것을 도와주기 때문이다(Reble, 2002: 149). 모든 내용은 사물 세계, 인간 정신, 성경 속에 담겨져 있으며 이 셋은 서로가 조화롭고 통일성이 있으며 질서가 있다.

(3) 모든 방법

① 자연에 따르는 방법

코메니우스는 인간의 영혼과 자연세계가 신성(神性)의 이중적 표현으로서 서로 긴밀하게 관련되어 있다고 보았다. 즉, 인간은 신의 모습대로 창조되었고 그 자신 속에 신에 의해 창조된 세계를 포괄하고 있기 때문에 우주의 축소판인 '소우주'인 것이다. 그러므로 그는 모든 자연현상과 모든 인간 활동은 근본적으로 동일성을 나타내고 있다고 보았다(신차균 외, 2006: 237).

내세를 준비하기 위해 교육은 지식, 도덕성, 신앙을 심어 주어야 한다. 이러한 노력은 유아기부터 시작해야 하며 지연시켜서는 안 된다. 교육방법으로는 자연의 질서와 같은 질서의 원칙을 지켜야 한다. 자연이 모든 것을 올바른 시기에 알맞게 준비하듯, 사람도 어린 시절에 미래를 위해 준비해야 한다. 코메니우스는 "이상적인 교육의 원리는 자연의 움직임과 일치하는 것이어야 한다."는 자연에 따르는 방법을 제안했다.

자연은 항상 재료가 먼저 준비되고 형태는 나중에 부여된다. 따라서 학습에도 사물이 그 사물에 대한 언어보다 먼저 가르쳐지고, 언어에 있어 회화를 먼저 가르치고 문법은 나중에 가르쳐야 한다. 언어 수업에서도 문법이나 용례보다 실제적인 언어를, 외국어보다 모국어를, 그리고 변증법이나 수사법 같은 표현 기술보다 실제적인 지식을 중요시한다.

자연의 법칙에 따르는 구체적인 방법으로는 다음과 같은 것들이 있다.

첫째, 확실성의 원리이다. 자연은 적절한 순서를 기다린다. 자연은 도약이 없이 순서대로 진행한다. 자연은 모든 것을 뿌리로부터 발달시키며 일반적인 것에서 시작하여 특수한 것으로 나아간다.

둘째, 용이성의 원리이다. 자연은 쉬운 것에서 어려운 것으로 나아간다. 모든 교재는 근본적으로 짧고 간결하게 가르치는 것이 좋다. 모든 불필요한 것, 적당한 것, 지나치게 특수한 것은 학습내용에서 제외한다. 자연은 형식보다 내용을 앞세운다. 자연은 무리하게 나아가지 않는다. 이런 의미에서 교재는 학년별, 월별, 일별, 시간별로 명확히 구분하여야 하며, 쉬운 것부터 어려운 것으로 점진적으로 배열해야 한다. 학습자로 하여금 교육내용을 충분히 이해한 후에 기억하도록 한다.

셋째, 철저성의 원리이다. 자연은 무용한 것을 생상하지 않는다. 자연은 결합작용을 통해 결집시킨다. 줄기는 뿌리에 연결되며 큰 가지는 줄기에, 어린 가지는 잎, 꽃, 열매에 연결된다. 모든 학습은 전체를 형성하도록 배열되어야 한다. 학습방법으로는 개개의 사물에 대한 지식을 먼저 가르치고 체계에 관해서는 그 다음에 가르쳐야 한다. 교육이 철저함에 도달하기 위해서는 가르치는 교과에 대한 연습을 반복하여 둔한 학생도 이해에 도달하게 하고 다른 학생들과 보조를 맞출 수 있게 해야 한다.

② 직관의 원리

코메니우스는 아이들의 경험으로부터 수업이 시작되어야 한다고 하였다. 왜냐하면 인간의 인식과정이 먼저 인식과 관계된 감각으로부터 들어와 기억을 통해 이해하게 되고 판단력으로 이어진다고 보았기 때문이다. 따라서 아이들의 수업은 직접적인 사물을 통해 얻어진 상으로부터 시작해야 한다.

③ 집단훈육의 강조

많은 지식 내용을 모든 사람에게 효율적이고 신속하게 가르치기 위해서는 개별적인 수업보다는 반 편성을 통한 집단교수가 바람직하다.

코메니우스의 교육이론과 사상은 18세기의 루소, 19세기의 페스탈로치와 프뢰벨 그리고 20세기의 몬테소리와 듀이와 같은 교육사상가들에게 지속적인 영향을 미쳤다.

14장 계몽주의 시대의 교육

1. 시대적 배경

18세기는 17세기에 전개된 절대주의 국가 성립으로 절대 군주들의 전제 권력으로 개인의 자유와 권리를 법과 권력으로 통제한 것에 대한 반동으로 전개되었다. 절대주의 국가 체제는 개인의 사상과 행동에 정치적, 종교적, 사회적 억압을 지속시켰다. 이는 당시 개인의 인권을 신장하려는 역사적 흐름에서 벗어나는 정치사상이었다. 따라서 절대주의가 강화될수록 거기에 반발하여 개인의 자유와 권리를 찾으려는 혁신적인 사조가 널리 퍼졌는데 이것이 계몽주의이다. 즉 계몽주의는 개인의 존재와 가치가 인정되지 못한 것에 대한 대항 개념으로 인간이 보편적으로 가지고 있는 이성과 그에 따른 인간의 자유로운 사고와 자율성에 가치를 두고 있다.

계몽주의는 철학 사조라기보다는 개인의 자유와 권리를 통해 합리적 사회를 건설하려는 사회 전반에 나타난 일종의 사회운동이다. 계몽사상이 나타나게 된 배경으로는(신차균 외, 2006: 242) 첫째, 자연과학의 발달로 이 세계를 합리적 이성으로 세계를 설명할 수 있으며 인류는 지속적으로 발전할 것이라는 믿음이다. 인간의 이성을 합리적으로 사용하여 인간과 사회의 법칙을 밝힐 수 있다는 신념을 갖게 되었다. 둘째, 영국의 경험론과 대륙의 합리론이라는 근대철학의 발달로 인간의 이성에 대한 확신이 강화되었다. 셋째, 상공업의 발달로 세력을 확장한 시민 사회가 자체의 정치적 역량을 자각하게 되었다.

계몽주의의 성격은 자연주의(naturalism)와 합리주의(rationalism)를 지향하는데 각각의 특징을 살펴보면 다음과 같다(이상오, 2005: 19-23).

첫째, 자연주의적 특징을 가지고 있다. 자연법(自然法) 사상에 기초하여 보면 인간은 원래 자유롭고 평등하며 독립적 존재이다. 인간은 인권을 가진 존재로 다른 사람에 의해 부당하게 대우받거나 그의 인권이 양도될 수 없음을 말한다. 그런데 중앙집권적 권력 국가에 의해 인간은 그들의 자유와 평등에 침해를 받게 되고 사회적 모순과 불평등이 초래하게 되었다. 인간은 누구나 스스로 생각할 수 있는 이성을 지니고 있으며, 그 점에서 모두가 평등한 존재들이다.

둘째, 합리주의란 이치에 맞게 생각하는 힘, 즉 이성을 가장 중시하는 사상이다. 인간은 이성에 비추어 자기에게 처한 문제들을 합리적으로 해결할 수 있는 합리적 존재이다. 누구의 간섭이나 억압을 받지 않고 살아갈 자연적 권리와 자유가 있다. 이러한 자유를 속박하는 인위적인 제도나 관습이 있다면 이는 타도해야 할 불합리한 대상이 된다.[144)]

메세르(Messer)는 계몽시대의 특징을 다음과 같이 요약하고 있다(팽영일, 2004: 206-207).

① 세속적이다. 기독교적, 교회적인 사고방식과는 대립된다.
② 인간의 무력함과 죄악을 주장하는 교회에 반대하고 인성의 근원적인 선함과 아름다움과 힘을 신뢰한다.

---

144) 인간의 자유와 평등을 강조한 절대적 개인의 권리 주장이 극단적으로 흐르게 될 때 역사적 전통이나 민족적 관습을 부정하고 초국가적이며 반역사주의적 경향으로 나타나게 되었다. 계몽주의는 국가와 사회의 운영원리 속에 감추어진 비합리적, 정의적 측면들을 앙시앵 레짐(사회의 구체제)라고 하여 공격하였다.

③ 세상을 고통이라고 보는 교회의 비관적인 견해와는 달리 낙관적이다.

④ 합리적이다. 이성을 참된 것, 가치 있는 것을 판단하는 기준으로 보았다.

⑤ 개인의 이성을 최후의 결정자로 삼아 개인을 일체의 교권으로부터 해방한다.

⑥ 인간의 진보를 가져다주는 힘을 사고와 인식능력에서 찾는다.

⑦ 비역사적이다. 예부터 내려오는 것은 오래된 것이기 때문에 존중할 수 없고 현재 존재하는 것을 미래의 이상에 따라 개조하고자 한다.

⑧ 교육에 의해 인간을 개조하려는 열정을 지니고 있다. 그러나 주지주의적이었기 때문에 교수를 중시한다.

⑨ 개인주의적인 동시에 세계주의적이었다. 민족의 구별이 없고, 인간은 본질상 동일하다는 입장에서 인류 공통의 것을 추구한다.

2. 계몽주의 교육의 유형

18세기에는 뉴턴의 기계적 세계관, 데카르트와 베이컨의 과학적 연구방법, 코메니우스의 감각적 실학주의, 오크의 경험론 등의 영향으로 교육에 대한 낙관적 사고가 널리 퍼졌다. 이성을 가진 인간을 '합리적 개인' 으로 양성하는 데 있어 교육의 힘에 대한 무한한 신뢰를 보냈다.

이 시기 교육은 인간의 자연성을 근본원리로 하는 자연주의 교육과 인간 이성의 발달과 합리적 사고를 강조하는 합리주의적 교육이 나타났다. 또한, 고대의 고전 작품을 통해 교육하기보다는 현실적으로 가치 있는 지식과 교육을 중시하는 현실주의적이고 실리주의적 교육을 강조하였다. 따라서 시민교육과 직업교육이 발달하게 되었다. 또한, 루소의 자연주의 원리에 따라 계몽사상의 인간애 사상을 실천했던 박애주의 교육이 이 시기에 전개되었다.

1) 합리주의

18세기 계몽사상은 이성 계발 중심 교육을 추구했다. 왜냐하면 모든 인간은 스스로 생각할 수 있는 이성을 지녔으며 이성에 비추어 자신의 문제를 합리적으로 해결할 수 있는 합리적 존재로 보았기 때문이다. 개인의 이성을 발달시켜 이성에 따라 합리적으로 사고하고 행동함으로써 불합리한 억압과 간섭에서 벗어나 자율적인 삶을 살 수 있을 뿐만 아니라 사회 개선과 역사의 진보를 이루어야 한다고 보았다. 인간 이성에 대한 확신은 교육에 있어서도 인간의 지성을 존중하는 합리주의적 경향으로 나타났다. 인간의 이성만이 참되며 가치 있는 것을 판단하는 기준이 된다. 따라서 교육은 인간의 이성을 깨우쳐 합리적이고 비판적인 사고능력을 계발하는 역할을 하며, 그 동안의 억압과 간섭에서 벗어나 자유와 진보를 추구하도록 도울 수 있다.

이러한 개인의 자유와 평등을 기반으로 교육은 교육 가능성, 교육을 통한 사회 개조 및 역사적 진보 가능성, 이성에 대한 절대적 신뢰를 바탕으로 교육의 만능설[145]을 주장하였으며 주지주의적 교육을 강조하였다. '합리적 인간'은 이 시기의 이상적 인간상이었다.

2) 자연주의

이성의 계발과 합리적 사고를 강조하는 합리주의 교육은 주지주의적 경향으로 치우쳤다. 이성 중심의 교육은 개인의 감성적인 측면을 소홀히 하는 경향으로 흘러갔다. 이러한 이성 중심의 교육을 비판하고 인간의 감성에 주목하면서 전인교육을 강조하는 교육사상이 나타나게 되는데 이것이 자연주의 교육사상이다.

자연주의 교육사상은 16세기의 라블레와 몽테뉴, 17세기의 라트케와 코메니우스 교육사상에서도 찾아볼 수 있다. 그러나 그 의미를 철학적으로 심화하고 설득력 있게 주장함으로써, 교육에서 개념적 변화를 가져오게 한 사람은 루소이다.

자연주의는 기존의 사회질서에 대항하고 전통과 권위에 반대하면서 인간의 자유와 권리를 주장한 점에서 계몽사상이다. 그러나 이성 계발 중심의 교육과 인위

145) 교육 만능설 주장의 대표적 인물은 칸트이다.

적 교육을 비판한 점에서 계몽사상과는 다르다고 할 수 있다. 자연주의는 인간의 자연성에 주목하였다. 자연주의는 '자연에 따라서 교육한다.'는 교육원칙하에 아동의 자연적 소질과 능력을 키워 주고 자연의 방법으로 아동 본성에 맞는 교육을 강조하였다(정영근 외, 2001).

'자연에 따라서 교육한다.'는 의미는 다양하게 해석될 수 있다(신차균 외, 2006: 248).

첫째, 코메니우스의 경우와 같이 자연을 관찰하여 자연법칙을 발견하고 그것을 교육과정으로 설계하고 진행할 때 적용하는 것이다. 교육자가 알고 따라야 할 '자연'은 외부에 있는 '대자연'이다.

둘째, 인간발달의 자연적 법칙을 발견하여 이에 따라 교육하는 것이다. 이는 인간도 자연의 한 요소로서 자연과 같은 경향성으로 성장하고 발달한다는 정신에 기초한다. 인간의 발달은 자연법칙과 일치하므로 인간을 교육하려면 인간의 성장과정을 이해해야 한다. 따라서 교사는 아동발달에 대해 이해해야 한다.

셋째, 인간의 자연성을 존중하면서 교육하는 것이다. 자연을 따른다는 것은 성인의 사고방식과 가치관에 따라 이루어지는 인위적 교육을 반대하고, 아동의 자연스러운 본성을 중시하고 아동의 자발성과 흥미, 본능을 그대로 인정하여 그 기초 위에 교육한다는 것이다. 자연은 인간 내면에 있는 것이다.

3) 시민교육과 직업교육

시민교육은 사회의 중심 계층인 시민을 계몽시키는 데 관심을 두었다. 교육을 통해 유능한 시민 양성, 즉 자기 분야에 자질을 갖추고 일하는 유능한 직업인을 양성하고자 했다. 이를 위해 시민계급을 위한 실과학교나 전문학교 등 교육기관이 설립되었다.

이 시기에 모든 국민에게 초등교육을 제공하여 대중교육에 관심을 기울였다. 계몽주의자라면 일반 대중에게 폭넓은 영향을 미쳐야 한다는 생각을 가지고 있었고 대중들에게 시민적인 덕과 실용적 기술을 강조하는 초등교육의 필요성을 주장하였다. 그러나 초등교육이 제도화되지 못하고 자선학교나 일요학교 형태로 진행되었다. 주로 기본적인 읽기, 쓰기, 셈하기를 가르쳤으나 이보다는 도덕적 교화나 보호를 더 강조하였다.

4) 범애주의

범애주의는 루소의 자연주의 교육사상에 직접적인 영향을 받아 실천에 옮긴 사상이다. 루소는『에밀』에서 아동 중심주의와 아동 개인의 자연성 존중, 소극교육 등의 사상을 주장하였으나 이론에 그쳤고, 범애주의는 루소의 이론을 현실에서 직접 실천하였다. 범애주의는 루소의 자연주의 교육원리에 따라 인류애를 실천하고 세계 인류의 평화를 목표로 실천했던 교육사상이다.

범애주의의 특징을 살펴보면, 첫째, 종교, 국가, 빈부, 계급을 초월하여 보편적인 교육을 통해 인간에 대한 넓은 사랑을 실천함으로써, 개인적으로도 행복하고 동시에 공익에도 이바지하는 인간을 만드는 것을 목적으로 한다. 둘째, 교육은 아동의 행복을 지향하며 실생활 교육과 실용적인 실과교육을 중심으로 이루어졌다. 셋째, 신체단련과 정신의 도야를 중시하고 직관 교수와 유희를 통한 교육으로 자유롭게 공부하도록 하였다. 지식교육이 중요하지만 신체 단련과 육체적 훈련도 강조하여 체육교육과 작업을 강조하였다. 넷째, 사랑의 정신으로 가르치되 체벌은 피하고 칭찬과 사랑으로 가르친다. 삶은 즐거워야 하고 교육도 즐거워야 하기 때문이다. 다섯째, 범애주의 교육은 인류애를 기초로 아동을 애호하고, 아동으로 하여금 공익에 힘쓰고 애국적이며, 행복한 생활을 하게 하는 것을 교육목적으로 삼았다.

3. 교육사상가

1) 루소(Jean Jacques Rousseau, 1721~1778)

루소는 1712년 제네바에서 시계제조업자의 아들로 태어났다. 일찍 어머니를 여의고 아버지와 함께 지냈으나 정치적 사건과 연루되어 아버지는 제네바를 떠나고 보세에 있는 랑베르시에 목사 집에 맡겨졌다. 그 후 동판 조각사의 견습공으로 들어갔으나 주인의 혹독한 괴롭힘으로 견디지 못하고 도망쳐 나와 이곳저곳을 방랑하였다. 이 시기에 바랑 부인을 만나 후원을 받으며 음악학교에서 공부할 기회를 얻었다. 그러나 체계적인 교육은 제대로 받지 못했으나 다양한 분야의 책을 두루 읽으면서 사상가로 발돋움할 수 있는 밑거름을 쌓았다.

루소는 파리에서 몽테뉴, 디드로, 달랑베르 등 당시 사상가와 작가들과 교류하게 되었고, 1750년 디종 아카데미 현상 논문인 『학문과 예술에 대한 담론(*Discours sur les sciences et les arts*)』[146]을 제출하여 당선 되면서 프랑스 사상계에 발을 들여

146) '과학과 예술의 발전이 습관을 순화하는 데 기여하는가?'라는 논제에 '우리의 영혼은 과학과 예술에 의해 타락하였다.'고 하여 당시 사람들의 놀라움을 샀다.

놓았다. 그 후『인간 불평등 기원론(1755)』[147], 낭만적이고 비극적인 사랑을 다룬 서간체의 연애소설『신 엘로이즈(1761)』와 프랑스 혁명의 토대가 된 주권재민 평등사상의 정치이론서인『사회계약론(1762)』[148]을 집필하여 출판하였다.

1762년 루소는 자신의 교육사상이 담긴『에밀(*Emile*, 1762)』을 세상에 내놓았다(Roussau, 1997). 그러나 이 책이 출간되자 파리 의회와 대주교는 루소를 파문하고 이 책을 금서로 규정할 뿐만 아니라 소각 명령을 내렸다. 이는『에밀』에 나타난 종교 사상이 기성 종교를 비판하고 기존 기독교 교리를 부정하였기 때문이다.

루소의 교육사상은 사실 몽테뉴와 로크의 사상에 근거하고 있어 독창적이라고 할 수는 없지만 그의 자유, 자연, 감정 그리고 인권과 인간의 존엄성에 대한 사상은 전 유럽에 영향을 끼쳤으며 프랑스 혁명에 정신적 토대가 되었다(Reble, 2002:

---

147) 루소는 자연을 긍정적인 것으로 보았고 문화는 부정적인 것으로 보았다. 모든 규칙은 이미 인간에게는 속박, 불만족 그리고 내적 분열을 의미한다고 하였다. '인간 불평등 기원론'에서 사회적 불평등을 낳는 악의 근원이 사유재산제도에 있다고 생각하여, 계급제도를 비판하고 부자와 가난한 자의 격차를 최소화할 것을 역설하였다. 특히 이 논문은 '사회계약'과 직접 결부된 내용을 기술하고 있다. 본문은 2부도 구성되었으며, 제1부는 자연 상태의 서술, 제2부는 사회 상태의 형성과 그 아래에서의 불평등함을 그리고 있다. 자연 상태에 놓인 인간은 고립해서 생활을 영위하고 자기 보존의 본능밖에 없는 자연인이다. 자연인이 지니는 감정은 순수한 자연 감정이며 자기 보존의 욕망인 자기애도 그러하다. 이러한 자연 상태 아래서는 불평등이란 없으며, 자연인은 완전히 자유롭고 평등하다. 그러나 오래지 않아 사람들은 집단생활에서 이익을 발견하게 되며 원시적 생활은 파괴된다. 이렇게 생긴 최초의 사회에서는 이미 퇴폐의 징후를 볼 수 있지만 아직 완전히 타락한 상태는 아니다. 이는 세계의 청년기이며 루소가 가장 행복한 시기로 보는 황금시대이다. 농업과 야금의 발달로 사유재산을 낳고 불평등과 빈곤을 증대시키며, 지배와 복종을 확대시키고 폭력이 난무하도록 한다. 이러한 무질서 상태에서 빠져나가기 위해 사람들은 사회계약을 맺고 국가의 설립을 인정한다. 그것은 허위의 사회계약이지만, 그것으로써 국가 권력이 승인되고 사유를 지키며, 불평등을 영속시키는 법이 확정된다. 그 다음에 합법적인 권력의 자의적인 권력으로 이행되었고 그 후 전제주의가 출현한다. 이를 바탕으로 하여 불평등은 최고 단계에 이른다. 이번에는 그와 반대로 사람들로 하여금 일단 상실한 자연 상태를 다른 기초 위에 회복토록 하는 사명을 환기시킨다. 그러나 거기서부터 자연 상태로의 회복에 관하여는 전혀 언급하지 않는다. 이것이 '사회계약'의 한계이기도 한다(글로벌 세계대백과사전).

148)『사회계약론』에서 국가는 그 전체 구성원과의 계약을 통해 성립되며, 그 사회 안의 모든 개인은 그 사회 구성원 전체 의사에 의해 통치되어야 한다. 루소는 공동의 선과 이익을 추구하는 사회 구성원 전체 의사를 '일반 의지'라 했고, 이 일반의지의 표현이 바로 법이며, 주권은 전체 일반 의지의 행사라고 생각했다. 따라서 주권은 항상 인민에게 있는 것으로 양도될 수 없으며, 정부는 이를 집행하는 역할을 할 뿐이라고 주장하였다. 이 책은 국민주권 사상을 고취시킴으로써 오늘날 민주정치의 선구가 되어 프랑스 혁명 및 미국 독립의 경전이 되었다.

193). 루소의 근본사상은 자연주의, 합리주의, 자유주의에 바탕을 두고 있다. 루소 사상의 뿌리는 '인간 본성은 선하다.'는 성선설에 기초하고 있다.[149] 루소가 『에밀』을 쓰게 된 이유도 여기에 있다(안인희, 1990: 64).

> "인간들은 어린이를 전혀 알지 못한다. 어린이에 대한 생각이 잘못되었기 때문에 나아가면 갈수록 점점 정도를 벗어나게 된다. 가장 현명하다는 사람들까지도 어린이가 무엇을 배울 수 있을까에 대해 생각하지 않고 어른들이 알아야 할 것에 대해서만 열중하고 있다. 그들은 언제나 어린이 속에서 어른을 찾고 어른이 되기 전의 어린이의 모습을 생각하지 않는다. 이것이야말로 내가 정성을 쏟아 연구한 결과이다."

『에밀』은 5부로 구성되어 있다. 이 소설은 주인공인 귀족 가문의 고아인 에밀(Emile)의 성장을 5단계로 나누어 발달단계에 맞는 교육을 제시하고 있다. 1부에는 영유아기(0~2세), 2부에는 아동기(2~12세), 3부는 소년기(12~15세), 4부는 청년기(15~20세), 5부는 성인기(20~결혼)를 다루었다. 성인기에는 에밀의 아내가 될 소피(Shophie)를 다룸으로써 여성교육에 대한 루소의 사상을 엿볼 수 있다. 이 책을 통해 루소의 교육사상을 살펴보고자 한다.

영유아기(0~2세)는 무능력한 상태로 모든 교육이 이루어지는 시기이다. 이 시기는 자연인의 상태에서 벗어나지 않았기 때문에 자연인으로 선한 본능을 유지하여 본성이 발달할 수 있도록 도와야 한다. 이 시기에는 영유아의 신체발달에 중

149) "모든 것은 조물주의 손으로부터 나올 때는 더할 나위 없이 선하나 인간의 손에 들어오면 타락한다. 인간은 어떤 땅에 다른 땅의 산물을 재배하려 하고, 또 어떤 나무에 다른 나무의 열매를 열리게 하려 애쓴다. 인간은 기후와 환경과 계절을 뒤섞고 혼동시켜 버린다. 인간은 개나 말이나 노예를 불구로 만든다. 인간은 모든 것을 뒤집어 엎고 모든 것을 일그러뜨리고, 기형과 괴물들을 좋아한다. 인간은 자연이 만든 것은 아무것도 원하지 않는다. 인간 그 자체까지도 마치 종마장의 말처럼 인간들 자신을 위해 길들여 놓는다. 마치 정원수와 같이 자기 취향에 맞추어 구부러뜨려 놓는다. 편견과 권위와 모든 필요한 모범 등과 같은, 우리가 처해 있는 오늘날의 그 모든 사회제도가 합세하여 인간 속에 있는 자연성을 질식시켜 버릴 뿐이면서도 거기에 대해 아무런 대가도 치르지 않을 것이기 때문이다. 그 자연성을 어쩌다 길 한가운데 솟아난 한 그루 관목과 같은 것으로, 길 가는 사람들이 사방에서 부딪치고 또 앞뒤로 휘고 구부러뜨림으로 해서 마침내 그것은 시들어서 죽고 말 것이다(Rousseau, 1997: 7)."

점을 둔 건강교육이 가장 중요하며 자연 조건에 적응할 수 있는 힘을 길러 주어야 한다. 이 시기에는 다음과 같은 교육을 해야 한다(조성자, 2005: 132-133).

첫째, 욕망과 습관을 가급적 억제한다.

둘째, 언어 학습을 준비한다. 자연적인 발달단계에 따르도록 인위적으로 강요하지 말아야 한다.

셋째, 신체활동을 통해 신체적인 건강에 주의를 기울여야 한다.

넷째, 교육적인 배려로서 움직이기에 편리한 옷을 입히고 가급적이면 찬물로 목욕을 시킬 것을 권하고 모유로 양육할 것을 강조하였다.

아동기(2~12세)까지는 야만인의 상태에 있으며 비도덕적, 비사교적이고 욕구도 아직 적으며 감성에 따라 행동하는 시기이다. 이 시기의 교육내용을 구체적으로 살펴보면 다음과 같다(한규원 외, 1996: 246-249).

첫째, 감각의 훈련과 신체훈련에 중점을 두어야 한다.

둘째, 책을 주어 서두르거나 학습과정을 짧게 줄이려고 하지 마라. 오히려 책을 피하는 것이 좋다. 이해 못하는 지식을 배우는 것은 중요한 것이 아니며 놀이를 통해 신체기관과 감각기관을 발달시키는 것이 중요하다.

셋째, 도덕성에 관해 설교하지 말라. 본보기와 경험을 통해서만 도덕적인 본만 보여 주면 된다.

넷째, 사물은 경험을 통해서만 배우게 한다.

다섯째, 명령, 복종, 의무 등 외부적인 권위는 일체 없애야 한다.

소년기(12~15세)는 이성(理性)이 발달하는 시기이다. 이 시기는 지적 호기심이 강하고 이성적 활동이 시작되는 때이지만 모든 학문에 해당되는 것은 아니다. 이 시기는 자연현상에 관한 것을 관찰, 경험, 발견하고 실험하는 것이 중요하다. 그 내용을 살펴보면 다음과 같다.

첫째, 자연 현상과 관계되는 지리학, 천문학, 물리학과 기하학과 함께 수공을 가르친다.

둘째, 학문을 직접 가르치는 것이 아니라 학문을 사랑하는 능력을 길러 주는 간접적인 방법을 선택한다. 자율학습방법과 직관 원리를 사용하는 직관주의 교육방법, 그리고 스스로 경험하도록 권하는 경험주의 교육방법이 중요하다.

셋째, 아직 책을 통한 교육을 하지 않는다. 자기 스스로 산지식을 터득하도록 한다. 역사, 도덕, 형이상학 등에 관한 지식을 가르치지 않고 실제 생활과 관련된 것만 가르친다. 예를 들어 자연 현상에 대한 관찰, 물리학, 박물관 견학, 식물에 관한 지식 등을 우선적으로 가르친다. 책은『로빈슨 크루소』만 읽게 했다.

넷째, 소년기에 직업교육의 중요성을 강조하였다. 직업은 인간이 살아가는 데 절대적으로 필요한 정신적, 육체적 발달의 근거를 제공하는 매체라고 하였다. 인간의 손과 머리를 지혜롭게 사용할 수 있는 기술을 배우는 것은 정신과 육체를 조화롭게 발달시키는 것이다.

청년기(15~20세)에는 이성(異性)에 눈을 뜨고 감정과 성에 대해 관심을 갖는 시기이다. 이 시기를 제2의 탄생기라고도 할 수 있으며 사회적, 도덕적, 종교적 경험들을 쌓도록 해야 한다. 구체적인 내용은 다음과 같다.

첫째, 사회와 인간에 대한 연구와 역사를 통해 인간을 연구하는 것을 중시했다. 단순히 역사적 사실만 배우는 것이 아니라 다양한 역사적 상황에서 이루어낸 행위들의 역사와 그 근거, 여기서 유추할 수 있는 도덕적 내용들을 배우며 실천적 관점에서의 도덕교육을 중시하였다.

둘째, 종교 수업이다. 에밀은 18세가 되어서 종교적 호기심을 갖게 되었고 신앙과 종교에 대해 교육받는다. 루소는 도그마(dogma)적인 종교 수업이 아니라 관용과 감성에 의하여 동반된 종교성을 강조하였다. 이와 관련하여 철학, 윤리학, 종교는 올바른 사회적 행위를 발달시키고 사회적 질서를 위해 가르친다.

시민교육 시기에는 에밀과 결혼할 대상인 소피의 교육에 대해 언급한다. 여성은 남자의 마음에 들고 순종하도록 태어난 존재로 보았다. 순종과 온순, 우아함이 여성의 기본 덕목이고 바느질, 뜨개질, 레이스 짜기 등이 읽기나 쓰기 학습보다 더 중요하다. 여성은 자기의 고유한 역할인 아내와 어머니로서의 역할에 여력을 쏟아야 한다. 아이들의 건강은 어머니의 건강에 좌우되고 남성의 초기 교육도 여성에게 달려 있다고 보았다. 또한, 남성의 윤리나 정념, 기호, 즐거움, 행복까지도 여성, 즉 어머니의 교육에 달려있다고 하여 여성의 교육은 남성과 관련된 부분에서 다루어진다. 루소는 여성이 자신의 고유한 능력을 무시하고 남성과 동일한 교육을 받으려 하거나 남성의 능력을 모방하려 한다면 여성으로서의 이익을 포기하는 것이라고 생각했다(조경원 외, 2005: 296).

루소에 따르면 교육은 자연, 사물, 인간에 근거해야 한다. 학습을 위한 신체기관이나 기능의 내부적 발달과 인간의 능력은 자연의 교육에 속한다. 사물의 교육은 우리에게 영향을 미치는 주위 실물에 대해 경험을 통하여 습득하는 것을 의미한다. 인간의 교육은 자연과 사물에 의한 교육을 구체적으로 활용하도록 가르치는 것이다. 이 중 인간이 마음대로 바꿀 수 없는 것은 자연의 교육이기 때문에 나머지 두 교육을 자연의 교육에 일치시킬 것을 강조하였다.

루소가 주장한 교육방법은 다음과 같다.

- 합자연의 원리: 아동의 지적, 정의적, 신체적 발달에 맞는 교육을 말한다.
- 자발성의 원리: 아동의 흥미와 요구에 따라야 한다.
- 주정주의적 교육: 아동의 느낌(정서)을 우선으로 한다. '이성'에 의한 교육과는 상반된 입장이다.
- 실물교수: 자연이라는 교재를 통해 자연의 원리에 따라 구체적인 실물을 통해 학습하도록 한다.
- 생활 중심 교육: 미래생활이 아닌 현재생활의 충실을 위한 교육이어야 한다.
- 소극적 교육: 12세까지의 교육은 소극적인 형태로 이루어져 한다.
  - 도덕이나 진리를 가르치는 것이 아니라, 아동의 마음을 악으로부터 보호

한다.

- 감각기관을 완전케 하며, 감각의 연습을 위한 이성 활동을 준비시킨다.
- 체벌을 반대하고 자연의 벌(스스로 깨우침)로써 대신한다.
- '시간을 아끼는 교육'이 아니라 '시간을 낭비하는 교육'을 해야 한다.

2) 바제도(Johann Bernhard Basedow, 1723~1790)

바제도는 루소의 교육이론을 실천에 옮긴 범애주의 교육사상의 대표적 인물이다. 바제도는 1723년 독일 함부르크에서 태어났다. 1746년 라이프치히 대학에서 철학과 신학을 공부하였으며 29세 때 킬 대학에서 박사학위를 받았다. 1749년 홀슈타인의 귀족인 쿠아렌(Qualen) 가(家)의 가정교사로 일했다. 여기서 그는 로크와 코메니우스 사상에 기초하여 자연적 학습방법과 직관의 원리에 따른 교육을 함으로써 인정을 받게 되었다. 1753년에는 덴마크의 귀족학교인 리터(Ritter) 아카데미에서, 1761년에는 알토나(Altona)의 아카데미에서 가르쳤다. 특히 알토나에서 루소의 『에밀』과 라샬로테(La Chalotais, 1701~1785)의 『국민교육론』을 읽고 자극을 받아 독일의 교육개혁에 관심을 갖게 되었다.

바제도는 1771년 데사우(Dessau)에 귀족 레오폴드 공의 지원으로 자연주의와 박애주의에 바탕을 둔 범애학교(Philanthropinum)을 설립하였다. 이 학교는 자연주의 교육원리를 실천하기 위한 일종의 시범학교로서 6~18세까지의 학생을 수용하는 김나지움 형태의 기숙학교이다. 박애주의 정신에 따라 부유한 집 아이들에게는 비싼 수업료를 받고, 가난하면서도 능력이 뛰어난 아동은 장차 교사가 될 조건으로 학비를 면제해 주었다. 이 학교는 기숙학교로서 엄격한 자치제도를 운영하였다.

바제도는 교육의 목적을 아동 자신이 행복을 누리면서 사회생활에 유용한 인간이 되게 하는 데 두었다. 즉 아동이 공익에 봉사하고 애국정신을 통해 인류애를 실현하도록 하는 것이다. 바제도는 개인의 행복이 증진될수록 공공의 이익도 증진된다고 보았다. 개인의 행복과 사회의 복지를 지향하는 교육은 반드시 특정 종파가 아닌 국가가 관리하는 공적 학교교육제도를 통해서만 가능하다고 보았다.

바제도는 교육의 목적을 달성하기 위해 필요한 교육내용을 다음과 같이 제시하였다.

첫째, 실제 생활상의 기능을 중시하고, 사회 현실에 관련된 학습의 필요성을 강조하였다.

둘째, 모든 학습은 실생활에 유용해야 하며, 생활을 위한 준비가 되어야 한다고 보았다.

셋째, 실과교육을 언어교육보다 우위에 두었다. 학생들은 실습을 위해 작업장, 농장, 공장, 상점을 나가야 했다.

이러한 교육내용을 발달단계별로 자세히 살펴보면 다음과 같다.

아동기(1~10세)에는 모국어를 해독할 수 있는 시기로서 어법, 잠자기, 식사하기, 옷 입기, 놀이, 간단한 도구 사용법, 말하는 법, 기초적인 몸가짐 등을 배운다.

소년기(11~16세)에는 도덕의 기초, 산술, 지리, 기하, 역사, 박물, 해부, 물리, 목공, 체조 등을 학습하도록 하였다.

청년기(17~20세)에는 문법, 수사학, 자연과학, 수학, 노작, 농장 견학, 음악, 무용 등을 가르쳤다.

특히 체육은 전 과정을 통해 강조했다. 매일 6시간의 수업 중 2시간은 체육이나 노작을 하였다. 경쾌한 복장을 입히고 영양식을 섭취하도록 하며, 운동으로는 유희, 수영, 체조 등을 중시하였다. 기숙학교에서의 규율적 생활을 강조하면서 훈육을 하였다. 훈육은 온순하고 순종하는 자연의 법칙을 따라야 한다. 즉 체벌을 통한 금지보다는 아동의 선행을 장려함으로 훈육하였다.

바제도는 교수법에 관심을 가졌다. 그는 직관의 원리에 따른 교과서 편찬 방법을 도입하여 『초등교수서(1774)』[150]를 편찬하였다. 이 책에서 강조하고 있는 것은 많은 양의 지식 주입이 아니라, 생활에 유용한 지식을 선정하여 계열적으로 제시하였다. 놀이를 통한 학습, 공동학습, 자연에 관한 관찰 및 실험, 농장실습, 수공적 작업 등을 중시하였다. 모든 것은 사물, 그림, 모형 등을 이용하고 직관을 통한 교육을 강조하였다. 또한, 아동이 유쾌하게 배우도록 유희적 학습활동을 위해 게임이 교과로 도입되었다.

150) 코메니우스와 루소의 자연주의 사상을 수용하여 100여 개에 달하는 삽화가 포함된 교과서이다. 코메니우스의 『대교수학(1632)』과 『세계도회(1657)』 이후 가장 위대한 교과서로 평가된다. 이 교과서는 18세기의 세계도회로 불리기도 한다.

15장 신인문주의 시대의 교육

1. 시대적 배경

19세기는 하나의 개념으로 규정하기 힘든 복잡한 시대이다. 정치적으로는 합리주의와 계몽주의를 바탕으로 한 미국의 독립과 프랑스 혁명이 자유민주적 정치제도를 실현시켰다. 국가가 시민생활의 향상을 도모하고 신분 차별이나 정치적 제한을 폐지시켜 나갔다. 한편 프랑스의 나폴레옹 통치 이후 유럽 국가들은 대외적으로 국가 조직 및 체제 정비를 통해 국력을 신장하고 동시에 대내적으로 국민정신과 민족정신을 심어 주려 하였다.

경제적으로는 산업혁명 이후 자본주의 경제체제가 확립되어 기술, 상업, 금융 분야의 발달과 농공업 분야의 생산량 급증 등 거대한 경제 성장이 이루어졌다. 그러나 산업혁명이 가져온 모순과 문제점이 드러나면서 이를 개선하고자 하는 사회개혁 사상이 등장하게 되었다. 하나는 사회주의(socialism) 사상[151]이며, 다른

151) 사회주의 사상은 프랑스의 생시몽(C. H. Saint Simon), 푸리에(C. Fourier), 영국의 오웬(R. Owen)에 의해 시작되었다. 마르크스(K. Marx)는 이를 사회주의로 발전시켰다. 마르크스는 자본주의 사회에서 드러난 부조리와 불평등을 타도하기 위해 착취 받고 있는 노동자와 농민들이 힘을 합쳐 혁명을 일으켜야 한다고 하였다.

하나는 공리주의(utilitarianism)[152] 사상이다.

문화적으로는 낭만주의와 신인문주의가 등장하였다. 18세기의 계몽주의가 내세운 주지주의가 인간의 다른 측면인 인간의 감정과 정서를 강하게 부인한 것에 대한 대항 정신으로 나타난 것이다. 낭만주의는 이성보다는 감성의 힘을 중시하고 부드러움, 판타지, 자연, 신화, 민중문학, 동화 등 대중사회의 관습과 전설, 음악 등을 주제로 다루었다(조경원 외, 2005: 309). 신인문주의는 18세기부터 19세기 초까지 독일을 중심으로 일어난 사상으로 계몽주의와 낭만주의의 조화를 추구하였다. 신인문주의자들은 이성과 감성의 조화를 그리스 문화와 예술에서 찾고자 했다. 시대정신에 맞추어 역사와 민족성을 근저로 하여 국민적 자각을 강조함으로 역사주의와 국가주의를 앙양하였고 그리스의 고전문학 속에서 자기의 본질을 인식하고 참된 자아를 파악하고자 하였다.

2. 교육의 유형

19세기는 프랑스 혁명과 산업혁명 등, 정치, 경제, 사회, 문화 등 각 분야에서 급격한 변화가 일어난 시기이다. 또한, 인간의 내면적, 이념적 관점에서의 혁신을 추구한 시기이다. 신인문주의는 독일의 레싱, 헤르더, 괴테, 칸트, 슐라이에르마허, 헤겔, 피히테 등의 사상가를 중심으로 전개되었다. 이1112123 운동은 16세기의 인문주의가 키케로주의로 변질된 것을 지적하고, 17세기 실학주의의 공리성을 비판하는 동시에 18세기의 '주지주의'를 강조한 계몽주의에 대항한 운동이었다.[153] 신인문주의는 계몽주의 시대와 계몽주의의 반작용으로 나타난 낭

152) 공리주의 사상은 밀(J. S. Mill)과 벤담(J. Bentham)에 의해 소수의 사람만 행복하고 다수의 사람이 불행한 초기 자본주의의 구조적 문제점이 지적되면서 '최대 다수의 최대 행복'의 원리를 통해 이상적 사회를 실현하자고 하였다.

153) 신인문주의 운동은 프랑스에서 꽃피운 계몽운동에 대항하여 독일을 중심으로 발전하였다. 7년 전쟁에서 승리한 프로이센에서는 자연과학, 철학, 문학 등 각 분야에서 두각을 나타내었다. 독일인들은 프랑스에 의해 대표되었던 라틴어 문화에서 벗어나 그리스 문화로 눈을 돌렸다.

만주의 시대 이후에 등장하였다. 즉 신인문주의 시대는 계몽주의의 이성 중심주의와 낭만주의의 감성주의가 절충되고 통합되어 인간을 통합적으로 이해하려던 시대이다.

17~18세기 민족 단위의 국가가 형성됨으로써 국가발전을 위한 인재양성의 필요성이 대두되었고, 또한 민족의 일체감 형성을 위한 국가주의 교육사상이 등장하였다. 국가주의는 계몽주의자들이 강조한 개인의 합리성, 국가나 민족의식에 대한 비합리적 사회적 관습으로 치부하는 것을 비판하였다. 특히 나폴레옹의 유럽 침략은 교육을 통한 국민정신 고양의 필요성을 대두시켰고, 그로 인해 국가와 민족에 대한 충성심과 역사와 문화의 보존을 강조하는 국가주의 교육사상이 강조되었다.

1) 신인문주의와 교육

신인문주의는 계몽사상이 인간의 이성을 강조하는 것에 대한 반발로 인간의 감성과 정의적인 면을 무시하지 않으면서 인간성의 조화로운 발달을 지향하는 사상이다. 지·정·의의 조화로운 발달을 지향하며, 개성을 존중하고, 국민의 자각을 강조함으로써 개인뿐 아니라 민족과 역사를 존중하는 특징을 가지고 있다. 즉 신인문주의는 계발주의와 국가주의의 바탕이 되었다.

신인문주의의 특징은 첫째, 인간성의 조화적 발달을 추구하였다. 고전문화에 대한 동경으로 고대 그리스의 문학과 미술 등 그리스 문화 전체를 탐구하여 인간성의 조화로운 발전을 추구하였다. (구인문주의에서는 로마 문화를 중시하였고 키케로주의와 같이 고전의 기계적 모방에 치우쳤다.)

둘째, 신인문주의에서는 개성과 민족의 특수성을 중시하였다. 인간의 보편성보다는 각자의 개성과 역사 및 민족의 특수성을 강조하였다.

셋째, 신인문주의는 사회와 문화전통을 중시하였다. 개인의 삶에 있어서 사회와 역사와 문화전통의 중요성을 강조하였다.

넷째, 신인문주의는 비합리적이다. 이는 합리성만으로는 이해되지 않는 삶의 부분들을 무시하지 않는다는 의미이다. 이런 자세는 삶에서 자연성을 존중하고 유기적 인생관을 중시하는 태도로 이어진다.

2) 국가주의 교육

19세기 근대국가는 산업혁명과 더불어 자국의 번영과 영광을 위한 교육이념을 추구하였다. 또한, 각 국가는 나폴레옹 이후 외부 침략과 내부의 균열로부터 국민을 보호함으로써 국가의 존립과 영광을 성취하는 것을 교육목적으로 하였다. 이를 위해 국가는 국민들의 결속력을 강화하고 국가 발전에 기여할 수 있도록 국가가 관리하는 교육체제를 확립하고, 국민들의 애국심을 고취하며 질서와 법을 지키는 시민의식의 함양을 중시하였다.

국가주의 교육은 국가의 존속과 발전을 위한 교육이다. 학교는 국가의 정치이념이나 시민적 덕성을 기르기 위한 최적의 기관으로 간주되었다. 이러한 의미에서 보편교육과 의무교육에 관심을 기울이면서 공립초등학교의 설립을 촉진되었다. 국가의 이념과 전통을 계승하기 위해 자국의 언어와 문학, 자국의 역사와 지리 등이 중요한 교육내용으로 등장하게 되었으며, 시민적 자질을 함양하기 위해 사회과를 중시하였다. 또한, 건강하고 강인한 국민을 기르기 위해 체육, 산업생산력 향상에 필요한 직업 기술을 가르치기 위한 직업교육 등이 강조되었다.

국가주의 교육이념은 국가중심의 공교육제도를 수립하는 데 결정적인 역할을 했다. 19세기에 각 나라마다 공교육제도와 의무교육 제도를 통해 국가가 교육을 관리하는 체제를 발달시켰다.

국가주의를 대표하는 사상가로는 영국의 오웬, 랭케스터, 프랑스의 라 샬로테, 콩도르세, 독일의 피히테, 슐라이에르마허, 미국의 제퍼슨, 호레이스 만 등이 있다. 독일, 프랑스, 영국, 미국에서의 공교육제도의 발달을 소개하면 다음과 같다.

〈표 8〉 **국가주의 교육: 공교육제도의 발달**

특징	· 개인의 성장과 발달보다는 국가의 발전 및 존속을 우선으로 하는 사상임 · 국가가 관리하고 지원하는 공교육제도가 발전하게 됨 · 국민의 공통성과 동질성을 확보하기 위해 모국어를 강조
독일	· '교육은 국가의 일'이라는 원칙 아래 국가교육의 체계가 갖추어짐 · 1717년 학교법을 통해 초등교육의 의무교육제도 도입 · 1768년 빌헬름 2세가 「학교규정」을 제정하여 교육부가 학교장학을 담당하게 함으로써 초중등교육기관에 대한 국가의 통제가 이루어짐 · 1806년 나폴레옹에게 참패당한 후부터 교육을 통해 국가를 재건하고 애국심을 배양하려는 국가주의 교육이 등장 · 그 결과 피히테의 국민교육제도 주장과 훔볼트의 교육개혁안(1807)이 제안
프랑스	· 프랑스 대혁명(1789) 이후 의무, 무상, 세속의 근대 공교육 이념이 제도화됨 · 프랑스 대혁명의 영향: 공교육 이념의 제도화, 교육에 대한 국가의 통제력이 강화되고 교육은 인간의 기본적 권리라는 관념이 확산됨 · 1816년 「초등교육령」을 제정하여 민중교육에 보조금 지급과 각 시와 군에 학교 설치 의무 부과 · 공교육이 완전한 제도로 확립된 것은 1878년 당시의 교육부장관인 페리(Ferry)가 근대적 교육정책과 교육제도를 세우기 위해 만든 「페리법(1882)」을 통해서 임[154]
미국	· 미국은 1852년 「의무취학법」을 매사추세츠 주에서 제정하여 최초로 의무교육이 실시됨: 8~14세 아동을 연간 12주 이상 취학할 것을 요구 · 이 규정의 영향으로 1900년까지 32개 주에서 의무 취학을 도입하였고, 1918년 미시시피를 마지막으로 8~9년 의무취학이 완결됨 · 중등교육도 대중화 단계에 진입
영국	· 영국은 전통적으로 자선단체와 종교단체에 교육을 일임하는 형태였기 때문에, 다른 나라에 비해 공교육의 발달이 늦음 · 1833년 「공장법」은 고용주에게 9세 미만 아동의 노동 금지와 13세 미만 아동의 주 12시간 이상 학교 출석 의무 규정함. 민중교육기관에 국가보조금 제도가 실시됨. · 1870년 「초등교육법」이 제정. '전국공립학교협회'에서 초등교육의 무상화와 의무교육을 주장[155]

154) 이 법은 ① 공립초등학교의 수업료 폐지, ② 6~13세 남녀아동 의무교육, ③ 학교의 종교교육 배제 등을 규정하여 근대 공교육제도 확립에 기여함.

155) 「초등교육법」 안에는 ① 전국 각 학구의 학교위원회에서 초등학교 설치 유지 및 국가보조금 지원, ② 초등학교 특정 종파 교육 금지, ③ 정규 수업 전후의 종교교육 실시 및 자유로운 출석, ④ 5~13세 아동 강제 취학, ⑤ 초등학교 수업료 징수 등이다.

3) 계발주의 교육

계발주의란 18세기 말부터 19세기에 국가주의 교육과 함께 루소의 영향을 받아 교육과정이나 교육방법을 인간발달의 법칙에 합치시키려는 교육개혁운동이다. 교육이란 학습자의 외부로부터 성인의 기준을 강제하는 것이 아니라, 아동의 내부로부터의 발달을 조장하는 아동 중심의 견해에 기초한다. 계발주의자들은 아동의 본성과 잠재가능성에 대한 확고한 긍정적 신념을 갖고, 이를 계발하는 데 필요한 기회와 환경을 제공한다고 보았다. 계발주의 교육을 특징을 살펴보면 다음과 같다.

첫째, 아동을 성인의 축소판으로 보지 않고 충실히 도야되어야 할 존엄한 존재로 간주하였다. 아동의 심리상태를 존중하는 교육을 역설하여, 도야대상인 아동의 본성과 심리를 연구하여 그에 적합한 교육을 할 것을 강조하였다.

둘째, 교육은 발전해 가는 과정이다. 자연주의 원리의 발전으로서 코메니우스와 루소, 칸트의 교육사상을 더욱 발전시키고자 하였다. 인생의 과정에서 각 시기는 고유한 특성을 가지고 있어 그에 맞는 교육이 필요하다.

셋째, 이를 위해 교육의 외적인 면보다 아동의 흥미와 노력을 강조하였다. 아동이 흥미를 느끼도록 돕기 위해 학습지도법 개선, 교사양성 교육 등에 관심을 두었다.

계발주의 교육의 대표자로는 페스탈로치, 헤르바르트, 프뢰벨 등이 있다. 19세기 계발주의의 발전은 심리학이 철학에서 분리되는 계기를 만들어 주었다.

〈표 9〉 **19세기 교육의 세 가지 특징**

신인문주의	· 계몽주의의 '주지적 측면'에 반대하여 신인문주의가 등장하였다. · 인간의 감성적, 심미적인 태도를 중시하고, 고대 그리스의 아름다운 세계를 동경하여 이상적 생활을 실현해 보고자 하는 사상이다.
국가주의	· 17~18세기 민족 단위의 국가가 형성됨으로써 국가 발전을 위한 인재양성의 필요성이 대두되었고 민족의 일체감 형성을 위한 국가주의 교육사상이 등장하였다. · 나폴레옹의 유럽 침략은 교육을 통한 국민정신 고양의 필요성을 대두시켰고, 그로 인해 국가주의 교육사상이 등장하였다
계발주의	· 루소의 자연주의 교육관이 페스탈로치 등에 의해 발전된 교육사조이다. · 교육을 통한 지·정·의의 조화로운 발달과 도덕적 품성 계발 그리고 아동의 선천적 계발에 목적을 두었다. · 아동의 본성과 잠재가능성에 대한 긍정적 신념을 가지고 이를 계발하는 데 필요한 기회와 환경의 제공을 강조하였다.

3. 교육사상가

1) 오웬(Robert Owen, 1771~1858)

영국의 사회주의적 사회개혁가인 오웬은 1771년 북웨일즈의 직물상의 아들로 태어났다. 10세까지 학교교육을 받았으나, 그 후 런던, 스탠퍼드, 맨체스터 등지에서 일을 배웠다. 1800년 19세 때 뉴라나크(New Lanak) 방직공장 총괄 관리인으로 일하면서 공장 노동자의 자녀들에 대한 교육에 관심을 갖게 되었다. 오웬은 이 공장 안에 유아를 포함한 아동, 청소년을 위한 '성격형성학원(New Institution of the Formation of Character)'과 영국 최초의 '유아학교'를 부속으로 설립하였다.

사회주의적 사회개혁가로 그는 사회개혁의 방법을 교육에서 찾고자 하였다. 오웬은 자라나는 세대의 '성격'을 바르게 형성하는 일이 사회개혁의 첫걸음이라고 생각하였다. 1816년 1월 1일 설립된 성격형성학원 개교식 연설문은 교육을 통한 사회개혁의 가능성을 강조하고 있는 것을 볼 수 있다. "사람들은 지난 1천 년 동안의 태평한 세상을 어떻게 해석하고 있는지 모르겠지만 나는 그것을 범죄, 빈곤, 비참히 없는 사람들의 건강한 행복과 예지가 지금의 세상의 그것보다 100배도 넘는 사회라고 생각한다. 그러면 이러한 사회를 이룩하는 데 방해하고 있는 것은 무엇인가? 그것은 인류의 무지이다. 그러므로 나는 이 저주할 만한 무지의 악마를 교육의 힘에 의해 추방하고자 한다(Owen, 1913; 안상원, 1985: 281, 재인용)."

유아학교의 설립 목적은 첫째, 가정의 보호를 제대로 받지 못하고 방치되어 있는 가난한 계층의 자제를 보호하기 위해서이고 둘째, 그들에게 건강한 성격을 형성시키기 위해서이다. 유아기는 성격형성에 있어서 중요한 시기이다. 인간의 기질적 성향은 2세까지 거의 형성되기 때문에 유아를 악한 습관으로부터 보호하고 적극적으로 올바른 사회적 습관을 형성시키는 것이 중요하다. 유아학교는 노동자의 유아를 1~3세의 제1반, 4~6세의 제2반, 두 반으로 편성하여 교육하였다. 제1반에서는 레크레이션, 제2반에서는 레크레이션과 산책이 주요 교육과정이었다. 2~4세 유아는 그 외에도 무용, 음악, 지도 읽기, 지리, 자연을 배웠고, 5~7세 아동은 작업과 실습의 노동이 부과되었다. 교육방법으로는 교사와 학생 간의 대화, 무징벌 교육과 사랑의 교육, 현장에서 직접 경험할 수 있는 실물 위주의 교육, 책보다는 주변의 사물이나 모형, 그림, 지도 등을 활용하는 직관교수와 야외교육을 중시하였다. 성격형성학원에는 6~7세까지 교육하는 초등학교와 10~20세까지 교육하는 청년 및 성인교육기관인 야간학교도 있었다.

교육에 대한 오웬의 견해는 먼저 모든 국민들이 무상으로 교육받을 수 있는 국민교육제도의 확립을 강조하였다. 국민의 3/4이 노동계급에 속한 영국에서 적절한 교육과 지도 없이는 제멋대로 성격이 형성될 수 있으며 이를 방치할 경우 가장 위험하고 나쁜 국민이 될 수 있기 때문에 무상교육을 통해 교육 기회를 제공할 것을 주장하였다.

국민교육은 지, 덕, 체가 조화로운 전인격적인 성격을 형성하기 위한 것이어야 하며, 국민적 이기주의나 증오심을 유발시키는 교육이어서는 안 된다고 주장하였다(신득렬 외, 2016: 94).

2) 페스탈로치(Johann Heinrich Pestalozzi, 1746~1827)

페스탈로치는 1746년 스위스 취리히에서 태어나 빈민의 구원자, 민중의 목자, 고아의 아버지, 민중학교의 창설자이자 인류의 교사로 살다 1827년 부르크에서 사망하였다. 5살에 의사인 아버지가 돌아가시고 어머니와 시녀의 양육을 받으며 자랐다. 페스탈로치는 지방 목사였던 할아버지의 영향을 많이 받았다. 페스탈로치는 처음에 목사가 되기 위해 취리히의 카롤리움 대학에 진학하여 신학을 공부하였으나, 뜻을 바꾸어 법학을 공부하였다. 그러나 반정부 활동에 가담하여 공부를 그만두게 되었다.

페스탈로치가 교육에 관심을 가지고 교육사상을 실천하게 된 과정을 살펴보면 다음과 같다.

첫째, 노이호프(Neuhof) 시대이다. 취리히 근처 뮬린겐(Müllingen)에서 농장을 마련하여 '노이호프'라고 이름하고 농장 경영을 하였으나 실패하였다. 1774년 이 농장을 빈민학교로 전환하여 농촌계몽운동을 실천하였다. 빈곤 극복을 위해 빈민 아동 20여 명을 모아 낮에는 일을 하고 밤에는 공부를 시킴으로써 빈민아동의 자립능력을 기를 수 있도록 힘썼다. 그러나 건강 악화와 운영난으로 1780년 문을 닫았다. 그 후 18년 동안 인간과 사회와 교육에 대해 깊이 성찰한 것을 『은자의 황혼(*Die Abendstunde eines Einsiedlers*, 1780)』, 『린하르트와 게르트루트(*Lienhard und Gertrud*, 1781~1787, 전 4권)』, 『인류 발전에 있어서 자연의 길에 대한 나의 탐구(*Meine Nachforschungen über den Gang der Natur in der Entwicklung des Menschengeschlechts*, 1797)』, 『입법과 영아 살해(*Gesetzgebung und Kindermord*, 1783)』 등에 발표하였다.

둘째, 슈탄츠(Stanz) 시대다. 1798년 스위스 정부의 위탁으로 스위스의 혁명전쟁으로 생긴 80여 명의 고아들을 모아 슈탄츠에서 교육사업을 하게 되었다. 페스탈로치는 열악한 여건 속에서도 교육을 통해 인간을 변화시키려고 노력하였다. 그러나 슈탄츠 고아원은 전쟁이 심화되면서 야전 병원으로 장소를 내어 줄 수밖에 없어 6개월 만에 문을 닫았다. 슈탄츠 고아원에서의 교육활동을 기술하여『슈탄츠 통신(*Über den Aufhaltent in Stanz*, 1799)』을 출판하였다.

셋째, 부르크도르프(Burgdorf) 시대이다. 1799년 페스탈로치는 슈탄츠를 떠나 부르크도르프로 옮겨 서민을 위한 초등학교와 중산층을 위한 초등학교 교사로 일했다. 그 후 부르크도르프 고성을 빌려 1800년에 자신의 초등학교를 창설하고 4년간 운영하면서 자신의 교육적 신념을 펼쳤다. 정치적 불안으로 계속 운영하지 못하고 1804년 뮌헨부흐제(Münchenbechsee)로, 두어 달 후에는 이페르텐으로 옮겨가게 되었다. 이 때 저술한 교육서로는『직관 교수론 A, B, C(*A, B, C der Anschauung*, 1803)』,『게르트루트는 어떻게 자녀를 가르치는가(*Wie Gertrud ihre Kinder lehrt*, 1801)』등이 있다.

넷째, 이페르텐(Iferten) 시대이다. 페스탈로치는 1804년 이페르텐으로 가 새롭게 학교를 시작하여 1825년까지 21년 동안 교육에 종사한다. 이 학교는 페스탈로치가 국내외적으로 교육자로서 큰 명성을 얻게 한 곳이다. 페스탈로치의 교육방법을 배우기 위해 유럽 각지에서 이 학교를 방문하곤 했다. 그러나 이 학교에 부유층 자제들이 몰려들고 학교가 커지면서 생기는 교사들과의 갈등으로 순조롭게 경영되지 못했다. 이에 페스탈로치는 79세 때 이페르텐을 떠나 손자가 있는 노이호프로 돌아갔다. 노이호프에서 자서전인『백조의 노래(*Schwanengesang*, 1825)』를 저술하고 2년 뒤인 1827년 노이호프 근처인 부르크에서 교육 실천가로서의 삶을 마감하였다.

(1) 사상적 배경

페스탈로치는 억눌린 자, 빈민, 소외받는 자들을 위해 헌신한 교육 실천가로 모든 교육은 사랑에 기초하고 있다. 모성은 온 자연의 질서 중에서 가장 강력한 힘이다. 신은 어머니에게 자녀를 사랑으로 가르칠 수 있는 능력을 주셨기 때문이다. 따라서 어머니는 하늘이 내린 교사이다. 어머니가 아이를 가르칠 수 있는 뿌리는 어머니의 사랑이다. 그러므로 교육의 전형은 학교가 아니라 가정이다. 즉 교육의 토대가 되는 사랑은 가정에서부터 시작되어야 한다. 학교교육은 가정교육의 연장이다.

페스탈로치는 도덕성을 교육을 통하여 궁극적으로 실현해야 할 교육목적으로 삼았다. 인간은 자연적, 사회적, 도덕적 단계로 발달해 간다. 자연적 상태란 갓 태어난 어린 아이처럼 특별한 규범의식 없이 무규범적(anomie)으로 행동하는 단계이다. 사회적 상태는 교육을 통하여 자연적 상태에서 사회적 상태로 넘어오게 되는데 타인의 명령이나 사회의 제도, 습관, 규범에 따라 행동하고 생활하는 타율적(heteronomous) 생활의 단계이다. 도덕적 상태는 남의 명령이나 사회의 규범에 얽매이지 않고 자율적(autonomous)으로 자기의 도덕적 판단에 따라 행동하고 생활할 수 있는 단계이다. 페스탈로치는 인간은 누구나 이 단계까지 이르러야 한다고 하였다. 아동이 도덕성을 실현하도록 돕기 위해서 교육적으로 고려할 사항은 말로 하는 것이 아니라 행동으로 익히게 하는 것이라고 하였다. '이웃을 사랑하라' 하지 말고 '이 빵을 이웃 아이와 나누어 먹어라'라고 말해야 하며, '기도를 해라' 말하지 말고 자기 자신이 식탁 앞에서 또는 골방에서 경건하게 기도를 해야 한다고 하였다. 자기 빵을 이웃 아이와 나누어 먹으면서 느낀 흐뭇한 감정, 즉 자신의 생활과 행동으로 익히 얻은 덕성은 깊이 심정 속에 새겨지게 된다. 중요한 것은 아동의 능력을 도덕성으로 실현시키는 것이다.

(2) 교육사상

페스탈로치의 교육목적은 그의 인간관과 관계된다. 지위고하를 막론하고 '인간이란 무엇인가?'라고 물어 인간존재의 궁극적인 행복을 추구하는 인간성 도야를 중시하였다. 교육의 본질은 '인간성을 도야하는 일'이다. 인간은 누구나 동일한 본성을 가지고 있는데, 그것은 도덕적, 신체적, 지적 능력들을 포함한다.

인간은 세 가지의 능력 머리(정신력), 가슴(심정력), 손(기능력)으로 상징된다. 인간성을 도야한다는 것은 이 세 가지를 조화롭게 발전시킨다는 의미이지 그 셋을 균등하게 양육한다는 의미는 아니다. 인간교육의 궁극적 목표는 인간의 본성을 조화롭게 발전시켜 자연적 상태에 있는 인간을 사회적 상태로, 더 나아가 도덕적 상태로 나아가게 하는 것이다.

페스탈로치는 교육이 인간개혁과 사회 개혁에 효과적이라고 하였다. 교육의 본질은 인간성을 계발하는 것이지만, 또한 개인과 사회를 개혁하는 수단으로도 기능해야 한다. 페스탈로치가 빈민층의 아동 교육에 헌신하는 것은 그들의 인간성을 건전하게 발달시키는 것이 사회를 개혁하는 바른 길이라고 믿었기 때문이다.[156)]

페스탈로치의 교육방법은 합자연에 의한 교육으로 인위적인 방법이나 기교에 의한 방법은 배제한다. 이는 성인이나 교사 중심이 아니고 아동 중심의 교육으로 아동에 적합한 방법이 선택된다. 독일의 교육학자 나토르프(P. Natorp)[157)]는 페스탈로치의 교육방법인 합자연의 원리에 따라 다섯 가지로 페스탈로치의 교육원리를 분석하였다(신차균 외, 2006: 281).

① 자발성의 원리: 주입식 방법이 아니라 아동의 내부에 있는 힘을 자발적으로 발전시키는 것이다.

② 조화의 원리: 교육은 인간이 가지고 있는 제반 능력을 최대한 조화롭게 개발해야 하며 이에 관한 선천적 기능은 도덕적, 지적, 신체적인 것이다. 머리, 가슴, 손의 조화로운 발달을 도모하지만, 그 중심은 가슴이 되어야 한다.

---

156) 페스탈로치는 루소의 영향을 받았지만, 차이점은 아동의 지적, 정신적 성장을 자극하기 위해서 사회에 의존해야 한다는 점을 강조한 것이다. '인간성'이 자연 속에서 계발되는 것이 아니라 사회적 맥락 속에서 계발될 수 있다고 봄으로써, 사회의 교육적 기능을 강조하였다.

157) 나토르프는 페스탈로치의 영향을 받은 독일 교육학자이다. 사람은 오직 사회를 통해서만 사람이 된다고 하여 개인과 사회를 일원론적으로 보는 이상적, 사회적 교육설을 주장했다. 저서로는 『사회적 교육학』, 『일반 교육학』 등이 있다.

③ 방법의 원리: 인간성의 자기발전은 일정한 순서에 따라 단계적으로 이루어지는 것이기에 인간성의 발달 단계에 따라 교육해야 한다. 도덕적 도야는 무율(Anomie)에서 타율적 단계(Heteronomie)를 거쳐 자율적(Autonomie) 단계에 이르게 된다. 지적인 도야는 사물의 종류와 수를 식별하고 그 형태와 모습을 보며 그 이름을 표현하는 수·형·어의 순서로 나가야 한다. 신체적 도야는 신경의 예민함을 반복연습의 원리에 의해 도야해야 한다.

④ 직관의 원리: 인식은 직관을 통해 이루어진다. 직관은 감각기관을 통해 외계의 인상을 받아들이는 외적 직관과 자신의 마음의 눈으로 세계의 본질을 체험하는 내적 직관이 있다.[158)]

⑤ 생활의 원리: 개인의 도야는 사회에서 이루어지고 사회의 개선은 개인의 향상에 의해 이루어진다. 페스탈로치는 사회에 있어서 "생활이 도야한다(Das Leben bildet)."고 했는데, 이는 도덕 및 종교의 기초 위에 믿음과 사랑의 감정이 자연스럽게 발달하도록 조직해야 된다는 의미이다. 인간 사회의 기초는 가정이고 사회개선은 가정의 도덕적 갱생으로부터 시작되어야 한다. 특히 가정에서 모자간의 신뢰와 사랑이 도덕교육의 기초가 된다.

---

158) 감각인상이 명확한 관념에 이르는 단계를 소개하면 다음과 같다.
① 감각인상이 명료화되는 단계
예 공중에 떠 있는 색깔의 띠(무지개)를 식별
② 식별된 인상이 명료화되는 단계
예 색깔의 띠 속에 서로 다른 색깔들을 찾아냄
③ 명료화된 인상이 명확한 관념으로 정의되는 단계
예 그 색깔들이 빨, 주, 노, 초, 파, 남, 보의 일곱 가지라고 이름을 붙임으로써, 아동은 '무지개는 일곱 색깔이다.'라는 명확한 관념을 가지게 된다.
※ 여기서 중요한 것은 최종적으로 도달하게 될 명확한 관념의 형식이다. 어떤 대상에 대한 명확한 관념을 갖기 위해서는 그 대상의 '수', '형태', '이름'을 알아야 한다.

3) 프뢰벨(Friedrich Wilhelm August Fröbel, 1782~1852)

프뢰벨은 1782년 독일 튀링겐(Türingen) 지방의 오버바이스바흐(Oberweissbach)에서 목사의 아들로 태어났다. 출생 후 어머니가 돌아가시고 4살 때 아버지가 재혼하면서 부모의 사랑을 충분히 받지 못했고, 숲속에서 자연을 벗 삼아 생활했다.

1792년 10세 때 외삼촌 집에 지내면서 초등교육을 받았고, 15세 때 산림기사의 도제로 2년 동안 견습공 생활을 하며 독학으로 식물학, 수학, 어학을 공부했다. 1799년 어머니의 유산을 정리하여 예나대학에서 공부했지만 경제적 사정으로 학업을 중단하였다.[159)]

1805년 건축기사를 꿈꾸며 프랑크푸르트에 갔다가 우연히 초등학교인 모범학교 교장 그루너를 만나 교사가 되었고, 페스탈로치의 이페르텐 학교에 가 2주간 교사 연수를 받게 되었다. 1807년(25세)에 교사를 사직하고 페스탈로치 학교에 다니는 홀츠하우젠 가(家)의 3명의 아이들의 가정교사가 되었다.

학문의 부족함을 느껴 1811년 괴팅겐 대학에 입학하여 천문학과 물리학을, 1812년에는 베를린 대학에서 광물학, 결정학, 천문학 등을 공부했다.

1816년 전쟁에 나간 형이 사망하자 세 명의 조카를 맡아 가르쳤고, 1816년 자신의 교육이론을 실천하기 위해 그리스하임(Griesheim)에 '일반 독일 교육소(Allgemeine Deutsche Erziehungsanstalt)'를 설립하였으며, 1817년에 카일하우(Keilhau)로 옮겼다. 이 시기에 초등교육에 관한 그의 사상과 경험을 묶어 『인간교육(Die Menschenerziehung, 1826)』을 출간했다.

159) 예나대학 시절 낭만주의의 대표적 인물들인 쉘링, 슐리겐, 노발리스에게서 영향을 받았다. 이들의 사상이 후에 프뢰벨이 교육사상을 정립하고 교구인 은물을 만드는 데 영향을 준다.

1835년(53세) 베른시의 초청으로 부르크도르프의 고아원장이 되었고, 그 과정에서 유아교육에 관심을 갖게 되었다. 1837년(55세) 블랑켄부르크에 '자기교수와 자유교육으로 이끄는 직관교수 교육소(Anstalt für Anschungunterricht zum Selbstunterricht und zum Selstbelehrung)'를 설립하여 놀이를 통한 유아교육을 실천하였다. 이 교육소는 '어린이의 작업충동을 육성하기 위한 교육소'로 이름을 바꾸었다.

1839년(57세) 블랑켄부르크에 '유아교육지도자 강습소'를 세우고, 이들의 교육실습을 위한 '유아의 작업교육소(Klein Kinder Beschäftigunsanstalt)'를 개설하였으며, 1840년 이 교육소를 유치원(Kindergarten)으로 바꾸었다. 이 시기에 『어머니의 노래와 사랑의 노래(Kommt, laßt uns unsern Kindern leben: Friedrich Fröbels Mutter und Koselieder, 1844)』가 출간되었다. 1851년(69세) 프로이센 정부가 자유주의와 사회주의를 전파하고 무신론을 조장한다고 보고 전국에 유치원 금지령을 내렸으며 1860년에 금지령이 해제되었다. 프뢰벨은 유치원 해제를 보지 못하고 1852년 70세의 일기로 세상을 떠났다.

프뢰벨은 교육의 목적을 인간에 내재된 신성(神性)을 계발하고 창조적으로 자기를 표현하는 능력을 계발하게 하는 데 두었다. 인간은 무한한 가능성을 가지고 태어나지만 교육을 통해 계발되어야 한다. 이 무한한 가능성이 '신성'이며, 신성이 바로 인간의 본질이다. 인간은 신의 형상으로 창조되었으며, 인간 내면에 신성이 깃들여져 있어 창조하고 일하며 표현하는 힘이 내재되어 있다. 교육은 이러한 인간의 본질인 '신성'을 발휘하게 하는 일이다(곽노의, 1989).

프뢰벨은 기본적인 교육내용을 종교, 자연, 수학, 언어, 예술 등 다섯 가지로 나누었고, 이 내용들은 첫째, 자기 내면적인 생명을 지향하는 욕구(인식)를 통해, 둘째, 외계 및 외계의 본질을 자기 속에 집어넣으려는 욕구(인식)를 통해, 셋째, 내면적인 것을 직접 나타내는 욕구(표현)를 통해 가르치고자 했다. 유치원에서의 교육내용 구성은 아동의 모든 활동이 창조적인 것이며, 창조적인 활동은 내적인 자기표현이라는 전제에서 만들어졌다. 따라서 아동 초기에는 언어, 노래, 표정 등이 '신성'의 가장 기본적인 계발 수단이 된다고 보았다.

프뢰벨은 수공과 유희를 자기표현의 가장 가치 있는 교육으로 강조하였다. 또한, 아동의 왕성한 창조활동을 찾아내기 위한 도구로 은물을 강조하였다.

은물은 아동이 신으로부터 받은 '은혜의 선물'이라는 뜻으로 유치원에서 교육적 경험을 위해 기하학적 형태로 만든 도구들을 말한다. 은물은 점, 선, 면, 입체로 이어지는 기하학적 구성으로 되어 있으며[160], 크기에 있어서도 수학적 비례관계를 반영하고 있다. 아동들은 장난감을 분해하고 결합하여 다양한 모양을 만들고 해체하는 놀이를 하는 동안 자연의 질서를 구성하고 있는 사물들 간의 관계나 성질을 직관할 수 있도록 되어 있다.

프뢰벨의 교육원리는 통일의 원리, 자기활동의 원리, 연속적 발달의 원리, 놀이와 작업의 원리, 사회화의 원리를 제시하였다(서재복, 2007: 253).

① 통일의 원리: 세상 만물은 본질적으로 모든 것을 통일하려는 성향이 있으며, 그 통일의 주체는 신이다. 즉 모든 만물의 본질은 신성이며 만물은 그 본질인 신성을 외부에 표현해야 할 사명이 있다. 교육의 목적도 이 본질을 신과의 통일까지 발전시키는 일로, 교육은 인간을 자극하고 지도하여 전인적 인격의 발전으로 신성을 발현시키는 것이다.

② 연속적 발전의 원리: 아동이 가진 신성을 연속적인 자기 발전에 의해 완성해 가도록 한다.

③ 자기활동의 원리: 신성의 본질은 활동, 창조, 노동이다. 아동의 활동은 본질적으로 창조적이며, 창조적 활동은 자기가 속한 사회적인 것의 표현이다. 이것이 자기활동이다. 교사는 아동이 창조적인 자기표현을 돕는 것으로 명령적이거나 규정적으로 간섭해서는 안 된다.

④ 놀이 및 작업의 원리: 프뢰벨은 교육의 목적을 달성하기 위해 은물을 통한

---

160) 1은물(6개의 서로 다른 색의 구체), 2은물(공, 원기둥, 입방체), 3은물(8개의 작은 입방체), 4은물(8개의 작은 직방체), 5은물(21개의 입방체와 18개의 삼각기둥), 6은물(18개의 직방체와 12개의 입방체, 6개의 원기둥), 7은물(평면체), 8은물(직선), 9은물(곡선), 10은물(점)으로 구성되어 있다. 각 은물은 상징적 의미가 있는데 공은 동물계를, 원기둥은 식물계를, 입방체는 광물계를, 원은 통일을 상징한다.

놀이의 원리를 적용했다. 이 놀이는 신성 또는 창조성을 계발하고자 하는 것으로 은물을 통하여 감각 기관을 발달시키고 대자연과 우주의 복잡한 원리를 깨닫고 신성을 의식하게 한다.

⑤ 사회화의 원리: 인간은 사회적 존재이므로 놀이를 통해 협동심과 사회성을 발달시켜야 한다.

16장 현대의 교육

1. 시대적 배경

20세기는 과학기술과 학문의 발전이 빠른 속도로 이루어진 시대이다. 모든 발전의 기저에는 다윈의 진화론이 상식화되었고 자연과학기술은 인간에 의한 인간의 생산이 이루어질 정도였다. 20세기를 다른 시대와 비교하여 나타나는 두드러진 특징은 무엇인가?

이데올로기의 출현과 이의 대결이 극렬해졌다. 세계는 자본주의를 경제 원칙으로 하는 자유민주주의 진영과 자본주의를 부정하고 새로운 질서를 만들기 위해 나타난 사회주의 국가 간의 대립이 첨예화되었다. 그러나 그 후 소련이 붕괴되고 동맹국이었던 동구 공산주의국가가 몰락하면서 이데올로기 대립은 큰 의미를 갖지 않게 되었다.

오늘날 세계는 미국, 유럽공동체, 중국, 러시아 등의 다극 체제로 그 중심이 흩어지고 있고, 다른 한편으로는 민족주의나 종교 등이 새롭게 힘을 얻어가고 있다. 여전히 지구촌에는 지역 간, 부족이나 민족 간의 대립과 특히 한반도에서의 전쟁에 대한 위협이 도사리고 있어 세계의 평화를 위협하고 있다. 그럼에도 불구하고 세계는 다양한 협력관계를 통해 경제, 환경, 지속 가능한 성장 등을 함께해 나가려는 노력을 계속해오고 있다.

현대 우리 사회가 안고 있는 문제로는 과학기술의 급속한 발전과 그에 따른 비인간화 현상이다. 과학기술과 기계문명은 물질적 풍요를 가져오기는 했으나 사람들이 겪는 공허함과 자기 주체성 상실로 정신적 어려움을 호소한다. 이러한 문제를 오늘날 학교교육으로는 문제를 해결하는 데 한계가 있음을 인정하고 새로운 교육의 방향을 모색하게 되었다.

2. 20세기 교육의 특징

1) 신교육운동

유럽에서는 1890년부터 1933년 사이 집중적으로 교육을 개선하기 위한 신교육운동이 전개되었다. 당시 획일적이고 권위주의적인 학교교육에 대한 비판과 함께 교육에 있어서는 일체의 간섭과 강요를 배제하고 아동의 개성 존중과 교육에 있어서의 자유를 강조하였다. 이 운동을 전개한 대표적인 인물로는 영국의 레디(C. Redie: 에버츠호움 학교) , 프랑스의 드모랑(J. E. demolin: 로슈 학교), 독일의 리츠(H. Lietz: 일젠부르크 전원학사), 슈타이너(R. Steiner: 발도르프 학교), 이탈리아의 몬테소리(M. Montessori:몬테소리 어린이집), 벨기에의 데크롤리(O. Decroly: 엘리타쥬 학교) 등이 있다. 독일의 경우 이러한 신교육운동이 전원기숙학사운동, 노작교육운동, 예술교육운동으로 전개되었다.

(1) 전원기숙학사운동

첫째, 전원기숙학사운동은 학교를 도심지가 아니라 전원에 세우고 기숙학교로 운영하였다. 리츠, 비네켄, 게헤프 등에 의해 전원기숙학교가 확산되었다. 이들 학교에서는 학생들의 자발적인 활동을 중시하였고 이러한 활동을 이끌어 내기 위해 학생들에게 편안하고 친숙한 자연 환경을 제공하고자 했다. 전원학사는 가정을 모범으로 하는 생활 공동체로 교사 1인이 5~12명의 학생을 단위로 함께 생활하며 수업을 받게 하였다.

(2) 노작교육운동

노작(勞作)이란 노동을 중시하는 교육으로 기존의 교과 수업 위주의 교육과 주지주의적 교육에 대한 비판에서 시작되었다. 케르센슈타이너의 경우 학생의 고유한 활동을 자극하기 위해 수공(Handarbeit)을 강조하였는데 이는 직업을 위한 수단뿐 아니라 인격 도야를 위해 좋은 방법이라 생각했다. 노작교육운동은 유럽에서 시작되었으나 미국과 영국의 교육사상의 영향으로 더 발전하게 되었다. 미국의 듀이는 인간의 활동을 실제적이고 수공적 측면에서 파악하여 교육에서 이러한 측면이 가장 근본적인 것이 되어야 한다고 주장했다.

(3) 예술교육운동

당시 예술교육은 예술작품 감상이나 이해에 그쳤거나 예술작품의 모방 수준에서 벗어나지 못했다. 그러나 20세기의 아동은 예술의 감상자일 뿐 아니라 창작자로서 인정받기 시작하면서 아동의 자발성과 자기 표현능력을 중시하는 예술교육운동이 전개되었다. 예술교육운동은 예술을 이해하고 즐길 수 있는 능력을 개발하고 인간 본래의 창조적이고 비이성적인 힘을 중시함으로써 완전한 의미의 인간을 형성하려고 했다. 예술교육운동은 학교의 교육과정 개혁에 영향을 주었다. 이 운동은 노래, 그림, 조형 예술, 글짓기, 체육 등 예술관련 과목의 내용과 방법을 크게 변화시켰으며, 이 과목들이 학교에서 정규교과로 채택되는 데 결정적인 역할을 하였다(정영근 외, 2009).

2) 민주주의와 공산주의 교육

제2차 세계대전 이후 세계는 미국과 소련을 중심으로 재편되면서 자유민주주의를 신봉하는 국가와 공산주의를 신봉하는 국가들 간의 각기 다른 교육이념과 교육목적을 설정하여 실천하게 되었다. 자유민주주의를 기반으로 하는 국가들의 교육정책을 살펴보면 다음과 같다.

(1) 자유민주주의 기반 교육(신득렬 외, 2016: 107-108)

① 초등교육과 중등교육의 연계

당시 가정의 경제사정으로 중등학교에 진학하지 못하는 서민의 자제들에게 중등학교의 진학 기회를 제공함으로써 교육의 양적 민주화를 이루었다. 뿐만 아니라 학생의 능력과 적성에 따라 학습의 수준과 단계를 마련하여 교육의 질적 민주화도 이루어졌다.

② 대학 입학자격을 완화시켜 고등교육의 기회 확대

현대 사회에서의 과학기술의 발달은 고도의 전문 지식을 소유한 전문인을 요구했다. 서구 여러 나라들은 고등교육을 통한 인재 양성에 관심을 기울이게 되었다.

③ 중등교육제도 정비 및 교육과정 새롭게 편성

1957년 소련이 인공위성인 스푸트닉 1호를 쏘아 올리면서, 그동안 초중등교육이 진보주의 교육(경험 중심)을 기반으로 교육과정이 진행되었기 때문에 발생한 기초 학문의 부실함을 인식하고 교육과정을 전면적으로 개편하기에 이르렀다. 이에 브루너(J. S. Bruner)는 학문중심 교육과정을 주장함으로써 지식을 구조화하여 학습을 극대화시킬 수 있다고 하였다.

(2) 공산주의 기반 교육

공산주의를 기반으로 하는 국가들은 공산사회 건설을 위한 혁명 전사의 양성을 목적으로 하는 교육을 하였다. 이들 국가에서는 노동을 중시하였다. 인간의 본질은 노동이며 노동을 통해 인간의 본질을 실현할 뿐 아니라 사회주의 이념을 실현할 수 있다고 보았기 때문이다. 그러나 오늘날 공산주의 국가들의 연쇄적 붕괴로 공산주의 교육도 몰락하게 되었다. 현재는 민주주의적 교육이 보다 영향력을 행사하고 있다.

3. 교육사상가

1) 듀이(John Dewey, 1859~1952)

듀이는 20세기 미국을 대표하는 실용주의 철학자이며 진보주의 교육을 전개한 인물이다. 그는 1859년 버몬트주, 벌링톤(Burlington)에서 농부의 아들로 태어났다. 15세에 버몬트 대학에 입학하여 그리스어, 라틴어, 수학과 자연과학을 공부했다. 1882년 존스 홉킨스 대학교 대학원에 진학하여 '칸트의 심리학'으로 철학박사 학위를 받았다. 학위를 받은 후 미시간 대학에서 10년간 강의를 한 후 시카고 대학에서 철학, 심리학, 교육학을 폭넓게 연구하고 가르쳤다.

듀이는 1896년 시카고 대학 내에 '실험학교(The Laboratory School)'[161], 일명 '듀이학교'를 개설하였다. 이 실험학교에서 이루어진 활동을 『나의 교육신조(*My pedagogic Creed*, 1897)』, 『학교와 사회(*The School and Society*, 1899)』, 『아동과 교육과정(*The Child and Curriculum*, 1902)』 등으로 발표하였다.

1904년 컬럼비아 대학으로 자리를 옮겨 25년간 연구하고 가르쳤다. 1916년에 출판된 『민주주의와 교육(*Democracy and Education*)』(Dewey, 2009)[162], 『경험과 교육(1938)』(Dewey, 1980), 『오늘의 교육(1940)』 등을 썼다. 특히 『민주주의와 교육』은 듀이의 교육사상이 가장 체계적으로 진술된 책이다. 그는 전통적인 교육을 비판하고 새로운 교육의 개념을 수립하고자 했다. 즉 교육은 아동에게 경험을 제공하고

---

161) 듀이의 '실험학교'는 4~14세 아동을 열 개의 집단으로 나누어 구성하였고, 가장 어린 집단인 4~6세 아동들은 준 기초교육 학급으로 형성하여 유치원이라 불렀다. 이 학교는 과학기술의 진보에 의해 출현한 산업사회에 개인의 자질과 사회적 가치를 어떻게 조화롭게 실현할 것인가를 과제로 삼았다. 그는 사회생활의 장으로서의 학교, 생활과 활동으로서의 커리큘럼, 실험과 경험으로서의 교육방법, 과학적 사고방식, 철학적 개조로서의 교육학을 실험하고 검증하고자 하였다(조경원 외, 2005: 439).

162) Dewey, J.(1916). *Democracy and Education*. New York: Mcmillan.

그 경험을 재조직할 수 있도록 도와 경험을 끊임없이 성장시켜 나가도록 하는 것이다. 듀이의 교육은 철학을 바탕으로 한다. 그는 교육학을 철학과 분리하지 않았다. 그는 철학을 '교육의 일반이론'이라고 정의했다.

『민주주의와 교육』은 아랍어, 중국어, 독일어, 이탈리아어, 포르투갈어, 스페인어, 터키어, 한국어 등으로 번역되었다. 이를 계기로 듀이는 1919~1921년에 북경사범대학과 남경사범대학 등에서 강의하였고, 제2의 공자로 추앙되어 중국 정부의 최고 훈장인 '옥조훈장'을 받았다. 그러나 일본이 수여하는 '명예훈장(Order of the Rising Sun)'은 거절했다.[163] 듀이는 20세기 미국을 대표하는 교육철학자로 1952년 93세를 일기로 뉴욕에서 세상을 떠났다.

듀이의 교육사상은 헤겔[164]의 변증법 사상, 다윈[165]의 생물학적 진화론, 퍼스와 제임스[166]의 실용주의의 영향을 받아 형성되었다. 듀이는 교육이 경험을 지속적으로 성장시켜 나가는 과정이라고 보고 교육의 목적 또한 고정되어서는 안 된다고 보았다. 교육방법으로는 아동이 스스로 교육적 경험을 넓혀 갈 수 있도록 아동의 경험 중심, 흥미 중심[167], 활동 중심으로 이러한 것들을 존중해야 한다고 하였다.

듀이의 교육에 대한 기본적인 생각을 구체화해 보면(박의수 외, 2003: 325) 첫째, 학습자는 생명을 유지하기 위한 본능과 충동을 지닌 생물적 사회적인 유기체다. 둘째, 학습자는 자연적이며 사회적인 주거지나 환경 속에서 살고 있다. 셋째, 학습자는 개인적인 본능적 충동에 의해서 움직이며 환경과 끊임없는 상호작용을

163) 1919년 일본 동경대학에서 8회에 걸친 공개 강연을 하도록 초청받았다. 일본은 듀이의 학문적 성취를 치하하고 양국 간의 친선을 도모하기 위해 명예훈장을 수여하려 했으나 수락을 거절했다.

164) 문화와 사회는 끊임없이 변화 발전한다는 진보관을 수용하였다.

165) 다윈의 『종의 기원』에서 인간존재가 환경과의 상호작용을 통해 스스로를 갱신해 가는 과정임을 발견하고 교육도 학습자가 환경과의 상호작용을 통해 자신의 경험을 끊임없이 재구성해 가는 과정이라고 보게 되었다.

166) 이들로부터 실험적 방법의 중요성과 가치를 배웠으며 교육 실제에 적용하고자 했다.

167) '흥미'의 개념은 거리가 있는 두 개의 사물을 연결하는 것이며, 노력이나 의무와 대립된 개념이라고 할 수 없다. 또한, 흥미란 자아와 사물의 활동성, 유동적 동일성을 의미하고 사람과 재료, 행위와 결과 사이의 거리감을 없애는 것이다.

하는 적극적인 존재이다. 넷째, 환경과의 상호작용을 통해 개인은 그의 욕구를 충족시키려고 하고 그로 인해 문제의 상황을 부딪치게 된다. 다섯째, 그 환경으로부터 발생되는 문제를 해결하는 과정 전반이 곧 학습이다.

교육에 대한 이러한 기본적인 생각을 근거로 듀이의 교육사상을 요약하면 다음과 같다(Frazier & Armentrout, 1927).

① **교육은 생활이다**(education is life)

교육은 생활을 위한 준비가 아니라 생활 그 자체인 것이다. 사람이 사는 곳은 어디나 교육의 장이 될 수 있다. 가정, 학교, 사회에서 현재 생활에 충실한 삶 그 자체가 교육이고, 그것이야말로 아직 오지 않은 미래를 위한 진정한 준비가 된다. 교육은 학교생활로 끝나는 것이 아니라 일생동안 지속되는 과정이다.

② **교육은 경험의 계속적인 재구성이다**(education is continuous reconstruction of experience)

인식의 가장 믿을 만한 방법이 경험이며, 사고 또한 특수한 경험이다. 경험은 경험하는 주체와 환경의 상호작용이며, 능동적으로 시도하는 것과 수동적으로는 겪는 것 이 두 가지 요소의 결합이다. 교육적 경험이 되기 위해서는 시간적 계속성과 공간적 상호작용이 있어야 한다. 듀이는 학교 교실을 민주적 교실로 만들고자 했는데 그 이유는 상호작용과 연속성이 전개되는 교육적 경험의 조건을 만들기 위해서이다.[168)]

168) 경험이란 단순히 '수동적 겪음(passive undergoing)'이 아니라, 행위와 그로 인한 결과에 대한 반성을 연결하는 것이며, 이 같은 연결을 가능케 하는 것이 곧 '반성적 사고(reflective thinking)'이다. 반성적 사고를 통한 반성적 경험은 문제의 인식, 문제 상황 고찰, 문제해결을 위한 가설의 수립, 가설의 검증 등을 포함한다. 모든 반성적 경험이 교육적으로 의미 있는 경험은 아니다. 교육적으로 가치 있는 경험은 연속성(continuity)과 상호작용(interaction)의 원리를 만족시켜야 한다. 연속성이란 상이한 경험들 간의 연계성이 있어야 한다는 것이다. 상호작용이란 인간과 환경 간의 일방적 관계가 아닌 쌍방적 관계를 말한다.

③ **교육은 성장이다**(education is growth)

교육은 아동이 오늘에서 내일로 성장하고 발달하는 과정이다. 성장이란 지적, 정서적, 도덕적, 사회적, 신체적인 전인적 성장을 의미하는데 이는 곧 경험의 재구성 및 재조직을 말한다. 아동의 미성숙은 의존성과 가소성이라는 특성을 내포하기 때문에 미성숙이야말로 성장을 위한 추진력이 될 수 있다. 이는 교육적 성장을 위해 우리가 보다 상호의존적이어야 하고 보다 개방적이어야 함을 시사하고 있다.

④ **교육은 사회적 과정이다**(education is social process)

교육은 민주주의를 지향한다. 교육이 성장과 생활이 될 수 있다면 학교에서 이루어지는 교육이 사회의 축소판으로서 사회적 과정을 배우는 데 기여해야 한다. 그러나 듀이는 교육의 과정에서 사회적 측면뿐 아니라 심리적 측면도 고려해야 한다는 변증법적 접근을 했다. 즉 교육은 사회적 과정이면서 심리적 과정이라 할 수 있다.

이러한 듀이의 사상은 차일즈, 보드, 킬패트릭, 카운츠, 테일러 등과 같은 진보주의 교육이론가들에 의해 계승되었다.

2) 몬테소리(Maria Montessori, 1870~1952)

몬테소리는 이탈리아 최초의 여의사로 유럽에서 신교육운동을 주도했던 인물 중의 하나이다. 이탈리아 안코나 까라발레에서 태어났으나 세무 공무원이었던 아버지를 따라 5살 되던 해 로마로 이사하고 그곳에서 학교를 다녔다. 1883년 자연과학기술 중등학교를 다녔고 1892년 로마대학교 자연과학부에서 공부했다. 몬테소리는 의학부에 입학하길 원했으나 여러 난관에 부딪혔다. 그러나 로마대학 총장과 당시 교황이었던 레오 13세에게 청원서를 내어 입학할 수 있게 되었다. 남학생들과의 불공정한 경쟁 속에서도 힘든 과정을 잘 극복하고 1896년 의학부에서 학위를 취득하여 이탈리아 최초의 여의사가 되었다.

몬테소리는 졸업 후 로마대학의 정신병원에서 정신지체아들을 관찰하면서 그들의 행동 방식과 패턴을 파악하게 되었다. 이들의 문제는 의학적 문제라기보다는 교육적 치료를 통해 해결될 수 있다고 생각했다. 그 후 그녀는 아동에 대한 과학적 연구에 깊은 관심을 가졌다. 프랑스의 의사이면서 정신지체아 교육에 공헌한 이따르(G. Itard, 1774~1838)와 세강(E. Seguin, 1812~1880)의 의학적 치료교육에 관한 저술을 찾아내어 연구했다. 이따르와 세강은 교구를 이용하여 정신지체아들의 감각을 자극하고 강화하여 감각을 정상화시키는 교육 프로그램을 개발하였다. 몬테소리는 이에 영감을 받아 후에 3~5세 일반 아동을 위한 교육에 관심을 갖고 교구를 개발하였으며 자신만의 교육방법을 확장시켜 나갔다. 또한, 범죄 인류학자였던 롬브로소(C. Lombroso)와 최초의 실험심리학 연구소를 만든 세르지(G. Sergi)의 영향은 과학적 교육학을 여는 데 영향을 주게 되었다.

몬테소리는 1907년 1월 6일 로마의 산 로렌조(san Lorenzo)에 '어린이집(Casa dei Bambini)'을 개원하였다. 이곳은 저소득층 가정이 밀집된 곳으로 부모가 맞벌이를 하기 위해 보호받지 못하는 아동이 많았다. 몬테소리는 2~6세 되는 아동을 돌보기 시작했다. 그녀는 이들을 섬세하게 관찰하고 이들에게 필요한 교구를 직접 제작하기에 이르렀다. 이 교구를 몬테소리 교구라 한다. 1909년 가까운 친구들의 권유로 이 어린이집에서 관찰하고 경험한 내용을 바탕으로 『과학적 교육학의 방법론(*Il metodo della pedagogica scientifica*)』을 출간하게 되었으며 1914년에는 『몬테소리 핸드북』을 출간하게 되었다. 1916년에서 1936년 바르셀로나에서 지냈는데 그곳에서 종교교육에 지대한 관심을 보였다. 이곳에서 1922년 『교회 안에서 사는 어린이』, 1923년 『가정에서의 어린이』 등을 출판하였다. 1936년 스페인에 내전이 있자 암스테르담으로 거처를 옮겼다. 제2차 세계대전이 유럽을 강타하기 전, 인도와 파키스탄 등에서 몬테소리 교사양성에 힘썼으며, 특히 이 시기에 0~2세 영아를 위한 교육에 관심을 기울였다.

몬테소리는 인간의 본성이 선천적으로 결정되는 것이 아니라 후천적으로 변화가능하다고 보았다. 그녀는 인간을 정신적 태아기를 거치는 존재로 보고 이 시기에 적합한 교육을 하게 된다면 정상화되어 건강하게 성장할 수 있다고 보았다. 몬테소리는 연구와 관찰 그리고 아동들과의 교육 경험을 통해 아동에게 나타나는 몇 가지 특징들을 발견하였다.

출생 초기부터 성인과는 질적으로 다른 정신형태인 '흡수정신'을 통해 인간의 특정 행동양식을 습득하는 시기를 말한다. 출생 후 3세까지는 동작, 질서, 언어 획득에 민감한 시기이다. 3~6세에는 사회적 관계에 대해 민감한 시기이다. 이러한 민감기에 맞추어 교사는 아동에게 민감한 반응을 보이면서 자기 활동을 지속적으로 해 나갈 수 있도록 환경을 조성해야 한다. 아동의 발달단계에 적합한 환경을 제공해 주면 아동은 스스로 선택한 교구활동을 하면서 관심의 '집중 현상'을 보인다. 이렇게 최적의 학습 환경을 제공함으로써 아동을 '정상화'[169]의 단계로 이끌 수 있다. 정상화된 아동은 신체적, 정신적, 영적, 도덕적 통일을 이룬 전인적 존재로 내적인 평형을 이루고 자신의 정신적, 신체적 총 에너지를 조화롭게 발전시킬 수 있는 능력을 지닌다.

몬테소리 학교는 준비된 환경이다. 이곳에서 아동은 그들의 발달 수준에 적절한 교재와 교구를 사용하여 아동이 스스로 독립적으로 성장해 나가도록 한다. 교사는 주도적이거나 인위적으로 개입해서는 안 된다. 아동이 스스로 교구나 교재를 선택하여 각자가 자신의 과제에 충실히 임한다. 다른 동료들을 방해하지 않지만 필요에 따라 협동 학습이 이루어질 수 있다.

몬테소리의 교육이론은 교육조건에 대한 과학적인 관찰과 실험을 통해 이루어졌고 이를 바탕으로 발견된 아동의 특성에 맞는 교육을 제시하였다는 점에서 오늘날 유아교육에 지대한 영향을 끼쳤다고 볼 수 있다.

169) '정상화'는 몬테소리의 교육목적이다. 아동이 준비된 환경에서 흥미를 갖고 내적 만족을 느끼는 가운데 내적 훈련과 자신감을 발달시켜 작업의 목적을 달성하는 것이다.

3) 슈타이너(Rudolf Steiner, 1861~1925)

오스트리아와 헝가리의 국경에 있는 작은 마을에서 태어난 슈타이너는 비엔나 공과대학 시절, 생물학, 화학, 물리학 등 자연과학을 공부하면서 철학, 문학, 심리학, 의학에도 관심을 가졌다. 특히 괴테의 사상과 그의 자연과학적 연구방법에 큰 관심을 가지면서 정신과 자연의 세계를 연결할 수 있는 모티브를 발견하였다. 슈타이너는 자신의 독특한 사상인 '인지학(Anthroposophie)'을 정립하고 인지학적 인간 이해에 기초한 자신의 교육론을 전개하였다.

1919년 발도르프 아스토리아 담배공장 사장인 몰트의 제의로 이곳에 '자유 발도르프 학교'를 설립하여 자신의 교육적 이상을 펼쳤다. 발도르프 학교는 1970년부터 급증하기 시작하여, 현재 세계적으로 성장 발달하고 있는 대표적인 대안학교가 되었다.

인지학적 인간학에 의하면 인간은 육체와 영혼과 정신을 지닌 통합적 존재로 인간은 7년을 주기로 새롭게 탄생한다. 인간에게는 물리체, 에테르체, 아스트랄체, 자아체라는 네 개의 본질 구성체가 있다. 물리체는 출생과 더불어 탄생하고, 출생에서 7세까지는 에테르체(생명체)의 탄생을, 7세에서 14세까지는 아스트랄체(감정체)의 탄생을, 14세에서 21세까지는 자아체의 탄생을 돕는 교육을 해야 한다. 슈타이너는 각 단계에 따라 각각 특수한 교육 과제와 내용, 그리고 방법들을 제시하였다(정윤경, 2000; Wilkinson, 1997).

자유 발도르프 학교에서 진행되는 교육과정과 수업 방법은 인간의 발달단계에 맞게 구성되었으며 학생이 성취 수준에 미달되어도 유급시키지 않는다. 8년 담임제로 담임교사는 한 학생을 1학년부터 8학년까지 맡게 되며, 모든 수업은 담임교사가 진행하는 에포크(Epoch) 수업으로 이루어진다. 에포크 수업이란 주요 과목의 경우 과목별로 한 과목씩 매일 두 시간 정도 3~5주간 진행하고 다른 과목은 가르치지 않는 것이다. 에포크로 진행된 수업은 10~12주 가르치지 않는다. 발도르프 학교에는 교과서가 없다. 학생이 노트에 수업 내용을 듣고 그림이나 작문, 수식이나 도표를 적음으로써 학생 스스로가 배우면서 써 넣는 방식으로 진행되어 각자의 교과서를 만들어 낸다. 발도르프만이 가르치는 특별한 수업으로는 오이리트미(Eurythmy)가 있다. 오이리트미는 음악이나 언어에 따라 신체의 일부를 예술적으로 형상화하는 방식이다. 의도적으로 기억하도록 유도하는 시험은 없고, 학년말이 되면 성적표를 배부하지만 점수가 아니라 학생의 1년 동안의 생활과 성장과정을 글로 기록한 것이다.

4) 니일(Alexander Sutherland Neil, 1883~1973)

니일은 영국의 교육사상가이며 실천가이다. 니일은 교사이며 매우 엄격한 아버지와 체면을 중시하는 어머니에 의해 성장하였다. 그는 아버지를 항상 무서워하였고 강압적으로 라틴어 공부하는 것을 증오하였다. 이러한 어릴 적의 경험이 훗날 자유를 허용하는 교육을 강조하는 데 영향을 주었다. 1921년 서머힐 학교(Summerhill School)를 설립하고 아동에 대한 깊은 신뢰를 바탕으로 아동의 자유로운 생활을 보장하였다.

니일은 프로이트의 정신분석학에 영향을 받아 아동의 무의식의 중요성을 강조하였다. 왜냐하면 인간의 행위를 좌우하는 것은 의식이 아니라 무의식이기 때문이다. 니일은 본능을 비인격적 무의식이라고 하고 자아와 초자아를 인격적 무의식이라고 하였다. 인격적 무의식은 출생 후 주위 사람들에 의해 행해진 금지, 명령, 교훈 등이 무의식화되어 마음속에 형성된다. 기존의 교육은 인간 본래의 생명력인 비인격적 무의식을 무시했으며 인격적 무의식인 초자아를 너무 강화시켜 왔다.

니일은 아동이 행복하게 삶을 살 수 있도록 서머힐 학교에서는 전인으로서의 인간교육을 전개하였다. 그 방법으로 아동의 자유를 최대한 보장하는 것을 강조한 것이다. 즉 어른이 간섭하지 않고 아동에게 믿고 맡겨 준다면 아동은 모두 스스로 자신의 발전과 완성을 추구할 수 있다고 믿었다. 즉 자유에 기초할 때에만 제 기능을 발휘할 수 있고, 아동이 자기 자신이 될 수 있게 된다(Neil, 1960: 30).

서머힐 학교에서는 책이 좋지 않은 자료이다. 닐은 이에 대해 "삶을 충만 시키는 것, 즉 인간의 내적 행복을 추구하는 그런 커다란 문제들과 비교해 본다면, 학과란 아무런 의미도 없는 것이다(Neil, 1960: 67)."라고 말했다. 따라서 책보다는 무엇을 만들 수 있는 도구와 진흙, 스포츠와 연극, 그림, 보다 많은 자유가 더 필요했다. 수업에 들어가거나 빠질 수 있는 자유, 학습의 자유, 놀이의 자유, 자율적 자치활동 등 타인의 자유를 침해하지 않는 범위에서의 자유가 주어졌다.

서머힐 학교에는 다섯 가지의 기본 원칙이 있다(박용석, 2002: 184-185).

첫째, 아동이 그 자신의 보조에 맞춰 발달하고 자신의 이익에 따를 수 있는 선택과 기회를 준다.

둘째, 아동이 강제적이고 강요된 평가에서 자유롭게 하고 스스로의 목표와 성취감을 계발하도록 허용한다.

셋째, 창조적이고 상상력이 있는 놀이가 아동기의 발달에 중심적인 부분이다. 따라서 아동이 원하는 만큼 자유롭게 놀 수 있도록 허용해야 한다.

넷째, 아동이 어른들의 판단이나 개입에서 벗어나 감정의 모든 단계를 경험할 수 있도록 해야 한다.

다섯째, 아동이 스스로 책임 있는 구성원이 되어 그 안에서 자유를 향유할 수 있고 민주적으로 공동체의 생활을 변화시킬 수 있는 그런 공동체 안에서 살 수 있도록 한다.

참고문헌

국내문헌

강선보(1992). 마르틴 부버의 만남의 교육. 서울: 양서원.

고경화(2004). 교육철학의 지평. 서울: 동문사.

고야즈 미치코. 임영희 외 역(1996). 슈타이너 학교의 참교육 이야기. 서울: 밝은누리.

곽노의(1989). 프뢰벨의 낭만주의적 유아교육이론에 관한 연구. 서울: 학민사.

구경선(2012). 유아교육의 역사와 사상. 서울: 교육아카데미.

권은주(2014). 발해의 교육기관과 인재양성. 한국교육사학회, 36권 4호, 1-26.

김수동 · 이기룡 · 이범석 · 최선일 · 황현주(2017). 새로운 교육철학 및 교육사. 경기: 양서원.

김일호(1981). "한국교육진흥운동사". 한국현대문화사대계, 7. 서울: 고려대학교 민족문화연구소.

김재희(1997). 유아이해를 위한 교육철학. 서울: 동문사.

김정환(1995). 페스탈로치의 교육철학. 서울: 고려대학교 출판부.

김정환 · 강선보 · 신창호(2014). 교육철학. 서울: 박영story.

김정환 역(2000). 페스탈로찌의 숨은이의 저녁노을. 서울: 박영사.

김창환(1996). 아우구스티누스. 위대한 교육사상가들, 1. 연세대학교교육철학연구회 편. 서울: 교육과학사.

김태오(2003). 퇴계의 위기지학적 삶의 교육적 함의. 교육철학, 제24집, 21-40. 한국교육철학회.

김태오(2007). 다시 생각하는 실사구시 교육철학. 서울: 양서원.

김태오(2015). 교육의 역사와 철학. 경기: 정민사.

노상우(1999). 교육의 역사와 사상. 서울: 교육과학사.

목영해(1994). 후현대주의 교육학. 서울: 교육과학사.

목영해(1998). 포스트모더니즘과 교육. 교육학 대백과사전 3. 서울: 하우동설.

박영진(2015). 교육철학 및 교육사. 경기: 정민사.

박용석(2002). 가장 자유로운 학교 이야기. 서울: 문음사.

박의수 · 강승규 · 정영수 · 강선보(1995). 교육의 역사와 철학. 서울: 동문사.

박의수 · 강승규 · 정영수 · 강선보(2003). 교육의 역사와 철학. 서울: 동문사.

박재문(2003). 한국교육사. 서울: 학지사.

박준영(1999). 교육의 철학적 이해. 부산: 경성대학교출판부.

서울대학교 교육연구소(1998). 한국교육사. 서울: 교육과학사.

서재복(2007). 교육사 교육철학의 이해. 서울: 학지사.
손인수(1971). 한국근대교육사. 서울: 연세대학교출판부.
손인수(1992). 미군정과 교육정책. 서울: 민영사.
손인수(1998a). 한국교육사연구, 상. 서울: 문음사.
손인수(1998b). 한국교육사연구, 하. 서울: 문음사.
송양섭(1984). 조선시대 서원에 관한 연구. 성균관대학교 박사학위 논문.
쇼유지 마사코 편(1995). 유아교육사상의 이해. 팽영일 역(1995). 서울: 창지사.
신득렬 · 이병승 · 우영효 · 김회용(2005). 쉽게 풀어 쓴 교육철학 및 교육사. 경기: 양서원.
신득렬 · 이병승 · 우영효 · 김회용(2016). 쉽게 풀어 쓴 교육철학 및 교육사. 경기: 양서원.
신용하(1980). 우리나라 최초의 근대학교. 한국 근대사와 사회변동, 42-55. 문학과 지성사.
신차균 · 안경식 · 유재봉(2006). 교육철학 및 교육사 이해. 서울: 학지사.
안건상(1986). 코메니우스의 범교육론(Pampaideia) 연구. 서울: 을지사.
안상원(1985). 교육사철학. 서울: 재동문화사.
안상원(1992). 교육사 및 교육철학. 서울: 재동문화사.
안인희(1990). 루소의 교육론. 경기: 양서원.
양금희(1999). 종교개혁과 교육사상. 서울: 한국장로교 출판사.
오욱환 · 최정실(1993). 미군 점령시대의 한국 교육: 사실과 해석. 서울: 지식산업사.
오인탁(1990). 현대교육철학. 서울: 서광사.
오인탁(1994). 고대 그리스의 교육사상. 서울: 종로서적.
오인탁(2001). 파이데이아: 고대 그리스의 교육사상. 서울: 학지사.
오천석(1964). 한국신교육사. 서울: 현대교육총서출판사.
오천석(1975). 한국 신교육사(상). 서울: 광명출판사.
오천석(1983). 교육철학신강. 서울: 교학연구사.
윤완(2011). 교육의 철학적 접근. 서울: 책과책사이.
윤재흥(2014). 교육철학 및 교육사. 서울: 학지사.
이길상(1992). 미군정의 국가적 성격과 교육정책. 정신문화연구, 15(2), 193-209.
이길상(1998). 미군정기의 교육. 서울대학교교육연구소 편. 교육학 대백과사전, 2. 서울: 하우동설.
이명준(2001). 유토피아와 교육: 플라톤의 교육학. 서울: 문음사.
이문원(1983). 실학사상의 현대교육적 의미. 한국교육사상사 연구, 75-163. 서울: 집문당.
이문원(1998). 실학파의 교육사상. 서울대학교교육연구소 편. 교육학 대백과사전, 2. 서울: 하우동설.
이상오(2005). 계몽주의 교육: 이론과 실제. 서울: 학지사.

이석무(1981). 한국의 과거제와 그 특성 – 고려, 조선초기를 중심으로. 과거(科擧), 63-142. 역사학회 편.서울: 일조각.

이숙종(1996). 코메니우스의 교육사상. 서울: 교육과학사.

임석진 외(2009). 철학사전. 서울: 중원문화.

임채식·김의석·김노연·김기찬·노희선·박현숙(2015). 교육철학 및 교육사. 경기: 양서원.

임채식·김의석·김노연·김기찬·노희선·박현숙(2017). 교육철학 및 교육사. 경기: 수양재.

장덕삼(2003). 한국교육사. 서울: 동문사.

정순목(1980). 한국 개화교육의 이상과 전개. 한국교육연구, 1. 77-85. 교육연구실 편.

정영근(1995). 인간과 교육의 이해. 서울: 문음사.

정영근·정혜영·이원재·김창환(2001). 교육학적 사유를 여는 교육의 철학과 역사. 서울: 문음사.

정영근·정혜영·이원재·김창환(2009). 교육학적 사유를 여는 교육의 철학과 역사. 서울: 문음사.

정윤경(2000). 루돌프 슈타이너의 인지학과 발도르프 학교. 인천: 내일을 여는 책.

정일웅 역(1996). 코메니우스의 범교육학. 서울: 여수룬.

정재걸(1998). 사학의 기원과 발달. 교육학 대백과서전. 1372-1377. 서울대학교교육연구소 편. 서울: 하우동설.

정재철(1998). 일제시대의 교육. 교육학 대백과사전, 2205~2211. 서울대학교교육연구소 편. 서울: 하우동설.

정재철·손인수(1975). 교육사. 서울: 교육출판사.

조경원·김미환·최양미·장선희·정광희(2005). 서양교육의 이해: 역사와 사상. 서울: 교육과학사.

조성자(2005). 유아교육의 역사와 철학적 이해. 서울: 창지사.

조화태(1996). 포스트모던 철학과 교육의 새로운 비전. 강영혜 외. 현대사회와 교육의 이해: 교육철학의 최근동향. 서울: 교육과학사.

주영흠(2003). 자연주의 교육사상. 서울: 학지사.

최미리·박성혜·강봉규(2015). 교육사 및 교육철학. 서울: 태영출판사.

팽영일(2004). 교육의 철학과 역사. 경기: 양서원.

프뢰벨. 서석남 역(1995). 인간교육. 서울: 이서원.

피정만·김영우(1995). 최신 한국교육사 연구. 서울: 교육과학사.

한국교육사연구회 편(1974). 한국의 교사상. 서울: 교육출판사.

한국교육학회 교육사연구회(1987). 교육사상가평전 1. 서울: 교학연구사.

한규원·이장재(1996). 서양교육사. 서울: 교육출판사.

한기언(1975). 교육의 역사 철학적 기초. 서울: 실학사.

한기언 외(1974). 한국의 교사상. 한국교육사연구회.

고대문헌

고려사(高麗史)

고려사절요(高麗史節要)

구당서(舊唐書)

삼국사기(三國史記)

삼국유사(三國遺事)

한서지리지(漢書地理志)

외국문헌

Allan, C. O.(1977). *An Introduction to the Foundations of Education*. Chicago: Rand McNally College Publishing Co.

Blätter, F.(1973). *Geschichte der Pädagogik*. Heidelberg: Quelle & Meyer.

Bollnow, O. F.(1977). *Existenzphilosophie und Pädagogik*. Kohlhammer.

Boyd, W. & King E. J.(1994). 서양교육사*(The History of Western Education)*. 이홍우 · 박재문 · 유한구 역. 서울: 교육과학사. (원저 1975 출판).

Brameld, T.(1991). 문화의 위기와 교육. 황종건 역. 서울: 배영사. (원저 1981 출판).

Brezinka, W.(1978). *Metatheorie der Erziehung*. München.

Butts, R. F.(1955). *A cultural history of western education: Its social and intellectual foundations*. New York: McGraw-Hil.

Dewey, J.(1980). 경험과 교육(*Experience and Education*). 오천석 역. 서울: 박영사. (원저 1938 출판).

Dewey, J.(2007). 민주주의와 교육. 이홍우 역. 서울: 교육과학사. (원저 1992 출판).

Dewey, J.(2009). 민주주의와 교육(*Democracy and Education*). 이홍우 역. 서울: 교육과학사. (원저 1916 출판).

Frazier, G. W. & Armentrout, W. D.(1927). *An Introduction to education*. Foresman.

Kneller, G. F.(1971). *Introduction to the Philosophy of Education*. New York: John Wiley and Sons. Inc.

Kneller, G. F.(1987). 현대교육의 사상적 동향(*Movements of Thought in Modern Education*). 안상원 · 이달우 · 정종진 역. 서울: 학문사.

Kneller, G. F.(1990). 교육철학이란 무엇인가(*Introduction to the philosophy of education*). 정희숙 역. 서울: 서광사. (원저 1964 출판).

Lassahn, R.(1988). *Einfürung in die Pädagogik*. Quelle & Meuer.

Maritain, J.(1976). *Education at the crossroad*. New York: Yale University Press.

Meyer, A. E.(1949). *The development of education in the 20th century*. Prentice Hall.

Moore, T. W.(1985). 교육 철학입문(*Philosophy of Education: An Introduction*). 정영홍 역. 서울: 문음사. (원저 1982 출판).

Neil, A. S. (1988). 섬머힐 Ⅰ·Ⅱ·Ⅲ. 배영신서 53. 54. 55. 강성위 역. 서울: 배영사.

Neil, A. S.(1991). 섬머힐 Ⅰ(*Summerhill*). 강성위 역. 서울: 배영사. (원저 1960 출판).

Neil. A. S.(1992). 어린이의 삶을 사랑하는 교육. 강승규 역(1992). 서울: 양서원.

Ornstein, A. C.(1977). *An Introduction to the Foundations of Education*. Chicago: Rand McNally College Publishing Co.

Owen, R.(1913). *A new view of society: Four essays on the formation of human character*. London.

Paik, L. G.(1929). *The History of Protestant Mission in Korea, Pyeong Yang*. UnionChristian College.

Reble, A.(2002). 서양교육사(*Geschichte der Pädagogik*). 정영근·인상록·김미환·최종인 역. 서울: 문음사. (원저 1999 출판).

Roussau, J. J.(1997). 에밀(*Emile*). 권응호 역. 서울: 홍신문화사. (원저 1762 출판).

Schaller, K.(1992). 비판적 교육과학 개론(*Einführung in die kritische Erziehungswissenschaft*). 오인탁·최재성 역. 서울: 양서원. (원저 1974 출판).

Scheuerl, H. et al.(2004a). 교육학의 거장들 1(*Klassiker der Pädagogik I*). 정영근 외. 한길사. (원저 1991 출판).

Scheuerl, H. et al.(2004b). 교육학의 거장들 2(*Klassiker der Pädagogik Ⅱ*). 정영근 외. 한길사. (원저 1991 출판).

Wild, J.(1948). *Introduction to Realist*. New York: Harper and Brother.

Wilkinson, R.(1997). 루돌프 슈타이너의 교육론. 고려대 교육사 철학연구회 역. 서울: 내일을 여는 책. (원저 1993 출판).

위키피디아 https://ko.wikipedia.org/

저자소개

구경선

서울신학대학교에서 기독교교육학을 공부하고 연세대학교 대학원에서 교육학으로 석사학위를 받았다. 그 후 독일의 본 대학교(Rheinische Friedrich Wilhelms Universität zu Bonn)에서 교육학을 전공하고 기독교교육과 심리학을 부전공하여 철학박사 학위를 받았다. 미국의 밴더빌트 대학교(Vanderbilt University)에서 1년간 교환교수를 지냈다.

현재 서울신학대학교 보육학과 교수로 재직 중이며 열린유아교육학회 이사를 맡고 있다.

저서로는 『코메니우스 교육과의 만남』(교육아카데미, 2005), 『유아교육사상사』(교육아카데미, 2012), 『교육학의 거장들 2』(공역, 한길사, 2004), 『위대한 교육사상가들 V』(공저, 교육과학사, 2002), 『어린이의 비밀』(번역, 지식을만드는지식, 2011), 『유아사회교육』(교육아카데미, 2011), 『아동안전관리』(공저, 정민사, 2015), 『보육학개론』(공저, 창지사, 2016), 『보육교사론』(공저, 창지사, 2016) 등이 있다.

교육철학 및 교육사

초판 1쇄 인쇄 2017년 8월 24일
초판 1쇄 발행 2017년 8월 25일

지 은 이 | 구경선
펴 낸 이 | 김기섭
편 집 인 | 이초롱
펴 낸 곳 | 창지사 www.changjisa.com
08589 서울시 금천구 가산디지털 1로 83 파트너스타워 1차 9층
전화 (02)719-2211~3
팩스 (02)701-9386
등 록 | 1977년 4월 28일 · 제1-421호

ISBN 978-89-426-0962-8 (93370)

값 18,000원

이 도서의 국립중앙도서관 출판예정도서목록(CIP)은 서지정보유통 지원시스템 홈페이지(http://seoji.nl.go.kr)와 국가자료공동목록시스템(http://www.nl.go.kr/kolisnet)에서 이용하실 수 있습니다(CIP제어번호: CIP2017021518).